U0851870

铁路集装箱运输创新实践

赵　峻　韩伯领　郎茂祥　李　鑫　编著

中国铁道出版社

2018年·北　京

内容简介

本书在借鉴发达国家铁路集装箱运输创新实践经验的基础上，分别从集装箱箱型、集装箱运输车辆、集装箱装卸搬运技术、集装箱场站、双层集装箱运输技术、集装箱运输产品、集装箱多式联运和集装箱运输信息技术等方面阐明了中国铁路集装箱运输的创新实践。

本书可作为铁路货运系统干部和职工的培训教材，也可作为交通运输和物流相关专业学生的教学参考书，还可供物流企业、货运代理企业以及货主企业的有关技术和管理人员学习参考。

图书在版编目(CIP)数据

铁路集装箱运输创新实践/赵峻等编著．—北京：中国铁道出版社，2018.12

ISBN 978-7-113-24725-6

Ⅰ.①铁…　Ⅱ.①赵…　Ⅲ.①铁路运输-货物运输-集装箱运输-技术革新-中国　Ⅳ.①U294.3

中国版本图书馆 CIP 数据核字(2018)第 147336 号

书　　名：铁路集装箱运输创新实践
作　　者： 赵　峻　韩伯领　郎茂祥　李　鑫　编著

策　　划： 杨　哲
责任编辑： 聂宏伟　秦绪涛　　**编辑部电话：**(010)51873024
封面设计： 崔　欣
责任校对： 孙　玫
责任印制： 高春晓

出版发行： 中国铁道出版社(100054，北京市西城区右安门西街 8 号)
网　　址： http://www.tdpress.com
印　　刷： 中国铁道出版社印刷厂
版　　次： 2018 年 12 月第 1 版　2018 年 12 月第 1 次印刷
开　　本： 787 mm×1 092 mm　1/16　印张：14　字数：275 千
书　　号： ISBN 978-7-113-24725-6
定　　价： 60.00 元

前 言

创新是推动经济发展和社会进步的不竭动力。近年来,中国铁路在集装箱箱型、运输车辆、装卸机械、场站、运输组织管理、信息技术等方面开展了一系列创新实践,极大地提高了中国铁路的现代化、标准化、高效化水平,对保障铁路运输安全、提高运输效率、增加运输收入发挥了举足轻重的作用,也有效降低了社会物流成本,促进了"一带一路"建设的实施和国家经济的发展。

2017年,中国铁路集装箱发送量达1 029万TEU,同比增长37%,全年开行中欧班列3 673列。目前稳定开行的国际集装箱班列线达95条,集装箱多式联运班列线39条,全路集装箱办理站点达2 087个,开行的国际集装箱班列覆盖欧洲13个主要国家和中亚五国、蒙古等亚洲国家。支撑这些光鲜数字的正是中国铁路集装箱运输的创新实践。

在设施设备方面,为了适应一些特殊货物的运输要求,中国开发了干散货集装箱、汽车集装箱、罐式集装箱、冷藏集装箱、折叠台架式集装箱等特种货物集装箱;为了适应货源变化、提高运输效率和车辆的载重力利用率,中国又先后开发了20英尺35 t通用集装箱、敞顶集装箱、干散货集装箱以及45英尺34 t通用集装箱等内陆集装箱;在集装箱运输车辆方面,中国先后研发了包括双层集装箱车在内的多型集装箱专用车及平车—集装箱共用车(简称箱平两用车);为优化集装箱运输网络布局,中国铁路将开通204个一、二级铁路物流基地的集装箱办理功能,完善集装箱运营网络;为了提高集装箱装卸作业效率,全路在推广集装箱专用门吊、正面吊的同时,还研发了防摇的轻量化多功能集装箱门式起重机。在运营管理方面,为了丰富集装箱运输产品体系,中国铁路先后开行了快速集装箱班列、铁水联运班列、中欧(中亚)国际集装箱班列等一批精品集装箱班列。同时,为提升运输产品质量、满足客户需求、增强运输市场竞争力,中国铁路在大力推进集装箱运输信息化以及制定灵活合理的价格管理体系等方面也进行了有效的创新探索。

本书在借鉴发达国家铁路集装箱运输创新实践经验的基础上，分别从集装箱箱型、集装箱运输车辆、集装箱装卸搬运技术、集装箱场站、双层集装箱运输技术、集装箱运输产品、集装箱多式联运和集装箱运输信息技术等方面阐明了中国铁路集装箱运输的创新实践，也描绘了中国铁路集装箱运输发展的蓝图。

铁路集装箱运输的创新实践，为中国铁路运输带来新的发展动力，也将激励着一代又一代铁路人孜孜求索。

本书编著过程中，北京交通大学、中铁集装箱运输有限责任公司、中国铁道科学研究院集团有限公司等单位的有关专家提供了大量资料，给予了无私的帮助，在此表示衷心的感谢！同时向本书参考文献的作者表示感谢！

由于编者水平有限，书中难免有不当之处，敬请广大同仁不吝指正！

编　者

2018 年 11 月

目　录

第一章　国外铁路集装箱运输创新实践及其对中国的启示

多年来，发达国家在铁路集装箱运输装备、设施、技术及组织等方面开展了卓有成效的创新实践，对于快速发展的中国铁路集装箱运输来说，具有非常重要的借鉴意义。

第一节　北美铁路集装箱运输创新实践

目前，北美铁路与集装箱海运船队、专用码头及负责内陆集疏运的公路已形成相互匹配、日益完善的多式联运综合运输系统，能够为货主提供优质的“门到门”运输服务。

北美铁路公司为了保持其在北美各地区的市场份额，都投入了大量的资金建设集装箱场站以及进行设备改造和采购，以便提高服务质量和吸引更多的运量。还采取了诸如使用带发电设备的冷藏集装箱，扩大隧道净空以适应双层集装箱列车通行，开行以五联车为固定编组的超长货物列车等措施，来扩大铁路集装箱运输的市场份额，促进铁路集装箱运输技术的发展。

一、集装箱箱型创新

1. 非标准集装箱

现在世界上使用的集装箱大部分是 20 英尺和 40 英尺的国际标准集装箱，箱宽都是 2 438 mm，箱高主要有 2 591 mm 和 2 896 mm 两种规格。在大力发展国际标准集装箱的同时，为了适应装载托盘和提高容积的需要，在公路法规允许的范围内，北美制定了其内陆集装箱标准。美国的 48 英尺、53 英尺、57 英尺集装箱都属于内陆箱，48 英尺、53 英尺集装箱用于北美自由贸易区（包括加拿大和墨西哥），57 英尺的超大型集装箱仅用于美国国内铁路运输或公铁联运。此外，非标箱还包括：非标准高度集装箱，主要有 9 英尺和 9.5 英尺两种高度的集装箱；非标准宽度集装箱，主要有 8.2 英尺、8.5 英尺宽的集装箱等。北美非标准集装箱如图 1-1 所示。

(a) 53英尺北美钢制内陆箱

(b) 6英尺近海平台箱

图 1-1　北美非标准集装箱

美国的集装箱货物多为工业制成品，比重较低，而且多采用托盘集装单元装载（其国内箱的宽度为 8.5 英尺，适合托盘并排装载），箱内容积较大，而集装箱平均净载重较低，即便是 53 英尺的集装箱，其额定质量也只有 30.5 t。

2. 特种集装箱

为扩大适箱货物的装箱比例，除发展通用集装箱外，美国还为一些运输条件特殊的货物设计制造了特种集装箱（图 1-2）。例如，美国铁路大力发展冷藏集装箱，可由一个发电机为 16 个冷藏集装箱供电，铁路货场内专设冷藏集装箱的连接电源，以方便冷藏集装箱在货场内用外接电源制冷。美国有一类气调冷藏集装箱，不仅能调节箱内温度，还能调节箱内的湿度及空气成分比例，以延迟所装运水果的成熟速度，达到保鲜的目的。目前，美国特种集装箱运量在铁路集装箱总运量中约占 20%～30%的比例。

(a) 沥青集装箱

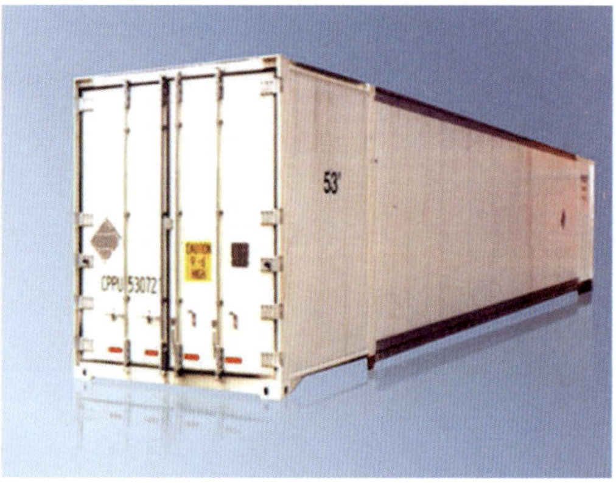

(b) 53英尺内陆冷藏集装箱

图 1-2　北美特种集装箱

二、双层集装箱运输技术创新

开展双层集装箱运输是美国铁路货物运输的一项重要技术创新。1981 年美国南太平洋铁路公司将装运集装箱的单元列车由单层改为双层装运，并研制了装运双层集装箱的专用平车，开始了双层集装箱运输的运营。

20世纪80至90年代，美国双层集装箱列车通常有两种编组方式。一种是每列为20单元，每一单元由5辆关节式凹底双层平车构成。以Lopac型双层叠装集装箱关节式平车为例，每组由5辆关节式凹底平车组成，总长为88.85 m，每车自重19.9 t，载重50 t，比两端装有挡板的双层集装箱车能增加25%的载重量。该车采用AAR标准货车转向架，并对弹簧装置进行了改进，以降低车轮作用力并减少钢轨磨耗。为充分利用载货高度，凹底货车地板面距轨面高216 mm，装运集装箱时，小箱放在下层，大箱放在上层，上下层均可装运40英尺、45英尺或48英尺集装箱，上层还可装运53英尺的集装箱。双层集装箱列车的另一种编组方式是由载重113 t的凹底平车来装运双层集装箱，列车总重近万吨，一般由4台机车牵引。

双层集装箱班列运输的集装箱数量比单层装载高出近一倍，与线路改造投入的费用相比，经济收益显著。根据美国加利福尼亚大学运输研究所分析，1987年的双层集装箱运输成本比单层运输节省了30%，双层重箱的运输成本为0.56美元/箱公里，比单层箱的运输成本减少了0.19美元/箱公里，而公路运输的成本为1.03美元/箱公里。此后，美国铁路在主要线路上开行的双层集装箱列车就成为集装箱由港口向内地疏运的主要运输工具，使美国集装箱运输进入了重载运输的领域。

美国铁路双层集装箱专用车的主要种类、装载形式及主要运行技术条件见表1-1。

表1-1　美国铁路双层集装箱专用车的主要类型

种类	装载形式	最大重车重心高(mm)	最高运行速度(km/h)
DTTX 5联车组	下层2个20英尺箱(或1个40英尺～48英尺箱) 上层1个40英尺～53英尺箱	2 535.53	126
DTTX 3联车组	下层2个20英尺箱(或1个40英尺～48英尺箱) 上层1个40英尺～53英尺箱	2 535.53	126
DTTX 单节车	下层2个20英尺箱(或1个40英尺～48英尺箱) 上层1个40英尺～53英尺箱	2 514.22	126

目前，铁路集装箱运输在美国运输市场中占有重要位置，其主要依靠港口之间、各大城市之间、各集装箱场站之间开行的大编组快运双层集装箱班列。

进入20世纪90年代后，美国的双层集装箱专用车组（五节一组的关节式平车）已发展到1万组，每周大约发送200列双层集装箱班列，运输路线多达几十条，至少为25个城市提供集装箱直达运输服务。如今，美国双层集装箱班列一般长达2～3 km、编组达150～220辆，车底由单节车、三联车或五联车组成，既可以装运20英尺、40英尺国际标准集装箱，也可以装运45英尺、48英尺和53英尺超大型集装箱。

美国机车牵引采用长交路，列车采用多机牵引(一般是 3～5 台重联)，机车可牵引列车运行至终点，列车重量大。较为常见的是一列多式联运列车装载 300 个集装箱或者 200 辆挂车。双层集装箱班列(图 1-3)的开行，使得用铁路运输集装箱比在公路上用拖车运输集装箱成本更低。美国国内联运市场已出现用铁路集装箱运输代替拖车运输的趋势。

图 1-3 美国双层集装箱班列

加拿大国家铁路公司(CN)于 1985 年底在东部地区开行了双层集装箱列车，疏散到达大西洋海岸港口的集装箱。温哥华 Delta 港口集装箱场、CN 公司多伦多 BIT 集装箱场、CP 公司多伦多集装箱场，每天都要开出四五对集装箱专列，其中大部分为双层集装箱班列。加拿大双层集装箱列车的编组一般为 80～130 辆，长度约有 2 km 多，载重量一般在 10 000～15 000 t 之间。双层集装箱列车都是按照班列的方式进行运输组织，列车运行速度较快。

加拿大双层集装箱班列主要运行于集装箱货场间，一般不进入编组站。货场一般具备利用装卸线直接接发列车的条件，个别车站甚至设有两三列列车长度的组合列车到发线。集装箱在货场与客户间采用汽车运输，运输范围约为 200 km。

三、集装箱办理站布局创新

美国铁路多式联运办理站经历了从渡板滚装式向机械化吊装式的过渡，以及从分散的中小型车站向大型站的集中化过程。铁路多式联运办理站数量从 1973 年的 1 100 个缩减到 1997 年的 200 个。美国铁路多式联运办理站的规模很大，有较大的场地面积，较长的装卸线路和足够数量的高效装卸机械。办理站装卸线的有效长达 1.61 km 以上，可以满足列车整列到发的要求。

联合太平洋铁路公司(UP)是美国最大的联合运输公司之一，承运卡车拖车和集装箱业务；该公司仅在芝加哥地区就拥有以下 5 个多式联运办理站：Canal Street

(CST)、Yard Center（YDC）、Global One（GB1）、Global Two（GB2）和 Global Three（GB3）。

美国诺福克南方铁路公司(NS)的 Whitaker 集装箱办理站，占地 450 英亩。车站设有长达 26 000 英尺(7 925 m)的装卸线 4 条，场内集卡通道 6 条。

1. 采用轮胎吊的美国铁路集装箱办理站布局

采用轮胎吊作为主型装卸机械的铁路集装箱办理站，通常情况下两条装卸线间距为 26 英尺(7.92 m)或 30 英尺(9.14 m)，轮胎吊仅跨一条装卸线，但轮胎吊能很容易地转移到另一条装卸线进行作业。当轮胎吊的跨度(轮胎踏面中心之间的距离)为 42.5 英尺(12.95 m)时，其跨度内可布置一条装卸线和两条汽车通道，也可以布置两条装卸线和一条汽车通道。图 1-4、图 1-5 分别为装卸线间距为 26 英尺和 30 英尺时铁路集装箱办理站的布置图，图 1-6 为美国和加拿大铁路常用的轮胎吊。

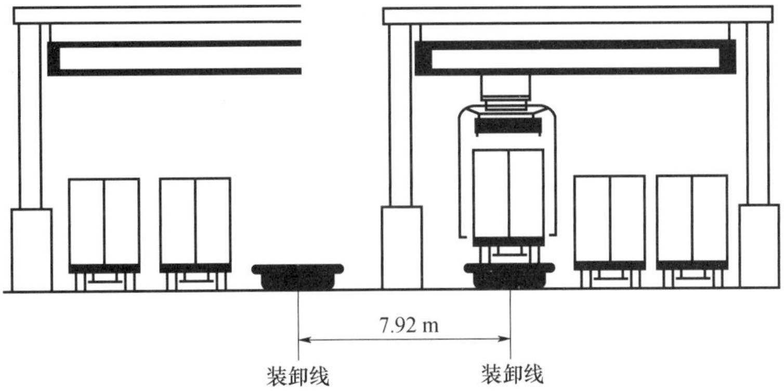

图 1-4　装卸线间距为 26 英尺时铁路集装箱办理站的布置

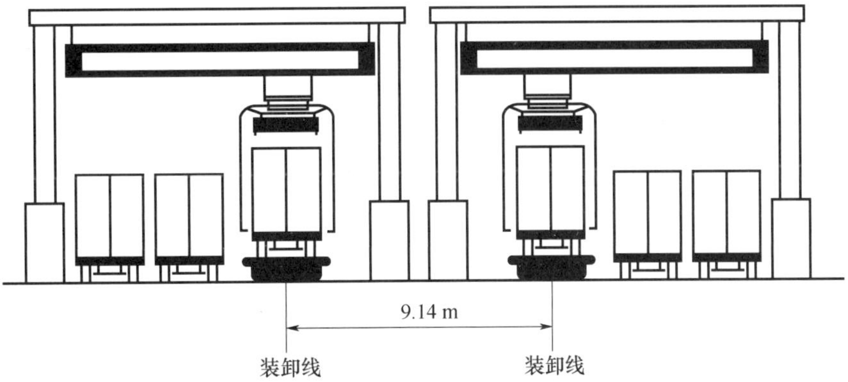

图 1-5　装卸线间距为 30 英尺时铁路集装箱办理站的布置

2. 采用正面吊的美国铁路集装箱办理站布局

美国的一些铁路集装箱办理站采用正面吊或靠背吊(Portpacker，美国特有的一种介于正面吊与叉车之间的集装箱装卸机械)作为主型装卸机械。正面吊需要的作业通道宽度(从装卸线中心至箱位边缘)应不少于 70 英尺(21.34 m),若包括装卸线在内,其作业宽度应不少于 75 英尺(22.86 m)。若两条装卸线并列位于中间,线间距为 15 英尺(4.57 m),则从装卸线两侧作业需要 150 英尺(45.72 m)的作业宽度。每增加一条装卸线及一排作业通道需再增加 75 英尺的宽度(图 1-7)。图 1-8 为美国铁路上常用的靠背吊和正面吊。

图 1-6 美国、加拿大铁路常用的轮胎吊

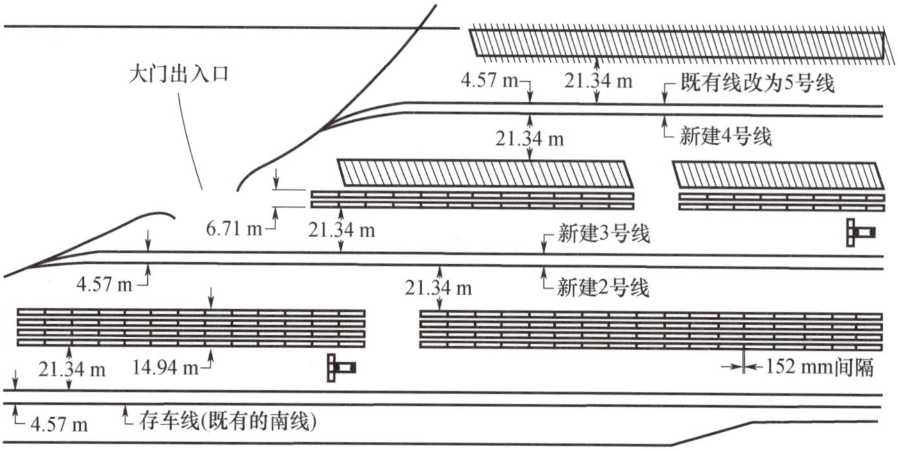

图 1-7 采用正面吊的美国铁路集装箱办理站的布局形式

3. 美国铁路集装箱办理站布局的特点

如图 1-9 所示,美国铁路集装箱办理站布局的特点是:

(1)储箱区基本是挂车和底盘车的车位,挂车的位置多于集装箱位,所以车站的能力一般也包括停车位的多少。

(2)美国国内货物的多式联运以挂车和国内箱为主,国内箱不同于 ISO 标准集装箱,其宽度为 102 英寸(2 591 mm)。

(3)由于挂车和放在底盘车上的集装箱不能堆垛只能单层放置,因此需要的场地面积非常大。

(a) 靠背吊　　(b) 正面吊

图 1-8　美国铁路常用的靠背吊、正面吊

(4)车站一般都备有拖车和挂车,即使不属于车站所有(如属于第三方物流企业)的挂车也都能及时到达车站,随时可以配合装卸机械进行铁路车辆的装卸作业。

(5)装卸、到发的多式联运单元一般只进行一次装卸作业。到达箱卸到挂车上,用拖车牵引到储箱区,然后交付货主,发送箱反之。

(6)与挂车配合装卸,可以最大限度地发挥装卸机械的效率与节省装卸时间。一名有经验的司机操作正面吊,与挂车配合装卸集装箱时每小时可装卸 40～50 箱,直接装卸挂车时每小时可装卸 30～40 车。

(7)由于每一到发集装单元只装卸一次,而且装卸时与挂车配合效率很高,所以需要的装卸机械台数较少。

(8)在大型的多式联运车站,装卸线有效长是按整列车的长度设计的。由于美国的列车长度很长,一般为 3 000～8 000 英尺(914～2 438 m),对于这样长的装卸线,装卸机械的走行速度是影响其作业效率的重要因素。

(9)北美铁路干线基本上都是内燃牵引线路,因此,装卸线可以兼作到发线。但是,由于仅设装卸线有时不能满足列车技术作业时间的需要,车站仍然设置到发线或者存车线,称为支持线路。

(10)由于轮胎吊只起装卸作用,把集装箱装到挂车上后,挂车即刻开走。因此,美国铁路多式联运车站一般不选择大跨度的轮胎吊,多数车站选用了 TYLOR 和 MI-JACK 生产的轮胎吊,跨度(走行轮中心距)一般为 42.5 英尺(12.95 m),跨内宽度为 38.5 英尺(11.73 m)。

(11)在美国,新建的大型多式联运车站几乎全部采用轮胎吊,而且两条装卸线并列布置,线间距为 26～30 英尺(7.92～9.14 m),轮胎吊可以很方便地在两条装卸线之间转线作业。

图 1-9　美国铁路多式联运车站基本布局

四、集装箱运输信息系统的建立与完善

美国铁路运输公司的信息化程度非常高，每个公司都拥有庞大的信息研发和系统维护队伍，投入巨资对信息系统进行升级换代，以实现运输管理的现代化和自动化。据了解，美国对铁路运营管理自动化系统的投资约占铁路总投资的 7%左右。如诺福克南方铁路公司拥有多达 500 人的信息系统研发和维护人员队伍，该公司最引以为豪的是其在信息化建设方面的成就，目前已成为全美铁路运输公司中信息研发最领先、经济效益最好的公司之一。

目前，美国铁路货场多数采用"绿洲系统"（货场管理系统）进行信息管理。该系统在美国铁路多式联运货场中使用的比例达 70%。该系统极大地提高了工作效率，成为反映美国铁路运输管理现代化水平的一个重要标志。

加拿大铁路集装箱货场采用的 OASIS（Optimization Alternatives Strategic Intermodal Scheduler）系统和 GAIT（Gate Activity Inspection & Tracking）系统运行稳定，信息采集和处理十分准确。

加拿大政府非常重视电子数据交换（EDI）系统在集装箱运输中的应用。在多式联运各环节中（包括海关、运输企业、进出口商、代理公司、港口等），无论是用于信息交换还是内部管理，EDI 已经成为数据信息传递和处理的主要工具，它极大地提高了运输作业效率和运输方式转换效率。加拿大海关电子信息交换系统已实现与各有关单位（如各铁路运输公司及收、发货人）之间的信息交换。

五、集装箱运输企业的市场化运作方式

在美国，从事铁路集装箱运输的企业并不仅限于一级铁路公司，区域铁路公司、

地方铁路公司和大型轮船公司也可开展集装箱多式联运。大型铁路公司向小铁路公司批发运输能力，小铁路公司为货主提供进入一级铁路路网运输的业务，小铁路公司担当铁路运输服务的“零售商”的角色。另外，铁路集装箱运输也不仅限于货运公司。美国铁路客运公司 Amtrak 也从 1997 年开始全面开展多式联运业务；美国还有一些无固定资产的多式联运营销公司（IMC），类似中国的货运代理公司，也在开展多式联运业务。北美铁路集装箱运输在市场细分的基础上，使铁路集约化经营和专业化分工合作完美地结合起来，更好地发挥了规模经济优势，充分满足了客户的各种运输需求。

在北美铁路公司中，集装箱运输设备的自有与租赁两种情况同时存在。集装箱运输车辆、机车和堆场等设备一般是公司的自有资产，也有的是租赁的。各公司使用其他公司的线路必须取得过路权，进行过轨清算。铁路公司通常使用船公司的国际标准集装箱或向集装箱设备租赁公司租用国内专用的大型集装箱。北美铁路货运公司都是私营公司，完全自负盈亏，没有政府补贴。因此，企业完全以市场导向进行运作。例如，BNSF 公司与在美国拥有 3 000 多家超市连锁店的沃尔玛建立了多式联运联盟，为其提供铁路运输服务。BNSF 还利用国际互联网，根据运输时间和所选线路，向其客户提供运输费用等信息。从 2000 年 5 月起，BNSF 提出了集装箱 100%按时运输的承诺，若货物没有按时到达，则客户不必付运费。

六、宽松的市场管制

1979 年，美国洲际商业委员会（ICC）放松了对所有 TOFC 和 COFC 运输方式的管制，这使得铁路能够对 TOFC 以及 COFC 制定更有竞争力的价格，从而使联运量大幅增长。从 20 世纪 80 年代起，美国国会陆续通过了《汽车承运人规章制度改革和现代化法案》《斯塔格斯铁路法》，特别是 1984 年出台的《航运法案》允许航运工会的会员通过费率手段进行联运，使得集装箱班轮公司迅速扩充了各自的联运线路，提供单一提单以及单一费率，承运人和货主双方都得益于联运协作和经营效率的改善。20 世纪 90 年代，美国又相继通过了《协议费率法》《机场航空改善法》和《卡车运输行业规章制度改革法案》。为了适应世界航运的发展趋势，美国国会在对 1984 年《航运法案》进行修改的基础上，于 1998 年推出了《航运改革法》。上述法律的出台，减少了国家对运输业的控制和约束，推动运输业融入自由竞争的市场体系，从而为充分发挥集装箱多式联运和综合物流的整体效应和实现供应链的一体化，提供了广阔的发展空间。

为了提高铁路运输效率，降低运输成本和改善资产利用情况，形成分布广泛、无缝衔接的集装箱运输网络，北美铁路公司出现两极分化的现象。大公司不断兼并，而大量的铁路支线公司不断从一级铁路系统中剥离出去，出售给小型铁路运输经营者。北美铁路的兼并从一个侧面反映出铁路集装箱运输需要高度的集约经营。在反垄断法规的约束下，通过不断兼并，东南西北各区域都形成了在一个区域内有两个大型铁路公司相互竞争的格局。

第二节　欧洲铁路集装箱运输创新实践

2001 年，欧盟公路运输承担了 45％的货运周转量，海运承担 40.4％，内河水运承担 4％，铁路仅承担了 7.8％。从运输增长的角度看，1970—2000 年，西欧的公路运输货物周转量年均增长率为 4.3％，而铁路与内河水运几乎毫无增长。因此欧盟的运输政策特别强调发展综合运输。

近年来，西欧各国铁路改变了经营理念，广泛采用新技术，积极开展集装箱联运，拓展与集装箱有关的物流服务项目，集装箱运输出现了新的面貌。东欧各国也随着国内经济的复苏和市场化运作手段的加强，集装箱运量逐步回升。

一、德国铁路集装箱运输创新实践

1. 集装箱箱型创新

德国铁路使用的集装箱有大、中、小三种型式。容积在 3 m^3以下者，均属小型集装箱；容积在 3 m^3以上，长度在 6 m(20 英尺)以下者，为中型集装箱；容积在 3 m^3以上，长度在 6 m(20 英尺)以上者，为大型集装箱。德国铁路在联合运输中使用的大型集装箱有多种，如冷藏集装箱、敞顶集装箱、台架集装箱、罐式集装箱(图 1-10)、平台集装箱等。目前，德国铁路主要发展大型集装箱运输。

图 1-10　德国的罐式集装箱

为了克服国际标准集装箱在内陆运输方面的局限性，提高集装箱内陆运输的效率，德国采用了适合运输托盘集装单元的国内箱和桥式集装箱(又称“交换箱”，图 1-11)，称之为托盘化集装箱，其内宽为 2 460～2 480 mm，外宽为 2 550 mm。相对于宽 2 438 mm 的国际标准集装箱，外宽为 2 550 mm 的欧洲内陆集装箱容积可增加 4.6％(图 1-12)。

图 1-11　德国的桥式集装箱

图 1-12　德国的 2.55 m 宽体集装箱

桥式集装箱的设想起源于 20 世纪 60 年代，当时的西德经济迅速膨胀，货运量急剧增加，导致运能、运量矛盾加剧；如按传统运输方式满足运量需要，需投入大量资金购置车辆。同时物流运输人员经分析研究发现在传统运输方式中，等待装、卸的时间在整个运输时长中所占比例很大。为了减少等待装卸浪费的时间，箱体交换的构想应运而生。1965 年，德国人研制出了第一只桥式集装箱。随后在 1966 年，考格尔公司、施密茨公司等专用车厂家也相继开发了类似产品。桥式集装箱由箱体和下部装有四条可抽拉、摆动的支架两部分组成。箱体与支架固定在一起，通过集装箱角件、旋锁与汽车底盘相连接并固定。交换箱技术的应用，提高了车辆利用率，降低了设备购置费用。

2. 集装箱运输车辆创新

德国铁路在 20 世纪 80 年代初研制出四轴 Sgns694 型集装箱车，其底架长 18.5 m，轴重 22.5 t，可装运 3 个 20 英尺集装箱。后来又在 Sgns694 型集装箱车的基础上研制了 Sgss-Y703 型集装箱车，其主要特点是每轴安装了 3 个制动盘，采用微处理机控制的电空制动以及电子防滑器，轴重 18 t，载重 50 t，最高运行速度可达 160 km/h。

“驮背运输”是一种公路和铁路联合的运输方式。在驮背运输过程中，由牵引车将载有集装箱的底盘车或挂车直接开上铁路平板车，停妥摘挂后离去；集装箱底盘车或挂车由铁路车辆运至前方挂装点，再由到达地点的牵引车开上平板车挂上底盘车或挂车，直接运往目的地。驮背运输因为不需要借助其他装卸设备，能够实现快速装卸和相关设备费用的节省。驮背运输可以吸引公路车流，能够加速车辆的周转，扩大了货物单元。

Megaswing（巨翼型）车辆（图 1-13）是考库姆公司制造的一种新型半拖车公铁联运车辆。它配备有标准转向架，装载半拖车的区域可以旋转并向下倾斜。在改造过的货物站台，Megaswing 车辆允许拖车经站台直接开上；在普通的装卸场，可以将 Megaswing 车辆的底板旋转一定角度并向下倾斜，便于拖车倒入，将挂车停放于车辆低洼处。

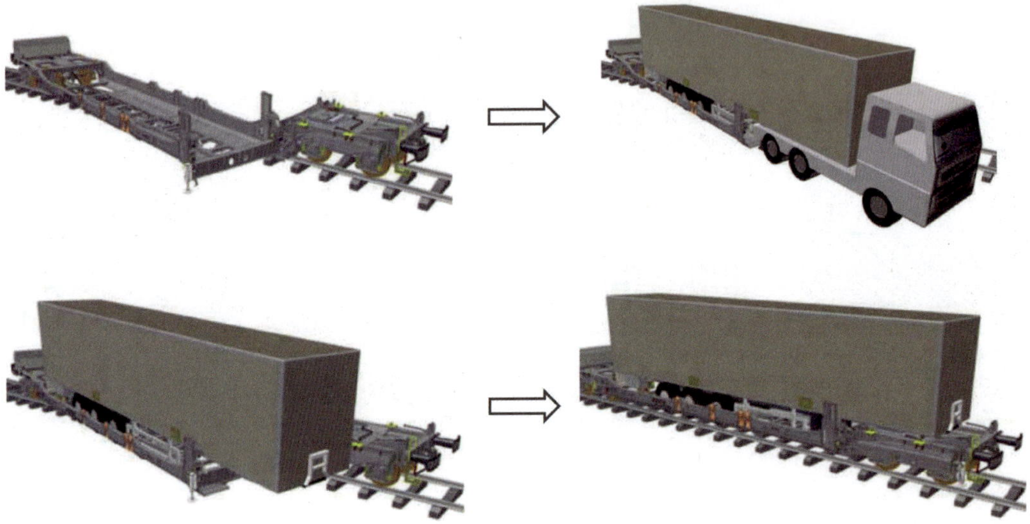

图 1-13　Megaswing 车辆装车过程

运行于德国吕贝克和罗斯托克港口之间的 LOHR 列车（图 1-14），允许拖车司机将半拖车和拖车分别停放好后，随列车出行，且 LOHR 列车能够为司机们提供优质的乘车环境与良好的餐饮服务。

由于受到政府投资支持，德国铁路联合运输路网比较完整，集装箱基地站和办理驮背运输的车站几乎遍布全国。

公铁两用挂车技术（Road Railer）是美国发明的，在德国被称为 Kombitrailer（两用挂车，图 1-15），主要用于德国与意大利之间穿越阿尔卑斯山脉的多式联运。这种公铁两用挂车是将公路挂车置于铁路转向架之上，从而节省了铁路车辆的车体，而且还不需要起重机进行装卸，只需要带升降鞍座的特种牵引车和用于搬运转向架的叉车即可组合或解体列车。但是这种挂车是特制的，首先两端要有专门的连接装置用于串联成列车，另外还要有安装转向架的位置。2001 年，已经有 500 辆 Kombitrailer 公铁两用车成功地投入运营。

图 1-14　LOHR 列车停靠勒布鲁站

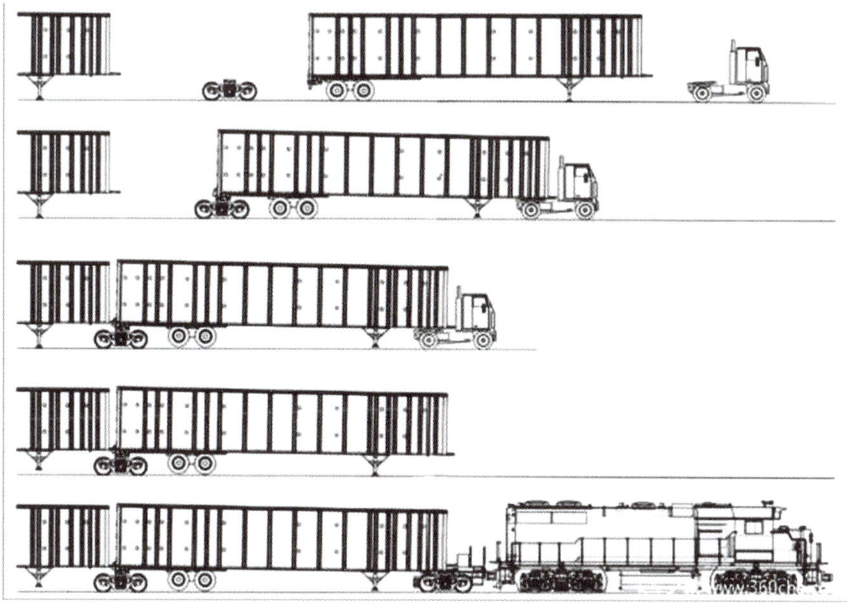

图 1-15　欧洲公铁两用挂车列车编组示意图

公铁两用挂车列车编组过程：

1. 牵引车移向挂车。
2. 牵引车尾部连接挂车，后移挂车，将挂车尾部放在铁路转向架上。
3. 挂车轮胎升离轨面，后移挂车，将挂车连挂在车列上。
4. 牵引车离开挂车，第一辆挂车头部靠支腿支撑。
5. 将带车钩的转向架连挂至第一辆挂车头部，将机车连挂在车列上。

3. 车站布置创新

德国集装箱铁路办理站的传统布局如图 1-16 所示。德国铁路对集装箱办理站的规划基础是“标准模块”，这是 EBA 联邦铁路办公室与 EUK 铁路保险办公室通过对车站横断面(起重机的跨度、装卸线间距、汽车行驶通道和作业通道、堆箱排数等)进行协调后产生的。

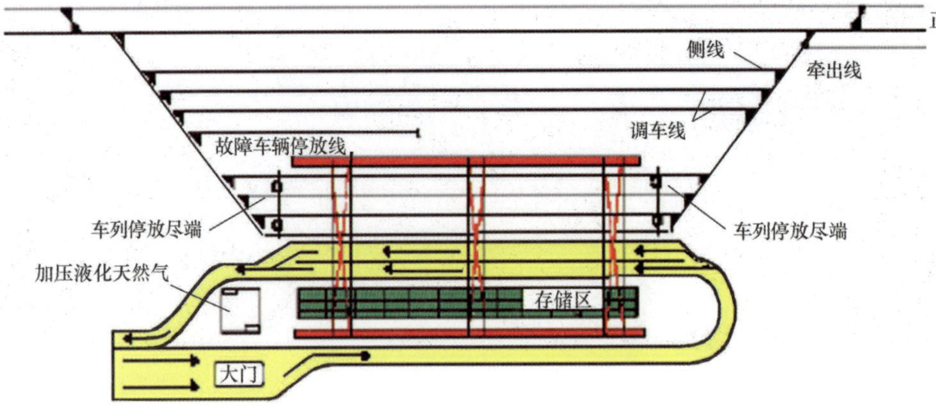

图 1-16 德国集装箱铁路办理站的传统布局

为便于货物和集装箱在公路、内河、运河、铁路和航空等运输方式之间的衔接与联运,满足制造、物流、运输等企业和客户的需求,集装箱换装站大多设置在上述运输方式基础设施的交叉点上。在北莱茵—威斯特法伦州著名的鲁尔工业区内,德铁货运公司共设有 4 个集装箱换装站(分别位于科隆、杜伊斯堡港、哈根和伍珀塔尔)。其中,科隆—艾菲尔门集装箱换装站规模最大。

科隆—艾菲尔门集装箱换装站位于科隆市西南约 6 km 处,站场位于 A4 号高速公路和科隆—艾菲尔门编组站通向凯萨斯劳滕方向的铁路交会点上,与该编组站相邻。其主要功能是担负该地区公路运输与铁路运输之间的集装箱换装任务,相当于中国的铁路集装箱中心站。

如图 1-17 所示,科隆—艾菲尔门集装箱换装站共有铁路作业线 9 条,有效作业长度为 700~800 m,与铁路正线呈平行排列,站场为通过式。站内作业区大体可划分为 3 个,其中 2 个专用集装箱门式起重机作业区域,1 个集装箱正面吊作业区域。两专用门吊作业区,各使用 3 台双梁双支腿单悬臂集装箱专用门吊。大车跨度 39.5 m,悬臂有效作业距离约 12.5 m,带有集装箱专用吊具的小车可以进行 180°的旋转。6 台 42 t 集装箱专用门吊共覆盖铁路作业线 8 条。另有 3 台 20/40 英尺轮式集装箱正面吊负责另外一条作业线的装卸作业。

如图 1-18 所示,门吊跨下覆盖铁路作业线 4 条,总宽度 18.95 m,汽车装卸通道 2 条,总宽度 9 m,集装箱纵向堆码区总宽度 11.55 m,可堆箱 3 列,箱间通道 0.7 m,集装箱与门吊大车支腿安全距离 1.5 m。门吊悬臂端由内向外依次为纵向 2 列堆箱区,总宽度 8.55 m,距门吊大车走行轨中心线 1.9 m,集装箱与门吊司机上下扶梯外侧距离 0.7 m,汽车装卸通道 2 条,总宽度 6.5 m,门吊悬臂端覆盖的有效作业通道为 1 条。

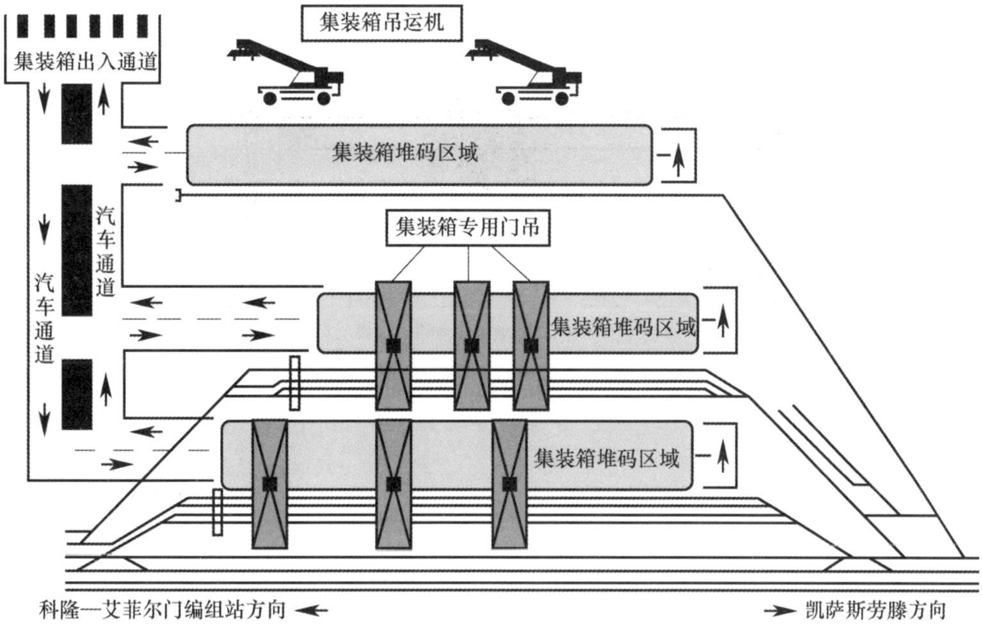

图 1-17　科隆—艾菲尔门集装箱换装站布局

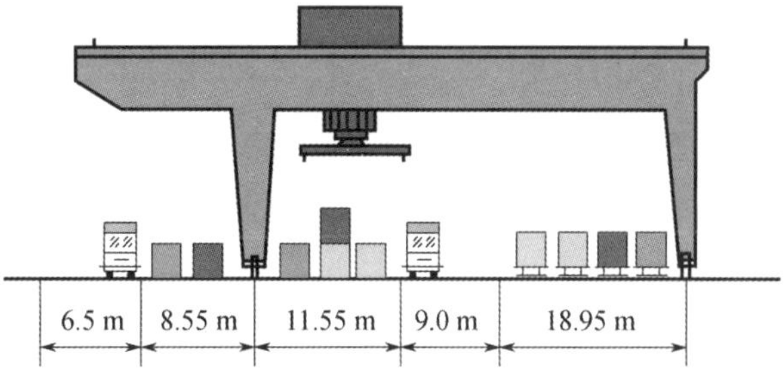

图 1-18　门吊作业区分布

4．装卸机械和工艺创新

克虏伯(Krupp)公司不仅开发设计出了在列车慢速行进中进行装卸作业的自动化装卸系统，还设计出了能与传统起重机布局兼容的快速装卸系统。这种系统是门吊跨下 3 条铁路装卸线，两条汽车通道(一条作业通道，一条行驶通道)，4 排集装箱箱位。跨下大约 42 m，也可以根据车站的具体条件而设计跨度，以及跨度内的布置。克虏伯快速装卸系统如图 1-19 所示。

克虏伯快速装卸系统可以兼容所有类型的集装箱和交换箱，还可以装卸半挂车，但是需要手动解锁半挂车的支撑连接机构。半挂车的装卸对所有自动化装卸设备来说都是相当困难的。凹型车可以容纳挂车的车轮，但是车辆上的连接销支座必须用手移动到适当的位置。从装车的角度看，人工干预是不可避免的。

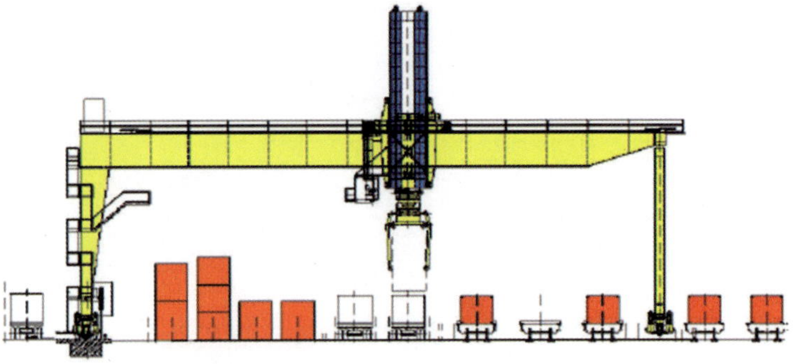

图 1-19　克虏伯快速装卸系统

开发此项技术的最初目的是要解决公铁换装车站面积狭小的问题。克虏伯快速装卸系统的突出优势是允许列车在慢行中进行装卸作业。然而，为了计算机车牵引列车前进的速度，必须准确知道集装单元的数量。在这方面，克虏伯系统的灵活性不足。其次是通常牵引列车的机车不能用于克虏伯系统，因此必须换挂机车。进行装卸作业之前或之后，在编组场进行换挂机车(需要高达 3 h 的时间进行换挂作业)把列车行进装卸作业而节省的时间全部消耗掉了。

二、法国铁路集装箱运输创新实践

1. 集装箱站布置创新

法国集装箱铁路办理站的传统布局如图 1-20 所示。现在，法国集装箱铁路办理站的建设主要遵循以下原则：①每个装卸箱场应有 3 条长度为 750 m 的装卸线；②有较大的专门用于堆存集装箱的场地面积；③不应设置尽头式装卸线。

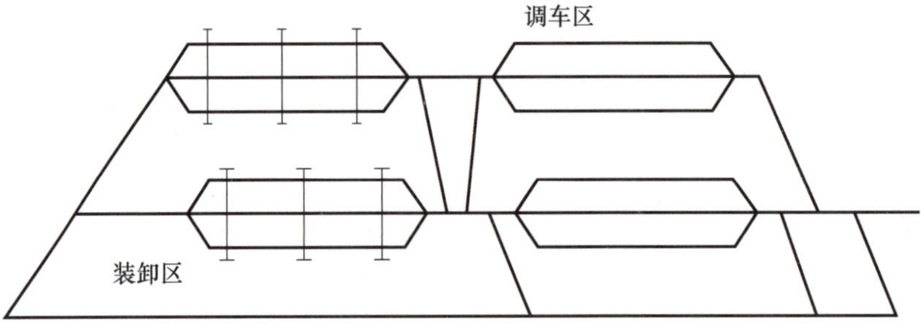

图 1-20　法国集装箱铁路办理站的传统布局

2. 装卸机械和工艺创新

法国铁路主要采用正面吊、轮胎门吊和大跨度轨行式门吊等先进的装卸设备进行集装箱装卸作业，其特点见表 1-2。

表 1-2　几种先进装卸设备的特点

设　　备	特　　　　点	备　　注
正面吊	主要应用于堆场作业，机动性能好，轮压低，堆码层数高，堆场利用率高；装卸成本较高	通道性能要求高
轮胎门吊	装卸效率高，可进行大面积连续堆码作业；机械利用率高，机械维修量较少，维护费用较低	装卸效率取决于工作速度
大跨度轨行式门吊	可靠性好，机械完好率高，维修费用低，装卸成本低，堆层高，易实现堆场装卸作业的自动化	

(1)诺尔大型中心站(Noell Megahub)装卸系统(图 1-21)

诺尔大型中心站装卸系统由 7 台大型半自动化双梁起重机(跨度 42 m，工作覆盖宽度 66 m)构成，作业速度极高，大车走行速度可以达到 150 m/min，起升速度为 45～90 m/min，并配有内部水平运输的线性电机小车子系统。白天车站的作业与传统办理站相同，而在夜晚它利用该系统的高效性能，可以更快速地进行装卸作业。换装作业主要包括铁铁换装，或铁路与卡车之间的集装箱、交换箱(swap body)以及挂车的换装。铁铁换装和内部作业(包括分拣和站内运输)均由半自动化起重机完成。

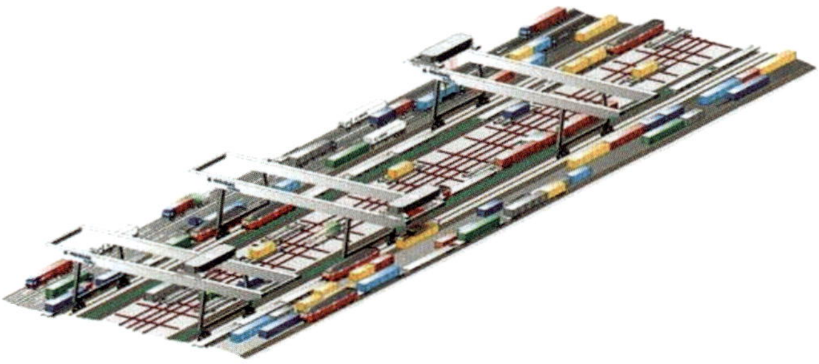

图 1-21　诺尔大型中心站装卸系统

诺尔装卸系统多设置于大型的集装箱办理站，但该系统并非多式联运场站的专用装卸系统，对装卸线和列车均没有特殊要求，能与现有的装卸设备兼容。换言之，使用诺尔系统装卸的列车在其他车站仍可以采用传统装卸设备卸车。

诺尔快速装卸系统是全自动化或半自动化的机械手式的铁铁、铁公换装站系统。该系统主要由两部分组成：一个是集装箱、交换箱、半挂车的高架存储区，另一个是存取机。高架存储区有两至三层，顶层适合所有类型的集装单元，而下层只能存放 20 英尺的集装箱和 A 型交换箱。存取机在列车、汽车上方以及存储架之间的轨道上行驶，存取机从列车上吊起集装箱然后放在高架储存区。此系统可以实现铁路作业全自动化、公路作业半自动化，可以在一条通道上或者相邻两条通道之间进行连续高效作业。一般情况下，装卸一个集装箱需要 2.5 min。

(2)卡木特(Commutor)装卸系统(图 1-22)

典型的卡木特装卸系统的车站由 33 台起重机组成，跨 9 条装卸线(每条装卸线可容纳 33 辆车)、2 条运输小车通道、10 排箱位、2 条汽车装卸作业通道。这种中心辐射式车站每夜最多可以办理 60 列集装箱列车的装卸作业；每列列车的装卸时间为 10～45 min。起重机配备了复杂的抓取吊具，每次作业办理一辆车。该系统含有一个内部运输子系统，使用自动化运输小车，配备的吊具适用于 20 英尺、40 英尺集装箱及交换箱。该系统是为在有限时间内办理大运量的车站而设计的。

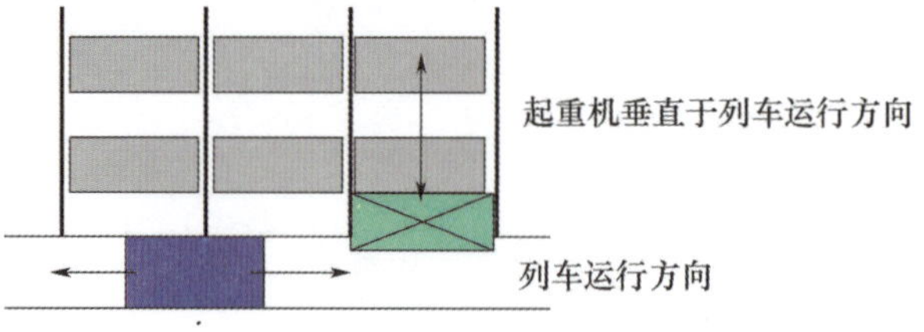

图 1-22 卡木特装卸系统示意图

卡木特装卸系统主要用于中等铁路多式联运办理站。该系统结合了夹抱腿吊具技术、梁式起重机技术和"列车行进"技术。

卡木特技术来源于铁铁换装的设计理念，主要为了避免大量的调车编组作业。从铁路角度看，卡木特系统可以办理大量的多式联运集装单元，具有很高的装卸速度，可以减少人力资源。但是，该系统只能装卸同一类型的车辆，故此系统的应用推广较少。

第三节 日本铁路集装箱运输创新实践

一、集装箱箱型创新

为了更好地与国际物流接轨，日本铁路货运公司开发了能够装载 12 英尺集装箱(图 1-23)且结合铁路、海运的运输新模式。货物到达日本港口之前，采用海上运输，日本国内则采用铁路运输，称为 SEA&RAIL 服务。

图 1-23 日本 12 英尺(5 t)集装箱

为了扩大海运国际标准集装箱在铁路上的运量，日本在采用国际标准 20 英尺箱和 40 英尺箱的同时，也扩大了长 9.3 m(30 英尺)的集装箱、冷藏集装箱和运输化工、石油产品的罐式集装箱的数量，部分集装箱采用翼形侧门，以缩短装箱时间，组织长 3.6 m 的铁路集装箱与船公司开展进出口集装箱货物联运。

二、开行集装箱动车组

2004 年，日本投入运营一种名为“M250 系”的货运专用动车组，主要是用于运载集装箱(图 1-24)。这款动车组在当时是全球首创，其目的是为了减少环境污染，包括噪声、废气等。

图 1-24　日本集装箱动车组列车

起初“M250 系”货运动车组是以临时高速货运列车的形式，运行于东京货运站至大阪安治川口站之间。随着货运需求的增长，临时货运列车班次转为定期班列，逢周日或假日停驶。

每组“M250 系”为 16 节(4 动 12 拖，推拉式运行)，其中第 1、2、15 及 16 节带有动力，中间的第 3 至 14 节为不带动力的拖车。列车每 2 节为一单元，包括动车 Mc250＋M251，及拖车 T260＋T261。每节动车装有 4 台 220 kW 交流牵引电动机，一组完整列车的输出功率为 3 520 kW。“M250 系”基本参数见表 1-3。

表 1-3　“M250 系”基本参数

参数名称	参数取值
运营速度(km/h)	130
车辆长度(m)	20.5(拖车)
	20.3(动车)

续上表

参数名称	参数取值
车辆宽度(m)	2.66(拖车)
	2.80(动车)
车辆高度(m)	1.0(拖车)
	3.792(动车)
车组重量(t)	406

三、改进集装箱办理站的工作

在主要城市的50个集装箱办理站装备大型装卸机械，改进集装箱站的线路布局，加快集装箱在车站进行整列装卸的速度，改进集装箱的中转作业，在技术条件允许的情况下，组织集装箱列车停在车站正线进行集装箱装卸作业，采取措施确保电气化线路上集装箱装卸作业的安全性。

四、采用先进的信息管理系统

为提高集装箱运输的效率，日本铁路货运公司在与卡车运输公司合作的基础上，建立了集装箱运输综合管理系统。该系统采用信息标签、GPS等先进技术对集装箱进行定位，确定其在货车、卡车和场地中的位置，为货主提供实时信息，该系统还通过优化的计算机软件实现了货运预约、集卡司机管理、装卸作业管理等功能，以提高运输效率和服务质量。

第四节　国外铁路集装箱运输创新实践对中国的启示

发达国家铁路集装箱运输的创新实践经验，对中国铁路集装箱运输的发展有着重要的借鉴意义。

一、优化集装箱箱型

发达国家铁路为提高集装箱运输效率，开发了新型的通用集装箱，如北美的45英尺、48英尺和53英尺非标准宽体集装箱，德国的桥式集装箱，日本的12英尺集装箱、翼形侧门集装箱等；为满足特种货物的集装箱运输需求，开发了罐式集装箱、冷藏集装箱等。

为了促进中国铁路集装箱运输的发展，提高中国铁路在运载单元、装备设施等方面的标准化程度，应该大力发展20英尺、40英尺国际标准集装箱，推进冷藏、罐式、干散货等特种箱的运用，研发适应市场需求的内陆集装箱。推广托盘、集装袋等单元化装载运输方式，研发与单元化集装器具相匹配的集装箱箱型。

二、大力发展集装箱专用车

性能优良的集装箱专用车为集装箱班列的快速、经济运行提供了技术保证。为了提高集装箱铁路运输的经济性，世界发达国家从20世纪60年代起就制造了大量的集装箱专用车。随着集装箱运量的增加和开行集装箱班列的需要，集装箱专用车在数量和类型增加的同时，结构也在不断更新。提高速度和增加装箱量是集装箱专用车发展的两个主要方向。其中，日本和欧洲等国家因国土面积小，列车牵引重量不大，以提高列车运行速度为主。

中国铁路仍部分采用敞车装运集装箱的方式，但因敞车在装运大型集装箱时车辆载重量利用率不高，造成了普货运输中敞车的运力紧张，而且敞车装载集装箱存在损伤车地板、容易偏载等问题。大力发展与国际标准集装箱配套的集装箱专用车，增加集装箱专用车的保有量，实现箱车装备均衡发展是中国铁路发展集装箱运输的有效途径。

三、加大集装箱班列的开行力度

为满足客户提高集装箱运输时效性的要求，发达国家大力组织开行了集装箱班列，如北美的双层集装箱班列、欧洲的快速集装箱班列和日本的集装箱动车组班列等。

2017年4月中国颁布的《“十三五”铁路集装箱多式联运发展规划》指出，随着中国国际班列、铁水联运班列、快速班列等的快速发展，预计中国铁路集装箱运量将达到铁路货运总量的20%左右，其中集装箱铁水联运量年均增长10%以上，中欧班列年开行将达到5 000列左右。

加大集装箱班列开行力度，加大市场营销推广力度，开发多频次、多样化的集装箱班列产品，加强集装箱运输的全程调度指挥和跨局联动，提升集装箱班列运行的等级，尤其在港口、口岸等货源充足地区开行集装箱班列，将极大地提高集装箱运输的品牌效应，成为铁路货运量增长的新引擎。

四、加强集装箱场站建设

借鉴发达国家集装箱办理站站型布置、设备配置的经验，积极发展与国际标准集装箱配套的经济环保型接取送达车辆及装卸机械，加快淘汰陈旧落后、超期服役、技术不良的设施设备，提升铁路集装箱办理站办理能力。

围绕铁路集装箱场站，加快公路运输等设施设备的配套建设，依托公路运输灵活便捷的优势，形成以一、二级铁路集装箱场站为中心的配送网络，顺畅地实现“门到门”运输。统筹港口与铁路车站的规划建设，实现铁路和港口的高效衔接，充分利用铁路大运量、全天候的技术经济特征，发挥铁路集疏运优势，提高铁路集疏运比重，形成布局合理、衔接有效的铁水联运体系。

五、积极发展国际集装箱多式联运

随着成本低、运量大、速度快的双层集装箱班列的迅速发展，美国铁路在国际集装箱多式联运中的优越性日益突出。为此，美国港口非常关注内陆多式联运的发展，以便保证通过多式联运为港口提供优质、快速的集装箱集疏运服务。20 世纪 90 年代初，美国国内由海运公司主营的集装箱直达列车每周达 98 列，占总列车数的 54％。

借鉴国外经验，中国铁路应当加强与海运公司在资金、技术和业务上的合作，与海运公司共同投资建设集装箱办理站，同时应允许海运公司成组、成列包租运行线，实行合同运价。通过与海运公司和港口合作，可充分发挥铁路在中长距离港口集装箱集疏运方面的优势，促进中国国际集装箱多式联运的发展，促进中国对外贸易的发展。

第二章　中国铁路集装箱运输的发展历程和现状

中国铁路集装箱运输始于20世纪50年代，大体经历了起步、徘徊、调整和快速发展四个阶段。近年来，中国铁路在集装箱运输装备发展、网络布局优化、技术创新、运输组织变革等方面取得了令人瞩目的成就。至2017年6月，中国铁路集装箱保有量达35.2万TEU，其中通用箱28.4万TEU，特种箱、敞顶箱6.8万TEU，集装箱专用车保有量达4.2万辆，平车—集装箱共用车（箱平两用车）保有量达5.8万辆，为集装箱增运增收提供了有力支撑。

第一节　中国铁路集装箱运输的发展历程

中国铁路集装箱运输起源于1955年，是世界上较早发展集装箱运输的国家之一。在经历了起步、徘徊、调整几个阶段后，20世纪90年代后进入了快速发展阶段，2016年国家铁路集装箱运量达751.3万TEU。

一、起步阶段（1955—1958年）

中国铁路集装箱运输开创于1955年3月。最先采用2.5 t（载重后增为3 t）的集装箱在沈阳、天津、上海、哈尔滨、大连和济南站试办集装箱运输业务。2.5 t集装箱为铁木合制，自重0.625 t。到1958年，集装箱办理站增加到18个，3 t集装箱发展到5 971个，该年完成的集装箱货运量为55万t。当时，运载集装箱的货车是标记载重量为30 t的主型敞车，其技术参数与3 t集装箱尺寸和载重量相匹配，载重力利用率较高。

为了进行3 t集装箱的机械装卸作业，在各办理站分别配备有履带起重机、汽车起重机、轨道起重机以及桥式起重机、叉车等装卸机械。为了开展集装箱“门到门”运输，在全路办理站集装箱运输营业所配备了进行接取送达作业的汽车共700多辆。

除了通用集装箱，还制造了240个水泥集装箱，试制了危险品集装箱。在上海、大连和沈阳之间试办了集装箱水陆联运，天津南、广安门站开办了集装箱国际联运。

在管理体制上，原铁道部设有集装箱运输营业总所，铁路局设有集装箱运输营业分所，办理站设有集装箱运输营业所，分别进行集装箱运输组织管理和办理运输业务。由于管理体制健全，集装箱调度有专人负责，空箱调度及时，因此，在1955年到1958年期间是全路集装箱运输发展较快、运用较好的时期。集装箱运输的各项指标也完成得较好：全路集装箱平均停留时间为62 h，集装箱运输直达率为90%，"门到门"运输的比重为12%，集装箱回空率为10%，平均周转时间为7天。

二、徘徊阶段（1958—1976年）

1958年，在"大跃进"形势下，机构精简，权力下放，各级集装箱管理机构或撤销或合并。铁路集装箱运输营业所拥有的汽车划归市运输公司，取消了接取送达业务。全路集装箱运输不再有统一计划，空箱调配由各办理站自行联系，不能确保物资部门所需要的空箱，使集装箱运输业务无法正常开展。另一方面，单一的箱型与货物批量不相适应，主型货车已发展为标记载重量为50 t和60 t的敞车，箱型吨位与车型吨位不相适应，集装箱场地建设和装卸机械装备没有跟上。再加上受十年动乱的影响，中国铁路集装箱运输基本上处于停滞状态。

1974年，中国铁路针对零担运输存在的问题以及办理站缺乏重型起重设备的现状，决定在上海与哈尔滨之间开展1 t集装箱（TJ_1型）的对口运输试运。在取得经验的基础上，原铁道部对该型集装箱提出技术参数和设计要求，由中国铁道科学研究院负责设计、试制，经过试用后，在1975年全路集装箱运输会议上做出决定在全路推广使用。各物资部门制造和运用的企业自备1 t集装箱也有相当的数量。

1976年，中国铁路开始进行5 t通用集装箱的研制工作，先后试制了TJ_5型、TBJ_5型和TBJ_{5A}型三种体积不同的5 t通用集装箱。以标记载重为50 t的主型敞车装运5 t集装箱，其载重力利用率可达60%～80%。

三、调整时期（1977—1995年）

为了解决铁路货物运输中货损货差事故较多、零担货物运输效率低、管理薄弱等问题，1977年原铁道部召开了全路货运工作会议，会议一致认为要实现货物运输的"安全、迅速、经济、便利"，必须大力发展集装箱运输。

1978年，原铁道部恢复了集装箱运输管理机构，不仅很快建立了相关的规章制度，而且开始定点造箱，扩建集装箱货场和修理点，使集装箱运输尽快从困境中摆脱出来。继1 t箱、5 t箱之后，铁路又研制出10 t集装箱。由于10 t箱不仅充分考虑了铁路机车车辆限界，也考虑了公路的最大允许通行尺寸，因此受到铁路车站的欢迎，并很快成为铁路运输的主型箱。

进入20世纪80年代，随着经济的繁荣发展，城乡贸易急剧增长，货运量大幅度提高，集装箱运输的优越性越来越被各界所认识和接受，这给集装箱运输的发展提供了良好的机遇。为了完善管理，原铁道部先后制定了《铁路集装箱运输规则》《铁路集装箱运输管理规则》《铁路集装箱修理规则》等一系列规章制度，并加大了集装箱的资金投入与管理力度，形成了部、局、站三级管理机构，有力地促进了铁路集装箱运输的发展。

1995 年，中国铁路集装箱发送量为 285 万 TEU，发送货物 2 293 万 t；全路拥有 1 t箱 340 000 个，5 t 箱 28 000 个，10 t 箱 95 966 个，20 英尺箱 5 121 个，40 英尺箱 5 个，集装箱专用平车 4 098 辆；集装箱办理站 476 个；开行集装箱直达列车 539 列。

四、快速发展时期(1996 年至今)

1996 年原铁道部正式成立了“中铁集装箱运输中心”，各铁路局同时成立了相应的机构。形成了原铁道部集装箱中心、13 个铁路局集装箱中心(公司)、53 个铁路分局集装箱中心(公司)以及车站公司等构成的铁路集装箱运输经营中心系统，中心系统实行条块结合的管理制度。在铁路各级货运部门管理下，负责国际、国内集装箱运输、代理及相关的延伸服务；零担货物运输；集装箱装卸、仓储、保管以及购置、租赁、维修、报废等资产管理工作。

为规范建立现代企业制度，加强集装箱专业化管理，促进集装箱运输经营发展，中铁集装箱运输有限责任公司(简称中铁集装箱公司)于 2003 年 11 月成立，定位为具有集装箱铁路运输承运人资格，主营铁路国内、国际集装箱运输的国有大型集装箱运输企业。中铁集装箱公司不仅拥有集装箱、篷布等资产，而且还拥有集装箱专用车辆、集装箱办理场站以及相关设施设备等资产，业务范围包括：国内、国际集装箱铁路运输、集装箱多式联运、国际铁路联运；仓储、装卸、包装、配送等物流服务；集装箱、集装箱专用车辆、集装箱专用设施、铁路篷布等经营和租赁业务；国际、国内货运代理，以及与上述业务相关的经济、技术、信息咨询和服务业务。通过这些业务，中铁集装箱公司从市场取得运输收入，并向提供运输组织的路局支付诸如线路使用费、机车牵引费、车辆租用费等相关费用。

2013 年 6 月 15 日集装箱运输业务调整后，中国铁路总公司负责全路集装箱运输组织和统一管理；铁路局作为铁路集装箱运输承运人，负责管内集装箱运输生产组织和经营管理；中铁集装箱公司保留铁路箱购置、租赁、维修、报废的工作职责，同时负责中欧班列的统一经营。

发展中欧班列是近年来中国推进“一带一路”倡议的重大举措，2014 年颁布的《中欧班列运输组织暂行办法》总结了自 2011 年首趟渝新欧班列开行以来的经验，将国际集装箱班列的工作组织规范化。2015 年为贯彻落实《关于加快推进铁路现代物流发展的意见》，适应铁路向现代物流转型发展需要，营造良好的集装箱与集装化运输环境，铁路总公司颁布了《关于加快发展铁路集装箱与集装化运输的实施意见》。2016 年 3 月铁路总公司将 1.5 t 小型集装箱正式定为零散货物快运的集装化用具；同年 5 月，开行了首列 35 t 敞顶集装箱煤炭直达列车，体现了 35 t 敞顶集装箱将作为承运重质货物主箱型的发展趋势。

第二节　中国铁路集装箱运输发展现状

一、集装箱运量及其结构

1. 集装箱发送总量

在货物运输业务中，铁路一直将集装箱运输作为重点开拓、大力发展的工作重心。自 20 世纪 80 年代以来，中国铁路集装箱运量获得了较快的发展。图 2-1 给出了 2010—2016 年国家铁路集装箱发送量的发展情况。按标准箱计算，国家铁路集装箱发送量从 2010 年的 425.7 万 TEU 增加到了 2016 年的 751.3 万 TEU，年均增长速度达 9.93%。

由图 2-1 可以看出，近年国家铁路集装箱发送量总体呈逐年上升趋势。虽然中国铁路集装箱发送量远不及港口集装箱吞吐量和公路集装箱运量，但铁路集装箱运输作为一种安全、便捷的运输方式正在逐步被货主所接受，其发展的趋势也证明，铁路集装箱运输将在铁路运输系统中发挥越来越重要的作用。

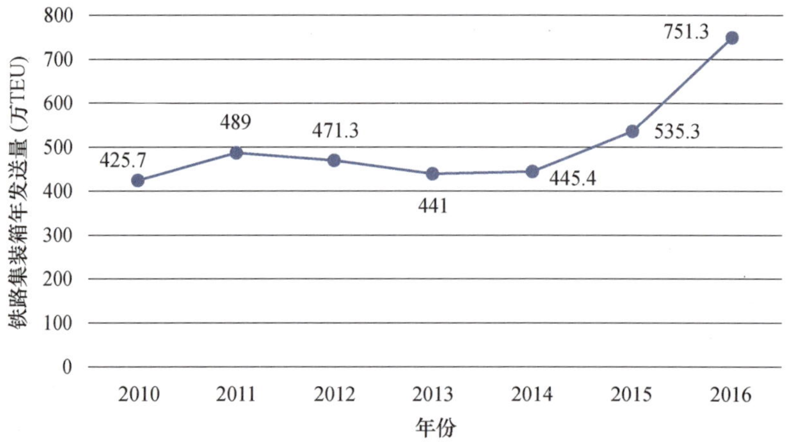

图 2-1　2010—2016 年国家铁路集装箱发送量

2. 分箱型集装箱发送量

中国铁路集装箱箱型以国际标准集装箱为主，即 20 英尺和 40 英尺通用集装箱。为了增加适箱货物，提高集装化运输占比，中国又先后研发上线了多种特种箱、内陆箱。

2015 年，铁路总公司颁布了《中国铁路总公司关于大力发展自备箱运输提高集装箱铁路运量的通知》，通过大幅降低空箱运价及 50 日空箱免费堆存时间的优惠政策，吸引自备箱上线，有效缓解了铁路箱源不足的问题，促进了集装箱运输的增运增收。近年来，铁路自备箱保有量逐年攀升，推动着自备箱发送量也呈上升趋势，2016 年，铁路自备箱运量占集装箱总运量的 40.1%。

2016 年，国家铁路集装箱运输的分箱型发送量见表 2-1。

表 2-1　2016 年国家铁路集装箱运输的分箱型发送量

单位：TEU

铁路箱		自备箱	
20 英尺通用箱	2 915 159	20 英尺通用箱	1 602 323
40 英尺通用箱	691 540		
特种箱	639 167	40 英尺通用箱	1 410 102
敞顶箱	254 539		
合　计	4 500 405	合　计	3 012 425

二、集装箱保有量

自 2001 年以来，中国铁路集装箱的箱型主要有：1 t 箱、1.5 t 箱、10 t 箱、20 英尺箱、40 英尺箱、45 英尺箱和 50 英尺箱。随着中国铁路货运标准化程度的提高及货运结构向“小批量、多批次”的转变，2007 年 11 月后，10 t 箱、1 t 箱和 50 英尺箱陆续停止使用。

2011 年，中国铁路研发了 20 英尺大容积通用箱，新箱型比 20 英尺国际标准箱容积增加了 18%，载重增加了 15%。2016 年 3 月，1.5 t 小型集装箱作为零散货物，尤其是贵重物品、易碎品、易倒塌或自带包装薄弱的货物的集装单元化用具在全路正式推广使用。2016 年，又研发投入了 20 英尺 35 t 敞顶箱、45 英尺 34 t 通用箱，前者主要为发端或到端没有专用线的客户提供门到门服务，适合装载散堆装货物、需从上部装载的货物以及成件包装货物，后者与欧洲标准接轨，可用于中欧班列运输，容积高达 91 m^3 左右。随着集装箱箱型的丰富，集装箱运输从 60 t 级提升到 70 t 级，运输效益得到了极大地提高。

2016 年中国铁路集装箱保有量见表 2-2。

表 2-2　2016 年中国铁路集装箱保有量

单位：万只

箱　　型	保有量
通用箱	27.0
特种箱	3.9
敞顶箱	2.1
合　计	33.0

注：表中铁路集装箱保有量统计中不含 10 万只 1.5 t 小型箱，因小型箱按集装化用具进行管理。

三、集装箱车保有量

随着铁路集装箱专用平车的研发和大量投入使用，至 2017 年 3 月铁路集装箱专用平车保有量跃升至 41 529 辆，以 X_{70}、X_{6K}和 X_{6BK}型车为主；平车—集装箱共用车保有量达到 57 629 辆，以 NX_{70}和 NX_{17K}型车为主，已基本解决了集装箱专用车辆紧缺的问题。

四、集装箱办理站情况

集装箱办理站大多位于集装箱货源的产生或消费地。至 2017 年 8 月，铁路集装箱办理场站共有 1 375 个，集装箱办理站点达到 1 772 个。从整体来看，中国铁路集装箱办理站的分布为东部多、西部少。

2004 年 2 月 17 日，国务院审议通过的《中长期铁路网规划》提出，加快主要枢纽及集装箱中心站建设，将在全路建设 18 个集装箱中心站，到 2017 年，业已投入运行的集装箱中心站共 13 个，包括：哈尔滨（新香坊）、大连（金港）、青岛（胶州）、上海（芦潮港）、郑州（圃田）、武汉（吴家山）、西安（新筑）、成都（城厢）、重庆（团结村）、昆明（王家营西）、兰州（东川）、天津（新港北）、乌鲁木齐（三坪）。

五、集装箱班列开行情况

集装箱班列在集装箱运输中占有重要地位，班列运量占集装箱总运量的 20%～30%左右。多年来，集装箱运输产品得以多元化发展，班列组织方案不断优化，班列的开行比例和质量明显提高，特别是海铁联运班列、中欧（中亚）班列得到了快速发展。

2016 年，稳定开行的集装箱班列运行线见表 2-3。海铁联运精品班列始发正点率达到 90%以上，到达正点率达到 80%以上，得到社会的广泛好评。截至 2017 年 5 月中旬，中欧班列累计开行 4 000 列，国内开行城市达 28 个，覆盖“一带一路”沿线和欧洲 11 个国家 29 个城市。

表 2-3　2016 年稳定开行的集装箱班列运行线

集装箱班列种类	运行线数	速度等级	主要货源品类
快速集装箱班列	16	120 km/h	五金、日用品、小家电、食品、衣服、农产品等
铁水联运班列	28	80 km/h	电子产品、化妆品、汽车及配件、建材等
中欧国际班列	46	120 km/h	电子产品、酒水、纺织品、汽车及配件、机械装备、家具等
中亚国际班列	24	80 km/h	工业原材料、零配件、机械设备、建材、食品、轻工产品等
普快集装箱班列	7	80 km/h	煤炭、粮食、矿石、小型钢制品、建材、日用品等

第三节 中国铁路集装箱运输存在的主要问题

一、场站设施建设相对滞后

一是办理站数量少，部分场站作业条件差，铁路网络规模效应发挥不充分。截至2016年底，全路2 688个货场中，仅有623个办理标准箱业务，比例为23%。而部分集装箱办理站场地面积狭小且为尽头式布置，装卸线长度短，硬面破损严重，存在取送车能力紧张、货物线长度不足、缺乏专业化的集装箱堆场等问题。

二是场站设施设备落后，限制了集装箱业务的拓展。部分集装箱办理站使用简易吊具，装卸作业需碰撞对位，不仅装卸作业效率低，对箱体和车辆锁头损坏大，影响集装箱运输尤其是海铁联运自备箱上路运输。

三是现代化物流中心建设尚未完成。18个集装箱中心站中，还有5个没有建成投产。集装箱办理站“小、散、弱”的问题突出，发展合力不足。部分集装箱货场位于城市市区范围内，接取送达业务受到影响。且绝大部分内陆集装箱货场不具备海关监管条件，增加了联运成本。

二、铁路集装箱运量的比重偏低

铁路集装箱运量比重偏低表现在两个方面。一方面，铁路集装箱运输的发展明显落后于其他运输方式。2016年，国家铁路集装箱发送量与全国港口集装箱吞吐量的比例仅为3.4%。另一方面，虽然近年来铁路集装箱的运量呈现上升趋势，但是集装箱发送量占全路货运发送总量的比重偏低。2017年前5月，铁路集装箱日均装车数12 159车，仅占全路日均装车数的9.4%。集装箱运量占铁路总货运量的比重预计于2020年上升为20%，但仍较欧美49%的比重有很大的差距，中国铁路集装箱运输的优势仍未得到充分发挥。

三、一手货源不足，运输服务质量较差

从各铁路局集团公司的情况来看，集装箱货源主要依靠物流公司提供，一手订单率低。铁路运输企业与港口、船公司、大客户等主要限于业务合作，成立合资公司、形成利益共同体的比较少。每经过一层代理都要增加全程物流成本，铁路的低价优势逐渐消失。快捷可靠是集装箱班列运输的优势之一，但在班列实际运行中，经常由于列车运行晚点而使铁路丢失了时效性优势。

受货源不充足、地区经济形势、地区间的物资交流量和运输市场竞争等因素的制约和影响，适合以班列形式运输的货源受到限制，导致班列难以按计划开行。货源不足是导致班列班次减少、开行间隔周期增长甚至终止开行的主要原因之一。

四、铁路同其他运输方式尤其是海运的衔接有待加强

近年来，虽然中国铁路集装箱运输得到了快速发展，但是铁路在多式联运中的骨干作用没有发挥出来，集装箱多式联运存在着巨大的发展空间。

铁路集装箱运输承担的港口集疏运比例较小。近年来，随着国际贸易的快速发展，中国港口集装箱吞吐量增长迅速，2016 年中国港口集装箱吞吐量为 2.20 亿 TEU。而铁路港口车站进出口集装箱运量仅为 311.7 万 TEU，全国 10 个主要沿海港口集装箱铁水联运量占港口吞吐量的比例仅为 1%左右。

究其原因，一方面是由于铁路同港口在基础设施的综合规划和建设上没有建立良好的协作关系：28 个主要港口车站仅有 6 个实现了与港口的无缝衔接，世界上最大的集装箱港口上海港没有进港铁路衔接；另一方面也是由于铁路集装箱运输服务的水平尚不能满足船运公司的要求，比如许多船运公司由于担心铁路运输的可靠性和时效性，而不愿意将自己的集装箱交给铁路直接运输，这样就在港口出现了大量国际箱拆箱后再装铁路箱的现象，大大影响了运输效率。

第三章　中国铁路集装箱箱型创新

根据2015年铁路总公司颁布的《铁路集装箱运输规则》，按所装货物种类和箱体结构，将集装箱分为普通货物集装箱和特种货物集装箱。普通货物集装箱包括通用集装箱和专用集装箱，专用集装箱包括封闭式通风集装箱、敞顶集装箱、台架集装箱和平台集装箱等；特种货物集装箱包括保温集装箱、罐式集装箱、干散货集装箱和按货物种类命名的集装箱等。

从20世纪50年代，中国铁路集装箱的箱型经历了由2.5 t铁木合制箱，到70～80年代的1 t、5 t集装箱，到80～90年代的10 t集装箱，再到90年代以后的20英尺、40英尺国际标准集装箱的演变过程。期间，特种货物集装箱的研发与使用也逐渐受到重视，从而适应了一些特殊货物的运输要求，提高了集装箱运输的整体效率，大大拓宽了集装箱的适装货物范围。

第一节　中国铁路普通货物集装箱箱型演变与现状

一、中国铁路普通货物集装箱箱型的演变

普通货物集装箱包括通用集装箱和专用集装箱。中国铁路通用集装箱的发展经历了以下四个阶段。

1. 2.5 t(3 t)铁木集装箱阶段(1955—1976年)

1955年，中国铁路最先使用的集装箱是铁木合制箱，这种集装箱总重2.5 t(后增为3 t)，自重0.625 t，外形尺寸长×宽×高为2 000 mm×1 250 mm×2 450 mm，是根据当时载重30 t的砂石车的尺寸设计制造的，每辆30 t砂石车可装12个2.5 t集装箱，能充分利用车辆的载重量。到1958年先后制造了5 971个2.5 t集装箱，主要在18个站办理运输业务。

1958年后，集装箱归各站使用，集装箱运输在之后的近20年里处于徘徊停滞的状态。直到1977年原铁道部恢复集装箱管理机构以后，开始重新大力促进集装箱运输的发展。由于原来的2.5 t箱基本都已报废，所以集装箱管理机构首先着手研发、生产新型集装箱。

2. 1 t、5 t(6 t)箱阶段(1977—1987年)

铁道科学研究院等单位通过调查发现，零担货物中，小批量的货物较多，能与1 t叉车配套使用的1 t集装箱更适合装运零担货物，且中转、装卸较为方便。1974年，

1 t 箱开始生产并在小范围试运。1 t 箱总重 1 t，自重 0.18 t，外形尺寸长×宽×高为 900 mm×1 300 mm×1 300 mm，适合用铁路棚车或敞车装运，其中 P_{50} 型车可装 54 个1 t 箱，P_{60} 型车可装 68 个 1 t 箱，能充分利用车辆容积。从 1978 至 1989 年铁路共生产了 19.8 万个 1 t 箱，运输货物 2 014 万 t。

铁路 1 t 集装箱如图 3-1 所示。

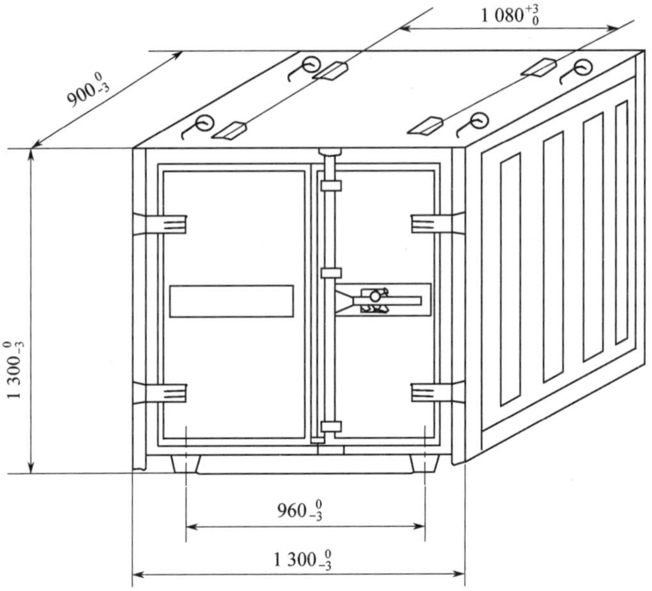

图 3-1　铁路 1 t 集装箱外观尺寸图(单位：mm)

1 t 箱体积小，结构简单，接运、中转方便，对站场设备条件要求低，但同时由于其体积较小，装掏箱不方便，不适合装运冰箱、电视机、玻璃等一些体积较大的货物。因此 1 t 箱不能作为铁路主型箱。随着集装箱运输的发展和设备条件的改善，1 t 箱于 2010 年退出使用。

1977 年，原铁道部在生产 1 t 箱的同时，着手组织铁道科学研究院、武汉工程机械厂等单位，设计、试制了 TJ_5 型 5 t 集装箱。5 t 箱总重 5 t，自重 0.978 t，外形尺寸长×宽×高为 1 580 mm×2 650 mm×2 650 mm。50 t 敞车可装 8 个 5 t 箱，能够比较充分地利用车辆的载重力。后来考虑到与国际标准集装箱尺寸相匹配，铁路、公路、水运部门围绕 5 t 箱的外形尺寸进行了讨论，最终制定了 TBJU 型 5 t 集装箱尺寸国家标准，即长×宽×高为 1 968 mm×2 438 mm×2 438 mm。从 1978 年开始，铁路在制造了 302 个 TJ_5 型 5 t 集装箱后，开始转产 TBJU 型 5 t 箱。至 1987 年，共生产了 4 万多个 TBJU 型 5 t 集装箱。

TBJU 型 5 t 箱的大量投入使用带来了一个问题，50 t 敞车可装 8 个 TJ_5 型 5 t 箱，而只能装 6 个 TBJU 型 5 t 箱，对铁路运输能力的浪费较大。对此，原铁道部一方面将 5 t 箱高度从 2 438 mm 提高到 2 591 mm，总重增至 6 t，扩大了容积和载重。另一方面，开始研究适合铁路运输的新箱型。20 世纪 90 年代末，5 t(6 t)箱退出使用。

3. 10 t 箱阶段(1988—1995 年)

1987 年，经过反复论证，原铁道部组织铁道科学研究院、山海关桥梁厂、武汉工程机械厂及有关铁路局设计试制了 50 个 10 t 集装箱样箱，并进行了试运。10 t 箱总重 10 t，自重 1.618 t，外形尺寸长×宽×高为 3 070 mm×2 500 mm×2 650 mm，这种箱型既充分利用了铁路机车车辆限界，又考虑了公路运输的最大允许宽度和高度。敞车可顺装 4 个 10 t 箱，平车可横装 5 个 10 t 箱，其突出优势在于能够充分利用铁路运能，因此经济效果十分明显。对于 10 t 箱的外部尺寸，原国家经委三次组织会议讨论，并组织原铁道部、交通部扩大试验。实践证明，10 t 箱的技术参数合理，也适用于公路运输，被批准在全国推广。1987 年原铁道部停止制造 5 t 箱，同时将 10 t 箱作为铁路的主型箱开始大量生产。并制订出一系列 10 t 箱铁道行业标准。到 1995 年，铁路共生产 10 t 箱 112 395 个。

铁路 10 t 集装箱如图 3-2 所示。

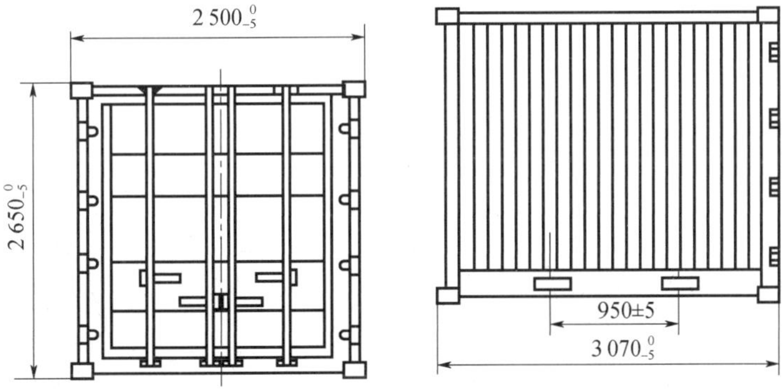

(a) 10 t 箱正视图　(b) 10 t 箱侧视图

图 3-2　铁路 10 t 集装箱外观尺寸图(单位：mm)

10 t 箱的大量生产和投入使用，提高了铁路集装箱运输效率，大大促进了铁路集装箱运输的快速发展。为了配合集装箱运输的发展，1980 年原铁道部组织二七车辆厂生产了 X_{6A} 型集装箱专用平车，该车可以横装 5 个 10 t 箱。但由于 10 t 箱不是国际标准集装箱，不利于集装箱多式联运的发展，为了进一步提高集装箱的运输效率和质量，2007 年 11 月 27 日，全路停止办理 10 t 集装箱运输业务。

4. 20 英尺、40 英尺国际标准集装箱阶段(1996 年至今)

20 世纪 90 年代以来，为适应外贸运输发展的需要，建立既符合国际惯例又适合中国国情的国际集装箱多式联运系统，交通部、原铁道部联合发布了《国际集装箱多式联运管理办法(试行)》《国际集装箱运输单证管理规定(试行)》及《国际集装箱多式联运国内段收费办法(试行)》等一系列规章，其中在《国际集装箱多式联运管理办法(试行)》第二章第六条中规定：投入多式联运的集装箱箱型，限于中国和国际标准化组织集装箱委员会推荐的 20 英尺集装箱和 40 英尺集装箱。为了融入国际集装箱多式联运链条，加快集装箱运输的快速发展，原铁道部开始大力发展 20 英尺和 40 英尺国际标准集装箱。到 2016 年，20 英尺和 40 英尺国际标准集装箱保有量发展到 27 万个。

在大力推行 20 英尺与 40 英尺国际标准集装箱的同时，2011 年，铁路研发了 20 英尺大容积通用箱，新箱型比 20 英尺国际标准箱容积增加了 18%、载重增加了 15%。2016 年 3 月，中国铁路将 1.5 t 小型集装箱作为零散货物快运的集装化用具，陆续在全路范围推广使用。如今，中国铁路通用集装箱形成了以国际标准集装箱为主，以非标箱为辅的局面。

在专用集装箱方面，为缓解东北地区运用敞车不足和普通木地板平车闲置的问题，消除采用木立柱加固装运木材存在的安全隐患，2002 年中铁集装箱运输中心委托有关单位设计研发了折叠式台架集装箱(图 3-3)，用以运输原木及板材。折叠式台架集装箱由底架、端墙、侧框、两箱连接构件、箱车连接构件组成，具有折叠功能，须成对使用。其基本技术参数如下：自重 2.5 t，双箱额定载重 55 t，外部尺寸(长×宽×高)5 610 mm×3 155 mm×3 400 mm，折叠后高度为 795 mm，使用环境温度为 −40 ℃～80 ℃。折叠式台架集装箱专门用于在铁路平车上装运长度为 3.8 m、4 m、6 m、8 m、12 m 的木材。

图 3-3　折叠式台架集装箱

因既有折叠式台架集装箱投入使用年限过长及本身制造工艺结构等因素，导致运用中出现了部件失效、销件丢失、焊缝开裂等问题，2011 年 5 月，原铁道部运输局审查通过了改进型折叠式台架集装箱的设计方案。改造后，其安全可靠性更高，增加了 3 m 长木材装载能力，自重降低了 16%，装载容积增加了 3 m^3。但近年来，随着各国政府加紧对木材砍伐的管控，中国铁路木材运量大幅减少，折叠台架式集装箱已退出使用。

2016 年 2 月，中国铁路总公司为加快推进铁路向现代物流企业转型升级，鼓励铁路大力发展集装箱、集装化运输，在全路范围内推广 20 英尺 35 t 铁路敞顶集装箱的使用，并于同年 5 月开行了华北首列 35 t 敞顶煤炭集装箱直达列车。如今，中国铁路专用箱向着品类增加、功能完备，逐渐适应多元化市场需求的方向发展。

二、中国铁路普通货物集装箱箱型的现状

(一)20 英尺与 40 英尺国际标准集装箱

目前，中国铁路的主型集装箱为 20 英尺和 40 英尺国际标准箱。

1. 技术参数

(1)中国铁路 20 英尺通用集装箱的技术参数主要有：

①外部尺寸(长×宽×高)为 6 058 mm×2 438 mm×2 591 mm，能够在－40 ℃～80 ℃温度下使用；

②总重为 30.48 t，自重为 1.86～2.98 t；

③内部尺寸为 5 898 mm×2 352 mm×2 393 mm，内容积为 33.2 m^3。

(2)中国铁路 40 英尺通用集装箱的技术参数主要有：

①外部尺寸(长×宽×高)为 12 192 mm×2 438 mm×2 896 mm，能够在－40 ℃～80 ℃温度下使用；

②总重为 30.48 t，自重为 3.88 t；

③内部尺寸(长×宽×高)为 12 032 mm×2 352 mm×2 698 mm，内容积为 76.4 m^3。

2. 装运要求

(1)20 英尺和 40 英尺通用集装箱不得装运易污染、腐蚀、损坏箱体的货物。

(2)单箱总重不得超过其标记总重。

(3)全车集装箱总重不得超过货车标记载重，且应符合货车装载技术条件要求。

(二)20 英尺 35 t 通用集装箱

1. 技术参数

20 英尺 35 t 通用集装箱的技术参数如下：

(1)外部尺寸(长×宽×高)：6 058 mm×2 550 mm×2 896 mm；

(2)内部尺寸(长×宽×高)：5 895 mm×2 464 mm×2 698 mm，内容积：39.2 m^3；

(3)最大总重：35 000 kg，自重：2 580 kg；

(4)允许堆码重量：140 000 kg；

(5)加宽角件下表面尺寸(长×宽)：218 mm×178 mm，角件的定位尺寸、开孔尺寸与 20 英尺通用标准箱相同。

2. 装运要求

(1)集装箱总重不得超过发站、到站的 20 英尺箱起重能力。集装箱吊具强度应当满足集装箱总重的要求。

(2)集装箱装卸使用无导板或采用可调式(翻转式)导板的集装箱吊具。

(3)全车集装箱总重不得超过货车标记载重,且应当符合货车装载技术条件要求。

(4)重箱堆码不得超过 5 层,不得与角件不同的其他箱型混合堆码。

(三)1.5 t 小型集装箱

20 世纪 50～60 年代,中国曾在上海和大连之间开展 1.5 t 集装箱和 5 t 集装箱的货物运输,但维持时间不长。但随着零散货物运量的逐渐增多,为了缓解货运需求小批量、多批次和铁路技术经济特征大批量、少批次之间的矛盾,1.5 t 集装箱又被重新启用。

2016 年 3 月,中国铁路 1.5 t 小型集装箱作为零散货物快运的集装化用具已陆续在全路开展。目前,1.5 t 小型集装箱仅用于装载零散货物,优先装运贵重物品、易碎品、易倒塌、包装薄弱的货物。1.5 t 小型集装箱主要在零散货物快运中心站、作业站间运输,根据客户运输需求可开展门到站、站到站、站到门、门到门服务。2017 年前五个月,全路 1.5 t 集装箱装箱数 342 413 箱,其中哈尔滨局集团公司装箱数最多,高达 66 899 箱,占 19.5%。

1. 技术参数

1.5 t 小型箱的外部尺寸为 1 000 mm×1 300 mm×1 300 mm,材质为钢结构,额定重量 1.5 t,载重 1.32 t,自重 0.18 t,容积 1.28 m^3,重箱允许堆码 3 层。

1.5 t 箱货场堆码及装车情况如图 3-4、图 3-5 所示。

图 3-4　1.5 t 箱货场堆码情况

图 3-5 1.5 t 箱装车情况

2. 装运要求

(1)在−40 ℃至 80 ℃环境温度范围内使用。

(2)可以使用叉车或液压搬运车进行四向叉举和搬运作业。

(3)满足铁路货车和公路卡车运输时满载双层装载,或货场存放时满载三层堆码的作业要求。

3. 主要优点

1.5 t 铁路小型集装箱是为了满足客户零散货物快运集装化运输而制造的新型运输工具,有以下三大优点:

(1)降低物流成本。目前,1.5 t 铁路小型集装箱在有关铁路局集团公司仅作为货物包装物,免费提供给客户使用,箱体重量不纳入计费重量,且小型箱所装货物计费按照零散货物运价政策执行,有利于降低客户物流成本。

(2)保证货物安全。1.5 t 铁路小型集装箱可保护内装货物,避免货物的挤压和碰撞,有利于减少货损,防止货物污染,为食品、酒类、电子产品等货物运输安全提供了有力保证。

(3)压缩货物运到时限。1.5 t 铁路小型集装箱采取机械化装卸车作业,有利于提高装卸和货物中转速度,为压缩货物运到时限创造了有利条件。

(四)20 英尺 35 t 敞顶集装箱

2016 年 4 月,铁路总公司加紧对接市场需求,大力推行 20 英尺 35 t 敞顶集装箱运输,此敞顶箱宽度为 2 550 mm,总重为 35 t,采用加宽角件,投入市场伊始便备受市场青睐。2017 年 6 月 1～7 日,35 t 敞顶箱全路日均装箱 4 162 TEU,截至 2017 年 6 月9 日,35 t 敞顶箱保有量已达 32 881 只。

1. 技术参数

20 英尺 35 t 铁路敞顶集装箱的技术参数如下：

(1)外部尺寸(长×宽×高)为 6 058 mm×2 550 mm×2 896 mm，能够在−40 ℃～80 ℃温度下使用；

(2)额定质量为 35 t，允许载重为 32.22 t，自重为 2.78 t，最大允许堆码重量 140 t；

(3)内部尺寸(长×宽×高)为 5 898 mm×2 464 mm×2 698 mm，内容积为 39.2 m^3。

2. 装运要求

(1)敞顶箱用于装载散堆装货物，也可用于装载成件包装货物。

(2)货物装载不得超出敞顶箱上平面。

(3)集装箱总重不得超过发站、到站的 20 英尺箱起重能力。集装箱吊具强度应当满足集装箱总重的要求。

(4)集装箱装卸使用无导板或采用可调式(翻转式)导板的集装箱吊具。

(5)全车集装箱总重不得超过货车标记载重，且应当符合货车装载技术条件要求。

(6)重箱堆码不得超过 5 层，不得与角件不同的其他箱型混合堆码。

3. 主要优点

35 t 敞顶集装箱是在 35 t 通用集装箱基础上改造而来，敞顶箱的箱体配备有篷布支撑杆和篷布，在装运货物有苫盖要求时配合使用。敞顶箱箱体的部分结构如箱底横梁、钢底板等部位采用高耐候钢制造，使箱体具备耐锈、抗腐蚀、使用寿命长、节能降耗等特点。

35 t 敞顶集装箱如图 3-6、图 3-7 所示。

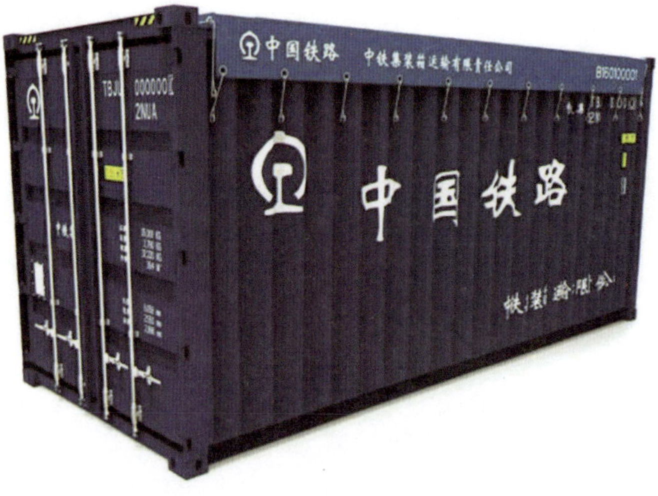

图 3-6　35 t 敞顶集装箱侧面图

20 英尺 35 t 敞顶箱犹如 32 t 的小敞车，兼具敞车和集装箱的优点，它的使用是对整车运输的进一步优化，特别是对焦炭、钢铁类货物的运输有较大的优惠，按货物

图 3-7　35 t 敞顶集装箱顶视图

实重计费，并享有免收吊装费、免收回空费的“两免”政策，大大提高了铁路的市场竞争力，也有助于提升铁路运输效率和效益。具体来看，35 t 敞顶集装箱的优点有：

(1)与通用敞、平车相比，20 英尺 35 t 敞顶箱的作业效率更高(图 3-8)。在装卸作业时，可以做到箱不离车，直接使用叉车装掏箱作业。较好地解决了配送难的问题，可以实现门到门运输。也可以使用门吊快速装卸，减少人工作业，减少两端的倒装倒卸问题。

图 3-8　35 t 敞顶箱卸车作业图

此外，散堆装货物入箱后可苫盖篷布，可以避免货物湿损，避免扬尘和撒漏，有利于减少客户包装、加固材料等费用，进而降低客户物流成本。

(2)与通用集装箱比较,20 英尺 35 t 敞顶箱的装载量更大。该箱型宽度较大,有利于充分利用公路限界,有效利用铁路货车的装载能力。20 英尺 35 t 敞顶箱比 20 英尺通用集装箱的重量仅增加了 0.68%,却提高了 14%的货物装载量。

第二节 中国铁路特种货物集装箱箱型发展与现状

1999 年以后,中国铁路开始研制开发特种货物集装箱。先后研发了 20 英尺弧形罐箱、50 英尺双层汽车箱、20 英尺框架罐箱、20 英尺水泥罐箱、20 英尺水煤浆罐箱、20 英尺干散货集装箱等。2005 年,特种货物集装箱资产全部划拨给铁龙公司,铁龙公司继续开发了 45 英尺冷藏集装箱、20 英尺石油沥青罐箱等。

特种货物集装箱的研制和使用提高了货物集装化率,由于集装箱运输在操作安全、换装便捷、快速准时等方面具有优势,因此,大大提高了铁路货物运输的市场竞争力。

一、20 英尺干散货集装箱

20 英尺干散货集装箱设有顶开门,可以装运散堆装及件杂货物,符合 ISO 1496-4 标准。干散货集装箱是在通用集装箱的基础上,为适应散堆装货物的封闭运输而设计制造的,箱体结构强度大,箱顶部有两个带密封盖的巨型开口,打开后可以进行机械装载作业。

1. 技术参数

干散货集装箱的技术参数如下:外部尺寸(长×宽×高)为 6 058 mm×2 438 mm×2 591 mm,最大总重 30.48 t,集装箱自重 2.62~3.28 t,内容积为 31.1~37.2 m^3,顶孔开口尺寸 1 400 mm×1 765 mm,或 ϕ610 mm,允许装运的货物包括通用集装箱适箱货物和适箱散堆装货物,其结构如图 3-9 所示。

图 3-9 20 英尺干散货集装箱

2. 结构特点

铁路干散货集装箱是在ISO普通20英尺标准干货箱结构的基础上，根据铁路装运大宗散装货物的需要，结合市场调查设计制造的。铁路干散货箱的外观与普通干货集装箱相似，制造工艺基本类似。但是铁路干散货箱箱体强度大，防腐、防磨要求较高，制造成本高。

20英尺干散货集装箱的主体结构与通用集装箱类似，主要由顶开门、后端门、侧板和前端板组成。其中顶开门位于集装箱顶部，可以向上开启、内外锁闭，是用于灌装散堆装货物的特殊箱门。后端门的门板设有加强筋，根据需要也可设有泄压小门。侧板和前端板均采用内外双层钢板或其他加强措施。其主要结构特点如下：

(1)货物散装散卸，箱内的两内侧和前墙内板为平板，有利于货物装卸。

(2)为增加左右侧墙板和前墙板的强度，左右侧墙板和前墙板的外板为波纹板。

(3)考虑到装散货时，后端门的压力较大，为避免端门变形，引起货物外漏，端门竖梁采用较强的结构。

(4)普通干货箱地板为木地板，为便于散货排卸，同时考虑耐磨，铁路干散货箱采用钢地板结构。

(5)为了方便散货装载，节省装箱作业时间，降低物流成本，顶部设有2个上装料孔，大大提高了装箱效率。

(6)考虑箱顶有人员作业，顶部结构加强，以满足承载要求。

(7)箱顶部采用防滑涂料，门端和前端均设有爬梯，便于人员上下作业。

(8)通风器内部增设了挡板，防止装散货时粉尘堵塞通风器。

(9)针对装运硫磺、磷酸一胺、磷酸二胺等酸性散货，箱内采用耐腐蚀性涂料。

3. 装运要求

(1)20英尺干散货集装箱用于装运通用集装箱适箱货物和适箱散堆装货物。

(2)散堆装货物装箱后，应在箱外将顶开门、泄压小门关闭严密并用锁具锁闭或8号镀锌铁线拧固；成件包装货物装箱前，应从箱内将顶开门、泄压小门内插销插紧锁闭。空箱运输时，应保证顶开门、泄压小门锁闭良好。

(3)端部箱门须按通用集装箱要求进行施封(车上装箱时除外)。

(4)沿途各站发现顶开门、泄压小门开启等影响运输安全的问题，应当及时处理并报告。

二、25英尺与50英尺汽车集装箱

(一)25英尺与50英尺板架式汽车集装箱

1998年，根据微型汽车运输市场的需求，在既有装载加固方案的基础上，中国铁路研制开发出25英尺板架式集装箱，结束了中国铁路用平车装运微型汽车依靠三角木和扒锔钉的历史。2000年研制出第二代板架箱，并将装运范围扩大到农用车。

2008 年又研制出 50 英尺板架箱，进一步提高了单车装载能力。

板架式汽车集装箱是专门为运输微型汽车、轻型货车及农用车而设计的。如图 3-10 所示。板架式汽车集装箱主要有两种，分别是 25 英尺板架箱和 50 英尺板架箱。前者长度为 7 675 mm，后者长度为 15 400 mm，其角件均符合 ISO 1161 标准。板架式集装箱运输需要在具备端式站台或高站台的车站之间，经公布后办理。

1. 技术参数

(1)25 英尺板架式汽车集装箱

外部尺寸(长×宽×高)：7 675 mm×3 300 mm×348 mm，适装汽车的轮距：1 100～1 650 mm，最大总重：34.48 t，自重：4.68 t。

(2)50 英尺板架式汽车集装箱

外部尺寸(长×宽×高)：15 400 mm×3 300 mm×270 mm，适装汽车的轮距：1 100～1 700 mm，最大总重：60 t，自重：10.9 t。

图 3-10 板架式汽车集装箱

2. 结构特点

板架式汽车集装箱以多样化的方式装运微型汽车及农用车，既可实现“爬装”，又可实现“纵向平装”及“横向平装”，侧面还设置若干个工具箱，能够放置所有随车附件。板架箱上部装有锁闭装置，为翻板式结构，可装运汽车，也可装运集装箱。回送时，可将多个板架箱叠装在一辆平车上运输，减少对平车的占用，提高板架箱回送的效率。

3. 使用性能

(1)板架箱在装运微型汽车及农用车时，操作非常方便，装卸速度快、成本低，既可纵向及横向平装，亦可爬装，极大地提高了装载和运用效率。

(2)与使用平车装载相比，可节省大量木材和加固材料费用，单车装载量可提高 21%。

(3)通过特殊锁闭装置，板架箱还可装运集装箱，并且在回空运输时可多箱叠装，减少平车的使用，提高回空运输效率。

（4）板架箱功能性强、装载灵活、装车量大，结构合理，技术达到国内领先水平，对铁路拓展汽车运输市场起到了积极的推动作用。

4．装运要求

（1）限使用 X_{6B}系列、X_{6C}系列、NX_{17B}系列、NX_{70}、NX_{70H}型货车。

（2）装车前，认真检查并确保集装箱和加固材料状态良好。

（3）装、卸车后，要加强箱体质量检查，确保箱体技术状态良好。发站要重点强化对箱体端部活动渡板的检查，确认锁闭装置状态良好，锁闭到位；途中货检站发现活动渡板窜出时，要将活动渡板复位后用镀锌铁线捆绑牢固。

（4）汽车装车后，不得超限。

（5）装车后汽车门窗锁闭，制动装置全部制动，变速器置于初速位置，制动柄用铁线捆绑牢固（带自锁功能的除外）。

（6）需跨装时，平车地板高度应相等，按规定使用车钩缓冲停止器，用铁线将连挂车组车钩提钩杆捆牢。

（7）重车禁止溜放。

（8）25 英尺板架式汽车箱可叠装 5 层回空，50 英尺板架箱可叠装 3 层回空，装车时，将箱体的蘑菇头全部翻出，角件对齐蘑菇头装载，装车后，将每层叠装箱体的 4 个角分别用八号铁线四股捆绑牢固。

（二）50 英尺双层汽车集装箱

面对国内迅速增长的商品汽车、中型客车、轻型货车的运输需求，中国铁路迫切需要推出自己特有的运输商品汽车的运输工具，同时形成合理高效的商品汽车运输模式。1999 年，中国铁路针对商品汽车的运输市场，自主创新，开发研制了铁路 50 英尺双层汽车集装箱，填补了国内集装箱双层运输商品汽车的空白。

1．技术参数

50 英尺汽车集装箱每箱可装运轿车 6～8 辆，装运中型面包车 3 辆，爬装轻型货车 4 辆。其主要技术参数如下：外部尺寸（长×宽×高）15 400 mm×2 500 mm×3 200 mm，内部上下层高度 1 565 mm，最大总重 30 480 kg，自重 10 530 kg，最大载重 19 950 kg。如图 3-11 所示。

2．结构特点

（1）双层汽车集装箱采用了密封性的整体结构。总体结构由钢质框架、侧板、顶板、花纹钢地板、铰链折叠门和上下角件组成，保证了箱体的密封性和箱体的强度。箱体内、外部选择了超宽、超高、超长尺寸，可以装运奥迪 A6 等较宽车型；箱体长度采取 15 400 mm，与 X_{6B}集装箱专用平车的长度相同；箱体高度为 3 200 mm，能够用足机车车辆限界高度。

（2）箱体上部设有 8 个角件。在 4 个顶角上有 4 个 ISO 标准角件。12 个底角件

图 3-11　50 英尺双层汽车集装箱

的分布位置使 50 英尺双层汽车箱既便于装在铁路集装箱平车上，又便于装在公路集装箱拖车上，还能适应船运堆码的需要。

(3)箱体两端均开端门。端门采用折叠门的结构，在成列装有汽车箱的平车联挂时，箱的前后折叠门都可以打开，进行成列装箱作业。箱体侧板内部中间设有二层翻转台，翻转台可水平放置，用于承载第二层汽车；也可以垂直放下，增加箱内可用高度空间，实现装载面包车及普通货物的目的。在花纹钢地板与二层平台上有 4 道缺口纵梁，用于安装止轮器和配合紧固器紧固轿车，限制运输过程中轿车在箱内的移动。

(4)随箱配有一些附属配件，以实现双层汽车箱的装载功能：①配有斜过车桥，其分为左右两部分，每部分由 3 块组成。使用时通过活动支脚及翻转台端部挂钩支撑，当双层汽车箱放置在平地上时，商品小汽车通过展开的斜过车桥可以进出二层平台；使用后 3 块斜过车桥可翻转折叠挂于门扇背后。②配有随车的联接渡板，用于箱体之间的连接。汽车可从一个箱体通过联接渡板直接开入另一个箱体，实现成组、成列贯通运输。③箱内配有止轮器和紧固器等紧固车体附件，用于车轮支撑和加固车辆。

3. 使用性能

双层汽车箱适用于铁路、水运、公路的联运。其箱体结构方便吊装，适用于装在铁路、公路、水运等各种运输工具上，可以使商品汽车从生产厂家下线后，通过铁路、水运、公路联运直接运抵用户。

双层汽车箱提高了铁路运送商品汽车的服务质量，改善了过去使用普通平车、棚车、通用集装箱装运商品汽车效率低下的情况，其优越性主要表现在以下几个方面：

(1)装载量大。双层汽车箱超长、超宽、超高的空间，可以装载 6～8 辆小轿车，单层可装载中型客车、轻型货车、多功能车 3 台，爬装轻型货车、多功能车 4 台。

(2)装卸作业方便。①双层汽车箱可单箱作业，其放置于车站平地上，商品汽车可以直接通过斜桥上、下双层汽车箱内的二层平台，不需借助于其他辅助设施，装卸作业便捷、灵活。②双层汽车箱也可成列装载运输。其装在铁路平车上，通过箱体之间的连接渡板，形成双层汽车箱装车通道，所运汽车可从上、下两层的一端开到另一端，提高了装卸与运输效率，方便成列装箱运输。

(3)加固性能好。双层汽车箱内的附属设施能够保证货物装载加固安全，并提高了作业效率。其设有专用的止轮器、紧固器，加固技术先进，改变了铁路运输汽车一贯采用的三角木加铁线的传统加固方法，易于实现作业规范化。双层汽车箱装载加固方便可靠，效果良好，有利于保证货物运输安全。

(4)密封性能良好。双层汽车箱可保证商品汽车在运输途中不受风沙雨雪的污损和破坏，同时，也减少了沿途零配件被盗、车被砸伤的可能性。双层汽车箱箱门处的大通风器使汽车箱内通风性能良好，有利于保证汽车在运输途中的良好品质。

随着中国双层汽车专用车的快速发展，50 英尺双层汽车集装箱已退出使用。

三、20 英尺罐式集装箱

(一)20 英尺框架罐式集装箱

1. 技术参数

20 英尺框架罐式集装箱(图 3-12)的技术参数如下：

(1)外部尺寸(长×宽×高)：6 058 mm×2 438 mm×2 591 mm；

(2)内容积：26～29 m^3；

(3)进料口公称直径：80 mm，卸料口公称直径：80 mm；

(4)最大总重：30 480 kg，自重：4 000～4 640 kg；

(5)使用环境温度：－40 ℃～80 ℃，－40 ℃～130 ℃(不锈钢)。

2. 结构特点

(1)框架。由端框、侧梁组成。

(2)罐体。由圆筒体、封头、人孔、进料口、卸料口、液位计(标尺)等组成，可设加热装置、温度计、外保温层等。

图 3-12　20 英尺框架罐式集装箱

3. 装运要求

(1)限装液体普通货物。

(2)装、卸货物后须关闭进料口、卸料口、人孔盖和溢流盒盖。

(3)装后应保证在最高许可温度下留有3%的气相空间。未设置防浪板的集装箱,装载量不得少于总容积的83%。

(4)装运液体货物时应相对固定使用,更换货物时按规定清洗。

(5)沿途各站发现盖打开、阀门失效、货物泄漏等影响运输安全的问题,应当及时处理并报告。

(6)承运人与托运人或收货人凭箱号和箱体外状交接。

(二)20英尺弧形罐式集装箱

1. 技术参数

20英尺弧形罐式集装箱(图3-13)的主要技术参数如下:自重6.3 t,最大总重30.48 t,外部尺寸(长×宽×高)6 058 mm×2 438 mm×2 896 mm,内容积33.5 m^3,进、出料口公称直径:80 mm,使用环境温度:−40 ℃~60 ℃。

图3-13 20英尺弧形罐式集装箱

2. 结构特点

(1)框架。由侧梁、端梁和纵梁组成。侧梁、端梁、纵梁为方管形结构,其原有焊缝朝外侧,不与液面接触。下端梁设有加强护板,下侧梁靠近角件一端贴焊加强板。

(2)罐体。由弧形壁板焊接而成,内有十字拉筋,顶部设有人孔、进料口和出料口。

(3)其他。设有2个呼吸式安全阀。罐内、外安装有扶梯,顶部设有步道。

3. 装运要求

(1)限装液体普通货物。

(2)装卸方式为上装上卸。装、卸货物后,须将进、出料口法兰和人孔盖关闭、拧固。装载量不得超过箱体容积的 90%。

(3)装运液体货物时应相对固定使用,更换货物时按规定清洗。

(4)沿途各站发现盖打开、阀门失效、货物泄漏等影响运输安全的问题,应当及时处理并报告。

(5)承运人与托运人、收货人凭箱号和箱体外状交接。

(三)20 英尺散装水泥罐式集装箱

20 英尺散装水泥罐式集装箱由框架、圆筒罐体、管路系统等组成,通过人孔充装,气压方式卸料,适于装运散装水泥。

1. 技术参数

20 英尺散装水泥罐式集装箱(图 3-14)的技术参数如下:自重 4.95 t,最大允许总重 30.48 t,外部尺寸(长×宽×高)6 058 mm×2 438 mm×2 896 mm,内容积 22.0 m^3,卸料口公称直径 150 mm,货物残留率≤4‰。

图 3-14　20 英尺散装水泥罐式集装箱

2. 运输要求

20 英尺散装水泥罐式集装箱的装运货物一般为散装水泥、粉煤灰等粉状普通货物。该型集装箱的运输要求主要有:

(1)装卸方式为上装下卸,须将卸料口和人孔盖关闭、拧固,并将罐体外残留货物清理干净。

(2)承运人与托运人或收货人凭箱号和箱体外状交接。

(3)沿途各站发现盖打开、阀门失效、货物泄漏等影响运输安全的问题,应当进行处理并报告。

(4)该集装箱的办理应在 20 英尺标准集装箱办理站;且应该具备散装粉状货物

充装、抽卸条件的车站，经公布后办理。

（四）20 英尺水煤浆罐式集装箱

水煤浆是一种新型燃料，是煤的替代品。从 2003 年 5 月开始，中国铁路组织生产了 100 个 20 英尺水煤浆罐式集装箱，并陆续投入使用。水煤浆罐式集装箱（图 3-15）的基本技术参数如下：自重 4 t，最大允许载重 26.48 t，外部尺寸（长×宽×高）6 058 mm×2 438 mm×2 591 mm，罐体最大容积 23.67 m³。目前，此箱型已退出使用。

图 3-15 水煤浆罐式集装箱

（五）20 英尺石油沥青罐式集装箱

20 英尺石油沥青罐式集装箱由框架、罐体组成，仅限于装运石油沥青，符合 ISO 1496-3 标准。

1. 技术参数

20 英尺石油沥青罐式集装箱（图 3-16）的基本技术参数如下：最大总重 30.48 t，自重 6.3 t，最大允许载重 24.18 t，内容积 24.0～25.5 m³，设计温度－40 ℃～200 ℃，外部尺寸（长×宽×高）6 058 mm×2 438 mm×2 591 mm。

2. 运输要求

（1）装卸作业应该在已公布的 20 英尺标准箱办理站办理，且办理站应具备 20 英尺通用标准箱办理能力和货物充装、抽卸条件。

（2）装卸沥青时不得污染车体。装卸方式为上装下卸，利用人孔装载沥青、卸料口卸载沥青。

（3）装载量不得超过箱体容积的 97%，不得低于箱体容积的 83%（人孔内设有固定的液位标尺）。

图 3-16　20 英尺石油沥青罐式集装箱

(4)卸载时采用柴油燃烧器加热;要保证加热器完全进入到加热管内,加热器连接法兰拧紧、密闭,避免火焰外漏。卸沥青加热前,必须打开人孔盖和烟囱盖。

(5)装卸沥青后,须保证人孔盖、烟囱盖、卸料阀、卸料口防尘盖、防雨罩和阀门挡板拧固、锁闭良好。

(6)沿途各站发现挡板(罩、盖)打开、阀门失效、货物泄漏等影响运输安全的问题,应当及时处理并报告。

四、45 英尺冷藏集装箱

为更好地满足易腐货物运输需求,促进铁路冷藏集装箱运输的发展,2009 年中国铁路购置了 45 英尺柴电一体式冷藏集装箱(型号 L5R1),如图 3-17 所示。45 英尺冷藏集装箱的总重为 34 t,允许堆码重量为 68 t,其他符合 ISO 1496-2 标准。

图 3-17　45 英尺柴电一体式冷藏集装箱

1. 技术参数

45英尺柴电一体式冷藏集装箱的主要技术参数如下：

(1)外部尺寸(长×宽×高):13 716 mm×2 438 mm×2 896 mm;

(2)内部尺寸(长×宽×高):12 716 mm×2 294 mm×2 554 mm;

(3)最大总重:30 480 kg;

(4)自重(整备状态):7 000～7 180 kg;

(5)内容积:约74.5 m^3;

(6)油箱容积:543 L,持续运行时间约为240 h;

(7)充电电压:380 V;

(8)箱内温控范围:−29 ℃～27 ℃;

(9)使用环境温度范围:−40 ℃～80 ℃;

(10)制冷剂:采用R404a;

(11)发泡剂:采用聚氨酯材料;

(12)气密性:漏气率≤7 m^3/h;

(13)保温性:漏热率≤172.9 kJ/(h·℃);

(14)重箱最高堆码3层,空箱最高堆码9层;

(15)角件:共有18个角件,其中顶部8个,底部10个,起吊和装车时应使用中间40英尺箱位角件,即顶部靠近箱体中央的4个角件、与其相垂直的底部4个角件;

(16)具备双向通信、自动监测、远程控制等智能化功能。

2. 结构

45英尺冷藏集装箱的主体结构同通用集装箱。保温材料采用聚氨酯发泡剂,共有18个角件;采用柴电一体式,设有柴油机、压缩机、发电机及保护框。

3. 装运要求

(1)应在已公布的40英尺通用标准箱办理站进行业务办理。

(2)冷藏箱用于装运适箱易腐货物,也可用于装运适箱非易腐货物。不得装运易污染、腐蚀、损坏箱体的货物。

(3)托运人应保证托运的易腐货物及其包装质量良好,根据需要对货物预冷并提出适宜的运输温度。为保证通风道畅通,易腐货物装载严禁超过红色装载标志线。易腐货物运输条件、包装和装载方法可比照《铁路鲜活货物运输规则》的有关规定办理。

(4)集装箱总重不得超过发站、到站的40英尺箱起重能力,集装箱吊具强度应当满足集装箱总重的要求,重箱堆码不得超过3层。

(5)装卸和搬运时应稳起轻放,避免冲撞,防止损坏集装箱。起吊和装车时应使用中间40英尺箱位角件。

(6)限使用以下车型装运:X_{6B}系列、X_{6C}系列、NX_{17B}系列、NX_{70}、NX_{70H}和X_{1K}、

X_{3K}、X_{4K}型车。使用X_{6B}系列、NX_{17B}系列、NX_{70}、NX_{70H}、X_{1K}型车时，集装箱总重最大可达 34 t；使用其他车型时，集装箱总重不得超过 30.48 t。

(7)沿途各站发现制冷装置端的箱门开启、油箱漏油等影响运输安全的问题，应当及时处理并报告。

(8)发站应根据本站实际，采取切实可行的措施，缩短冷藏箱装车前在站停留时间。到站应快速办理交付手续。

(9)各铁路局集团公司对冷藏箱应重点掌握，减少途中保留积压。遇特殊情况需要保留时，保留站应立即向铁路局集团公司报告，并采取措施妥善处理。

(10)冷藏箱发电机所用柴油属于二级易燃液体，柴油装载量不得超过油箱容积的 95%。冷藏箱禁止溜放。车站办理冷藏箱运输时，应在货物运单、货票、封套和回送清单上注明“禁止溜放”字样。

根据 95306 网站数据，中国铁路现有集装箱的主要技术参数见表 3-1。

表 3-1　铁路现有集装箱的主要技术参数表

箱型	箱类	箱主代号	自重(t)	总重(t)	内部尺寸(mm)			外部尺寸(mm)			容积(m^3)
					长	宽	高	长	宽	高	
20 英尺	通用集装箱	TBJ	1.86～2.98	30.48	5 898	2 352	2 393	6 058	2 438	2 591	33.2
20 英尺	35 t 敞顶集装箱	TBJ	2.5	35	5 898	2 464	2 698	6 058	2 550	2 896	39.2
20 英尺	干散货集装箱	TBB	3.1	30.48	5 900	2 370	2 323	6 058	2 438	2 591	32.5
20 英尺	框架罐式集装箱	TBG	4～4.64	30.48				6 058	2 438	2 591	26～29
20 英尺	弧型罐式集装箱	TBG	6.3	30.48				6 058	2 438	2 896	33.5
20 英尺	散装水泥罐式集装箱	TBG	4.95	30.48				6 058	2 438	2 896	22
20 英尺	石油沥青罐式集装箱	TBG	6.3	30.48				6 058	2 438	2 591	24
25 英尺	板架式汽车集装箱	TBP	4.68	34.48				7 675	3 300	348	
40 英尺	通用集装箱	TBJ	3.88	30.48	12 032	2 352	2 698	12 192	2 438	2 896	76.4
45 英尺	冷藏集装箱	TBL	7.18	30.48	12 716	2 294	2 554	13 716	2 438	2 896	74.5
50 英尺	板架式汽车集装箱	TBQ	10.9	60				15 400	3 300	270	

第三节　中国铁路集装箱箱型展望

一、中国铁路发展新型宽体集装箱的必要性

1. 国际标准集装箱的宽度受限，容量较小

国际标准集装箱的宽度为 2 438 mm，使得集装箱的容量偏小，且不适合国际标准托盘的装载。国际标准集装箱的内宽在 2 330 mm 左右，不能并排放置 2 个宽度为 1 200 mm 的托盘，从而大大降低了其装运托盘的能力，影响国际标准集装箱的装运能力和装卸作业速度。如果要在集装箱内并排放置 2 个宽度为 1 200 mm 的托盘，集

装箱的内宽需要达到 2 440 mm 以上。

集装箱装载托盘如图 3-18 所示。

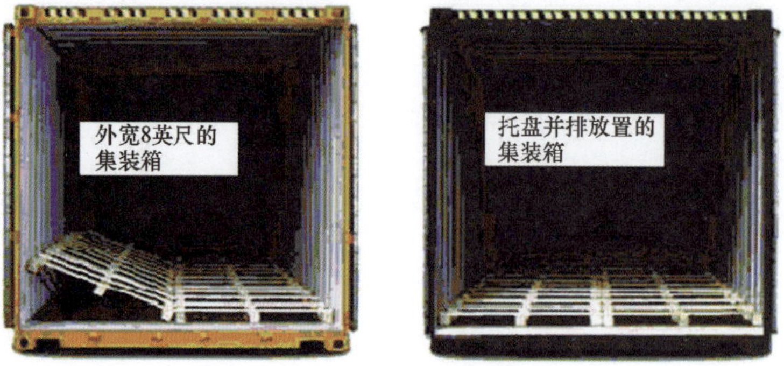

图 3-18　集装箱装载托盘示意图

2. 国际标准集装箱参与铁路运输时载重利用率较低

国际标准集装箱在参与铁路运输时，不能充分发挥铁路车辆的装载能力和利用铁路限界空间。从铁路集装箱吸引的货源情况看，大部分为低密度货物，近几年的统计资料表明，集装箱的载重力利用率不足 85%，这说明随着铁路轻泡货物运量的逐渐增加，货主对集装箱扩大容积方面的需求比提高载重力的需求更强。

铁路规定的适箱货物共计 19 大类，主要有：交电类、仪器仪表类、小型机械类、玻璃陶瓷建材类、工艺品类、文教体育用品类、医药类、烟酒食品类、日用品类、化工类、针纺织品类、小五金类、粮食半成品类、工业机械类、鲜活货物类、棉花、大批装运的化肥及其他适合集装箱装运的货物等。主要适箱货物的比容（即密度的倒数）见表 3-2。铁路现有国际标准通用集装箱的比容和容重参数见表 3-3。

表 3-2　主要适箱货物的比容表

序　号	货物品类	货物比容（m^3/t）
1	印刷品	1.73
2	化工品	1.77
3	机械零件	1.62
4	小五金	1.00
5	食　品	2.23
6	钢　材	1.73
7	医　药	2.59
8	玻璃制品	5.63
9	电　器	1.71
10	橡胶制品	3.97

续上表

序　号	货物品类	货物比容(m^3/t)
11	建材类	2.00
12	纺织品	2.97
13	服　装	5.39
14	仪器仪表	1.87
15	日用品	3.67

表 3-3　铁路现有国际标准通用集装箱的比容、容重参数表

箱型	总重(t)	载重(t)	容积(m^3)	比容(m^3/t)	容重(t/m^3)
20 英尺	24	21.79	33.2	1.52	0.66
20 英尺	30.48	28.24	33.2	1.18	0.85
40 英尺	30.48	26.6	76.35	2.87	0.35

由表 3-2 可以看出，除了小五金之外，表中所列的其他适箱货物的比容均大于 1.52 m^3/t，即说明除了小五金之外，其余货物使用 20 英尺国际标准集装箱装运均不能充分利用集装箱的载重力。在表 3-2 列出的各类适箱货物中，比容大于 2.87 m^3/t 的货物包括玻璃制品、橡胶用品、纺织品、服装及日用品等，这些货物即使使用比容较大的 40 英尺国际标准集装箱也存在较大的载重浪费。

3. 开发新箱型是与现有包装模数标准要求相适应的需要

所谓包装模数是指为实现包装货物流通合理化而制定的包装尺寸系列，用这个系列确定的容器长度乘宽度的组合尺寸，称之为“包装模数尺寸”。包装模数尺寸是以托盘高效地承载包装物为前提确定的。标准的包装尺寸应该与包装模数相协调，以保证物流各个环节的有效衔接，如此一来，按照包装模数尺寸设计的包装箱就可以按照一定的堆码方式合理高效地码放在托盘上。

由于国际标准集装箱与中国包装模数尺寸不协调，随着中国包装标准化进程的推进，现有国际标准集装箱在装运标准包装件货物时，可能会带来一定的空间浪费。可见，发展与包装模数尺寸相匹配的新一代铁路通用集装箱，对提高运输效率具有重要意义。

总之，无论是从高效装运托盘集装单元和增加集装箱容积的角度，还是从拓展铁路集装箱运输市场份额的角度考虑，都应该尽快发展中国新一代铁路集装箱，使之更适应货主需求和提高运输效率。

二、中国铁路新一代集装箱的箱型

借鉴欧美发展宽体内陆集装箱的经验，中国铁路在继续发展国际标准集装箱的同时，还应发展新一代大容积宽体集装箱，包括 45 英尺 34 t 通用集装箱和 20 英尺

35 t 干散货集装箱等。

(一)45 英尺 34 t 通用集装箱

2016 年 8 月 3 日,铁路总公司正式颁布了《45 英尺 34 t 通用集装箱暂行技术条件》。作为新时期铁路集装箱箱型创新的重要成果,45 英尺宽体内陆集装箱较国际标准集装箱拥有能容纳两排标准托盘、更适宜轻泡货物运输的特点。按照允许载重 28.98 t,内容积为 90.1 m^3 计算,45 英尺集装箱的比容为 3.11 m^3/t,可实现除玻璃制品、橡胶制品、服装和日用品外的 15 类适箱货物的经济高效运输。由此可见,45 英尺宽体内陆集装箱将是未来中国铁路集装箱运输的主要通用箱型之一。

1. 技术参数

45 英尺宽体箱(图 3-19)的技术参数如下:

(1)外部尺寸为 13 716 mm×2 550 mm×2 896 mm,能够在−40 ℃~80 ℃温度下使用;

(2)额定质量为 34 t,允许载重为 28.98 t,自重为 5.02 t;

(3)内部尺寸为 13 556 mm×2 464 mm×2 698 mm,内容积为 90.1 m^3;

(4)允许堆码重量:45 英尺底角件支撑,上面堆码 45 英尺集装箱时,可堆码 170 t(满载 6 层);45 英尺底角件支撑,上面堆码 40 英尺集装箱时,可堆码 102 t(满载 4 层);40 英尺底角件支撑,上面堆码 40 英尺集装箱时,可堆码 102 t(满载 4 层);40 英尺底角件支撑,上面堆码 45 英尺集装箱时,可堆码 102 t(满载 4 层)。

图 3-19　45 英尺宽体箱侧后视图

2. 运用要求

吊具下起重能力 34 t 以上、集装箱吊具无固定式导板或采用可调式(翻转式)导板的 40 英尺标准箱办理站经公布后,可办理 45 英尺箱运输。45 英尺箱顶部不得堆码 20 英尺集装箱。

45 英尺箱的使用须符合国际集装箱安全公约(CSC),在取得安全合格牌照后装载成件包装货物,可以装载托盘等装载单元,45 英尺箱在下列状态装卸时,不会出现任何影响使用的永久变形。

(1)重箱或空箱情况下:用装有吊钩、卸扣或扭锁的吊架,在箱体 40 英尺或 45 英尺位置的顶角件上垂直起吊;使用抓臂式吊具,从两底侧梁的专用位置处(中心距 4 876 mm)抓举。

(2)重箱或空箱情况下:利用适合装卸的吊环,以与水平方向不小于 30°的夹角,在对称的 40 英尺或 45 英尺底角件起吊。

(3)重箱或空箱情况下:使用铁路平车运输时,用 40 英尺或 45 英尺对称的底角件支撑;使用公路卡车运输时,用 40 英尺或 45 英尺对称的底角件支撑,或使用一端 45 英尺底角件和另一端的伪角件支撑。

(二)20 英尺 35 t 干散货集装箱

1. 技术参数

20 英尺 35 t 干散货集装箱的技术参数如下:

(1)外部尺寸(长×宽×高):6 058 mm×2 550 mm×2 896 mm;

(2)内部尺寸(长×宽×高):5 897 mm×2 438 mm×2 583 mm,内容积:37.1 m^3;

(3)门开口尺寸(宽×高):2 455 mm×2 603 mm;

(4)顶开口尺寸:方顶孔 2 个,宽 1 400 mm×长 1 765 mm,或圆顶孔 2～3 个,直径 610～950 mm;

(5)叉槽:宽 360 mm,高 116 mm,中心距 2 080 mm;

(6)最大总重:35 000 kg,自重:2 850～3 080 kg;

(7)允许堆码重量:140 000 kg;

(8)使用环境温度:−40 ℃～80 ℃;

(9)加宽角件尺寸(长×宽):218 mm×178 mm,角件的定位尺寸、开孔尺寸与 20 英尺标准箱相同。

2. 装运要求

(1)用于装运散堆装货物,也可用于装载成件包装货物。

(2)集装箱装卸使用无导板或采用可调式(翻转式)导板的集装箱吊具。

(3)满载时重箱堆码不得超过 5 层。不得与角件不同的集装箱混合堆码。

(4)散堆装货物装箱后,应在箱外将顶开门关闭严密并用锁具锁闭或用 10 号镀锌铁线拧固;成件包装货物装箱前,应从箱内将顶开门内插销插紧锁闭。空箱运输时,应保证顶开门锁闭良好。

(5)端部箱门须按通用集装箱要求进行施封(车上装箱时除外)。

(6)沿途各站发现顶开门开启等影响运输安全的问题,应及时处理并报告。

宽体内陆集装箱的使用将更好地顺应铁路集装箱货源结构向高附加值泡货转变的趋势,兼具包装模数需求的宽体箱将具备广阔的应用前景,将得到货主、铁路局集团公司和站段的青睐。

第四章　中国铁路集装箱运输车辆创新

国外铁路集装箱运输车辆起步较早，发展较快，先后开发了普通集装箱车、关节式集装箱车、双层集装箱车、驮背运输车、公铁两用车等车型。中国从20世纪80年代开始发展铁路集装箱专用车，开发了包括双层集装箱车在内的10多种集装箱专用车和箱平两用车。

第一节　中国铁路集装箱运输车辆的发展历程和现状

一、中国铁路集装箱运输车辆的发展历程

1955年，中国铁路开始办理集装箱运输。在1955年至1980年的20多年里中国没有运输集装箱的专用车辆，一般采用砂石车、敞车、棚车或通用平车等装运集装箱。这一阶段的集装箱主要是根据车辆的载重和外形尺寸进行设计的。1955年铁路最先投入使用的2.5 t(后增为3 t)集装箱使用的车辆是30 t砂石车，一车装运12箱，能充分利用砂石车的容积和载重量。1973年，铁道科学研究院运输及经济研究所等单位设计并试制了1 t集装箱，其外形尺寸充分考虑了铁路棚车的装载容积，P_{50}每车可装载54个1 t集装箱，P_{60}每车可装载68个1 t集装箱，充分利用了车辆容积。1977年设计、试制的5 t集装箱也充分考虑了敞车的装载容积和载重，50 t敞车可装运8个5 t集装箱，载重力利用率达80%。

1980年，北京二七车辆厂开始研制第一代NJ_{4A}型集装箱专用车，共试制了10辆。该车标记载重40 t，自重14.2 t，换长1.2，可装载6个5 t箱或3个10 t箱或2个20英尺箱或1个40英尺箱。由于该车采用顺装形式运输10 t箱，铁路限界利用不充分。其锁闭装置有固定旋锁式和伸缩旋锁式两种。经在广安门、真如、济南等6站试运发现：由于结构比较复杂，又无专人管理，致使在装卸作业时，车辆旋锁被压坏、碰坏、拉坏和撬坏的较多。NJ_{4A}型集装箱专用车并没有取得预期效果，尔后停止生产和使用。

20世纪80年代中后期到90年代，中国铁路集装箱专用车辆得到了快速发展。1986年，在发展10 t集装箱的同时，原铁道部组织二七车辆厂等单位在NJ_{4A}型集装箱专用车的基础上，研制了NJ_{6A}型集装箱车，后正式定型为X_{6A}型集装箱专用车(图4-1)。该车标记载重60 t，可横装10 t集装箱，能装载6个5 t箱或5个10 t箱或2个20英尺箱或1个40英尺箱。这种车辆底架采用骨架结构，自重较轻，并且设有

多功能锁闭装置，装卸作业和运行条件好，从而得到了大力推广。

图 4-1　X_{6A}型集装箱专用车

1994 年，为提高 10 t 箱的装载量，兼顾装运 45 英尺长大集装箱，北京二七车辆厂又试制了 X_{6B}型集装箱专用车（图 4-2）。该车标记载重 60 t，能够横装 6 个 10 t 箱，可以装运 45 英尺长大集装箱，该车取消了 5 t 箱的装载工况。与 X_{6A}型集装箱专用车相比，X_{6B}型集装箱专用车在速度等技术参数方面也有较大改进。

图 4-2　X_{6B}型集装箱专用车

1995 年，为减轻车辆自重，在 X_{6B}型车的基础上，研制了 X_{6C}型集装箱专用车。该车功能与 X_{6B}型车相同，共生产了 100 辆。

1997 年，由原华铁置业公司采购、齐齐哈尔车辆厂研制了 X_{3K}型集装箱专用车，用于装载 3 个 20 英尺集装箱。由于该车标记载重为 60 t，当装载 3 个 20 英尺集装箱时，每个 20 英尺集装箱的总重应限制在 20 t 以内。

1998 年，为提高普通平车使用效率，挖掘运输潜力，扩大运输能力，按原铁道部要求，北京二七车辆厂试制了 NX_{17A}型箱平两用车，该车将普通平车和集装箱专用车两者的功能有机地结合在一起。该车标记载重 60 t，能装载 5 个 10 t 箱或 2 个 20 英尺箱或 1 个 40 英尺箱。后来，又在该车型基础上研制了构造速度为 120 km/h 的 NX_{17K}型箱平两用车（图 4-3）。

1999 年，为适应 20 英尺集装箱总重增加到 30.48 t 的要求，铁路研制了 NX_{17BK}型箱平两用车（图 4-4）。该车标记载重 61 t，能装载 6 个 10 t 箱或 2 个 20 英尺箱或 1 个40 英尺/45 英尺/48 英尺/50 英尺集装箱，满足 2 个额定质量为 30.48 t 的 20 英尺集装箱的装载要求。

图 4-3　NX_{17K}型箱平两用车

图 4-4　NX_{17BK}型箱平两用车

2000 年，为提高集装箱运输速度，由原铁道部科技司主持，北京二七厂联合株洲等车辆厂成功研制了时速 120 km 的 X_{1K} 型快运集装箱专用车。该车采用了类似欧洲 Y37 焊接构架式转向架和 UIC 标准凸台锁(图 4-5)，车辆动力学性能优良。

(a) 凸台锁　　(b) 焊接构架式转向架

图 4-5　X_{1K}型快运集装箱专用车的凸台锁和焊接构架式转向架

2001 年，为满足 2 个额定质量为 30.48 t 的 20 英尺集装箱的装载要求，铁路研制了 X_{6D}型集装箱专用车。该车虽通过了原铁道部技术审查，但没有生产。

集装箱属于载重较轻、装载面积较大的一种运输单元。中国铁路集装箱运输由于受铁路限界、车辆轴重等技术因素的限制，一直采用单层运输方式。而开展双层集装箱运输是解决铁路限界高度和机车牵引力利用不充分，提高铁路集装箱运输能力的有效途径。

为推进中国铁路双层集装箱运输的发展，2003 年，在原铁道部主持下，中铁集装箱运输公司联合二七车辆厂、齐齐哈尔车辆厂研制了 X_{2H}、X_{2K} 型双层集装箱车（图 4-6、图 4-7）。双层集装箱车轴重 25 t，载重 78 t，下层可装载 20 英尺、40 英尺国际标准箱，上层可装载 40 英尺国际标准箱或 45 英尺、48 英尺、50 英尺、53 英尺等长大集装箱。此种车辆有效提高了车辆动力学性能，保证车辆运行稳定性和降低列车纵向冲击力，提高上层箱安全性，并于 2004 年 4 月 18 日第五次大提速之际正式投入商业运行。

图 4-6　X_{2H} 型双层集装箱专用车

图 4-7　X_{2K} 型双层集装箱专用车

随着中国铁路集装箱运输事业的蓬勃发展，铁路集装箱在向重载化、大型化发展。2004 年，为适应铁路货运装备向 70 t 级发展的需求，铁路开发了 NX_{70} 型两用平车（图 4-8）。该车轴重 23 t，载重 70 t，能装载 2 个 20 英尺集装箱或 1 个 40 英尺、45 英尺、48 英尺、50 英尺等长大集装箱。

2005 年，为适应铁路淘汰 10 t 箱、发展国际标准集装箱的形势，中铁集装箱运输公司与二七车辆厂共同研制了 X_{6K} 型集装箱专用车（图 4-9）。该车载重大（61 t）、自重轻(17.3 t)、速度高(120 km/h)、车长短(13 230 mm),是较适合当前箱型的集装箱专用车。

图 4-8 NX_{70}型两用平车

图 4-9 X_{6K}型集装箱专用车

2006 年,为满足轻质货物集装箱运输需求,中铁集装箱运输公司联合二七车辆厂和齐齐哈尔车辆厂研制了X_{4K}型集装箱专用车(图 4-10)。该车轴重 23 t,载重 72 t,装载 3 个 20 英尺集装箱时每箱重量可达 24 t,是X_{3TEU}型的更新产品。

图 4-10 X_{4K}型集装箱专用车

为提高集装箱锁闭装置的可靠性,防止空箱坠落。2007 年 11 月,开始在X_{6K}型集装箱专用车上安装 F-TR 型锁闭装置,并逐步对其他集装箱专用车进行改造,有效解决了靠捆绑防止空箱坠落的问题。

2009 年，为缩短车辆长度，提高列车牵引重量，南车研制了 NX_{70A} 型箱平两用车，其结构主要由底架、地板、集装箱锁闭装置、端渡板、制动装置、车钩缓冲装置、转向架等部分组成(图 4-11)。该车自重 23.8 t，车辆长度 13 966 mm，车辆宽度 3 180 mm，地板面高 1 216 mm，通过最小曲线半径 145 m，标记载重 70 t，可装载 2 个单箱总重 35 t 的 20 英尺集装箱或 1 个 40 英尺集装箱，且全部安装了 F-TR 型锁闭装置，底架上铺有厚 70 mm 的松木地板。

图 4-11　NX_{70A} 型箱平两用车

2010 年，70 t 级集装箱专用车 X_{70} 研制成功，该型车主要由车体、闭锁装置、制动装置、车钩缓冲装置、转向架等部分组成(图 4-12)。该车主要用于装运单箱总重不超过 35 t 的集装箱，其自重为 22.4 t，轴重 23 t，最高运行速度为 120 km/h，通过最小曲线半径 145 m，车辆长度为 13 466 mm，车辆最大宽度 3 164 mm，集装箱承载面距轨面高(空车)1 169 mm，可以装载两个 20 英尺集装箱或 1 个 40 英尺集装箱。

图 4-12　X_{70} 型集装箱专用车

为了提高铁路集装箱运输的竞争力，提高铁路集装箱运输装备的技术水平，北京二七车辆厂联合眉山厂、株洲车辆厂研制了 160 km/h 快速集装箱专用车(图 4-13)。该型车以固定编组的模式运行，定点定线，固定配属。快速集装箱专用车的轴重为 18 t，车辆自重少于 22 t，载重量为 48 t，每车可以装载两个 20 英尺集装箱或 1 个 40 英尺集装箱。车辆长度为 13 230 mm，空车重心高小于 700 mm。

图 4-13 快速集装箱专用车

2015 年，中国又成功研制出了新型 160 km/h 快速集装箱专用车（图 4-14、图 4-15）。此新型快速集装箱车辆的轴重为 18 t，车辆自重少于 24 t，载重量为 48 t，自重系数 0.5。车辆长度为 19 446 mm，车辆宽度 2 900 mm，空车的集装箱承载面距轨面高1 313 mm，空车重心高 752 mm。每车可以装载 2～3 个 20 英尺集装箱，或 1 个 40 英尺集装箱和 1 个 20 英尺集装箱，或一个 45 英尺、48 英尺、50 英尺或 53 英尺集装箱。

图 4-14 新型 160 km/h 快速集装箱专用车

图 4-15 新型 160 km/h 快速集装箱专用车装载示意图

2017 年 1 月通过试用评审的 X_5 型多式联运车辆，除了装运公路半挂车、国际标准集装箱外，也满足双层集装箱的运输需求，丰富了中国铁路货车类型，有利于培植铁路在多式联运中的重要影响力。

可以看出，自1980年以来，中国铁路集装箱运输车辆取得了迅速的发展，不仅在车辆载重和外形尺寸上更符合集装箱运输的要求，而且在车辆运行速度和装载安全等方面也有了很大的提高。

二、中国铁路集装箱运输车辆的技术参数

中国铁路现有各型集装箱专用车的技术参数见表4-1。中国铁路现有各型箱平两用车的技术参数见表4-2。

表4-1　中国铁路集装箱专用车技术参数

车种车型	自重(t)	载重(t)	车辆长度(mm)	承载面高(mm)	空车重心高度(mm)
X_{1K}	19.5	61	14 738	1 160	730
X_{2H}	22	78	19 466	290	650
X_{2K}	22	78	19 466	290	650
X_{3K}	21	61	19 388	1 145	690
X_{4K}	21.8	72	19 416	1 140	685
X_{6BK}	22.9	60	16 338	1 166	753
X_{6BT}	22.7	60	16 338	1 166	753
X_{6CK}	22.4	60	16 338	1 174	740
X_{6CT}	22.2	60	16 338	1 174	740
X_{6K}	18.1	61	13 230	1 140	695
X_{70}	22.4	70	13 466	1 169	705

表4-2　中国铁路各型箱平两用车技术参数

车种车型	自重(t)	载重(t)	轴数	车底架尺寸(长×宽)(mm×mm)	商业运行速度(km/h)	车辆最大(宽×高)(mm×mm)	面积(m^2)
NX_{17AK}	22.4	60	4	13 000×2 980	120	3 170×1 486	38.7
NX_{17AT}	22.5	60	4	13 000×2 980	100	3 170×1 490	38.7
NX_{17BH}	22.8	61	4	15 400×2 960	120	3 165×1 409	45.6
NX_{17BK}	22.9	61	4	15 400×2 960	120	3 165×1 416	45.6
NX_{17BT}	22.9	61	4	15 400×2 960	100	3 165×1 418	45.6
NX_{17K}	22.4	60	4	13 000×2 980	120	3 170×1 486	38.7
NX_{17T}	22.5	60	4	13 000×2 980	100	3 170×1 490	41.9
NX_{70}	23.8	70	4	15 400×2 960	120	3 157×1 418	45.6
NX_{70A}	23.8	70	4	13 000×2 980	120	3 170×1 486	38.7
NX_{70H}	23.8	70	4	15 400×2 960	120	3 157×1 418	45.6

三、中国铁路集装箱运输车辆的技术进步

随着科技的发展以及铁路货车技术的进步，中国铁路集装箱运输车辆的更新日益加快，技术不断进步，主要表现在以下四个方面。

1. 集装箱运输车辆的种类不断增加

为了适应运输市场的要求，中国铁路开发了多种集装箱运输车辆：既有单层集装箱车，也有双层集装箱车；既有 2×20 英尺的短集装箱车，也有 3×20 英尺的长集装箱车；既有 X 型集装箱专用车，也有 NX 型箱平两用车；既有速度 80～120 km/h 的普通集装箱车，也有速度 160 km/h 的快速集装箱车。

2. 车辆主要技术性能大幅提高

随着车辆技术的进步，集装箱运输车辆的载重从 50 t、60 t 发展到 70 t、78 t，速度从 80～100 km/h 发展到了 120 km/h，乃至 160 km/h，承受的列车纵向力从 5 000 t 编组发展到万吨级列车编组，车辆检修周期由 5 年延长到 8 年，取消了辅修。

3. 车辆主要零部件水平提高

集装箱运输车辆的转向架由转 8A、转 8G 发展到转 K2、转 K3、转 K4、转 K5、转 K6；车钩由 13 号钩发展为 13A 小间隙车钩、17 号联锁式车钩；缓冲器由 2 号缓冲器发展到了 MT-2、MT-3 型缓冲器；制动机由原 GK 阀、103 阀发展到了 120 阀、120-1 阀等。

4. 集装箱运输安全性得到加强

集装箱运输车辆车体的主要承载件由原 Q235-A 普碳钢发展到了 Q450NQR1 高强度耐候钢，空重车调整由手动调整发展为自动调整。集装箱锁闭装置由直台锁、凸台锁、全自动锁发展到了 F-TR 锁。

另外，为了适应中国铁路集装箱箱型的发展及铁路货物运输重载化和快速化发展要求，中国铁路对既有集装箱车辆也进行了一系列的技术改造。技术改造的内容主要包括：锁头改造、转 K2 提速改造、取消辅修改造等。

第二节　集装箱锁闭装置

集装箱是靠锁闭装置固定在集装箱专用车和箱平两用车上的，这对保证集装箱的运输安全、提高集装箱装卸效率、降低装卸成本具有十分重要的作用。集装箱锁闭装置是世界各国集装箱运输企业共同面临的技术难题。全球每年发生几十起集装箱从船上翻落下来的事故，英国和中国铁路也都曾发生过空集装箱从列车上翻落下来的事件，美国铁路每年都发生多起卸箱时集装箱不能从锁闭装置中顺利出箱的故障。

由于原有集装箱锁闭装置的防跳和防倾覆能力不足，因此在运输集装箱空箱时，要求用铁丝捆绑，不仅增加了集装箱运输成本，而且造成加固材料的浪费。为了解决

这一问题，2007 年中铁集装箱公司和北京二七车辆厂在海运集装箱锁的基础上成功研制 F-TR 型锁闭装置。该锁安全可靠，经济适用，无需铁丝捆绑集装箱和人工开、闭锁，适应了中国场站装卸作业条件，提高了集装箱装卸效率，解决了靠捆绑防止空箱坠落的问题。

一、集装箱锁闭装置的定义及技术特征

将集装箱锁固在车上，在需要时具有避让功能的装置叫集装箱锁闭装置。其中，直接与集装箱角件发生作用、承担集装箱的各种载荷的零部件叫集装箱锁，将集装箱锁固定起来并可使锁在非工作位时进行避让的零部件叫锁座。

集装箱锁闭装置在运用中主要表现为两个技术特性：一是提高运输途中对集装箱的锁固性，二是保证装卸过程中集装箱进出锁头的顺畅性。锁固性要求加大集装箱出锁的阻力，保证集装箱在车辆振动惯性力、横向风力、交会冲击力等各种力的作用下的运输安全性；而顺畅性则要求减小集装箱进、出锁的阻力，在装车时，依靠集装箱的重量顺利进入，没有任何卡滞。在卸车时，顺利脱出，不会将车体带起。在非人工操作下，要同时达到这两个技术特性，较好地兼顾锁固性和顺畅性，其核心技术主要是锁闭原理以及锁闭装置的功能。锁闭原理决定了对集装箱的锁固性及顺畅性，锁闭装置的功能影响着集装箱锁的作用发挥。

二、中国铁路集装箱锁的发展概况

中国铁路集装箱运输车辆上的集装箱底角件固定锁的发展，大致经历了三个阶段。

第一阶段：仿制前苏联，采用直台锁，在 X_{6A}、X_{6B}、X_{6C}、NX_{17A} 型车上使用，同时 X_{6B}、X_{3TEU} 型车上试验性装用过手动旋锁。

第二阶段：仿照 UIC 标准，采用凸台锁。在 X_{1K}、NX_{17B}、NX_{70}、X_{4K} 和早期的 X_{6K} 型车上采用，同时，在 X_{1K} 型车上试装过国产的全自动锁。

第三阶段：借鉴海运和美国经验，采用全自动旋锁和研制的 F-TR 锁。在后期的 X_{6K} 型车一部分上采用 F-TR 锁，少量车采用从澳大利亚进口的全自动旋锁。另有几辆 X_{4K} 也试装过从美国进口的全自动旋锁。

经过多次的锁闭装置改造，截至目前，全路集装箱车上的固定锁只剩 3 种型式：凸台锁、F-TR 锁及进口全自动锁。其中，F-TR 锁主要集中在 X_{6K}、X_{6B}、X_{6C}、X_{70}、X_{1K}、NX_{70A} 型车上，全自动锁基本改造替换完毕，凸台锁主要集中在 NX_{17}、NX_{17B}、NX_{70} 型两用平车上。

根据多年来的运用考验表明：F-TR 锁是今后一段时期内中国集装箱锁闭装置的发展方向，现有凸台锁及全自动锁将逐步改造为 F-TR 锁。

三、各型集装箱锁的工作原理及性能

1. 直台锁

由于其锁头表面为平面，无阻挡台，锁固性很小，顺畅性很高，在 X_{6A}、X_{6B}、X_{6C}、NX_{17A}等车上使用过，曾发生过空集装箱从列车上翻落下来的事件。

2. 凸台锁

该锁芯头部带有 4 mm 高的凸台，对集装箱有一定的向上阻挡，但阻挡力较小，且不稳定。因此锁固性较小，顺畅性较高。英国的凸台锁也曾发生过空集装箱从列车上翻落下来的事故。中国在 X_{1K}、NX_{17B}、X_{4K}、NX_{70}及早期的 X_{6K}型车上采用过。

3. 全自动旋锁

该锁主要由锁芯及扭力弹簧等组成，锁芯头部呈特殊的螺旋形状，在集装箱角件孔边缘的作用下发生旋转，扭力弹簧起回复力矩的作用。该锁单个作用时，具有较强的锁固性和较好的顺畅性。但 4 个锁闭装置共同作用时，锁固性较强，顺畅性较差。中国在 X_{4K}型车上试装过从美国进口的全自动旋锁，在 X_{6K}型车也试装过从澳大利亚进口的全自动旋锁。根据中铁集装箱公司的现场试验，其出箱顺畅性仅为 50%左右。美国铁路也发生过多起卸箱时集装箱不能从锁闭装置中顺利出箱的故障。

4. 手动旋锁

该锁主要由锁芯及手动转臂等组成，锁芯在人工操作下进行锁闭位与开锁位之间的旋转。该锁在正常情况下，具有很强的锁固性和很好的顺畅性，但不足之处是需要人工操作。如果运输途中，该闭锁时被打开了，则锁芯变成了直台锁，锁固性很小；如果装卸时，该开锁时被闭锁了，无法装、卸车，无顺畅性。

5. F-TR 锁

该锁具有独特的鹰头结构，共有三个斜面对集装箱角件发生作用，如图 4-16 所示。当集装箱装车时，集装箱角件先沿着落箱上导向斜面向一侧滑移，而后又沿着落箱下导向斜面向相反方向滑移，使集装箱角件卡在 F-TR 锁的鹰头下面。当集装箱起吊时，集装箱角件沿着出箱导向斜面滑移出来。如图 4-17 所示。该锁的锁闭原理是锁芯头部的偏心结构以及 F-TR 集装箱锁组装后其锁头外宽尺寸大于集装箱角件孔的外宽尺寸，并将集装箱进出锁头的运动形式由垂直运动的单一形式转变为“垂直运动＋平面转动”的复合形式来锁固集装箱。为保证 F-TR 锁发挥作用，同一集装箱的四个 F-TR 布置时，鹰头方向为同端同向、两端反向布置，如图 4-18 所示。集装箱在装车或起吊时有一个微小的平面转动，如图 4-19 所示。

直台锁、凸台锁、手动旋锁、全自动锁、F-TR 锁的性能见表 4-3。从表 4-3 中可以看出，F-TR 锁与其他锁相比，具有结构简单、经久耐用、锁固性和顺畅性适中等优点。

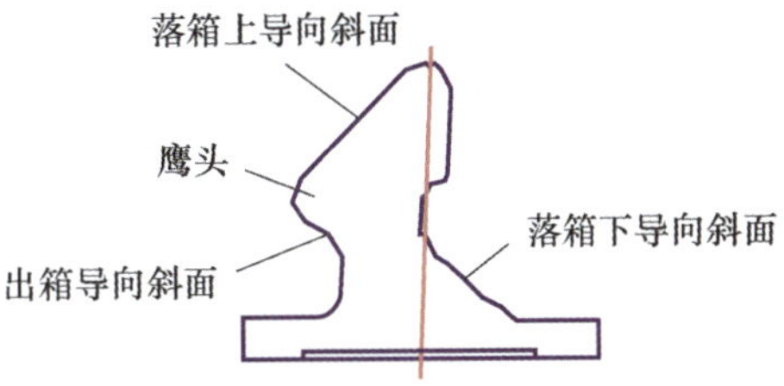

图 4-16　F-TR 锁头结构

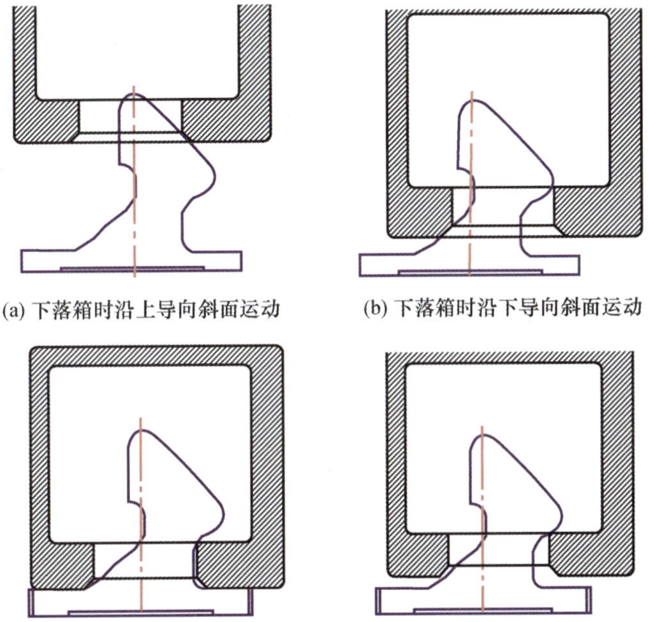

(a) 下落箱时沿上导向斜面运动　(b) 下落箱时沿下导向斜面运动

(c) 落箱后角件卡在鹰头下面　(d) 出箱时沿导向斜面运动

图 4-17　角件在 F-TR 锁上的运动轨迹

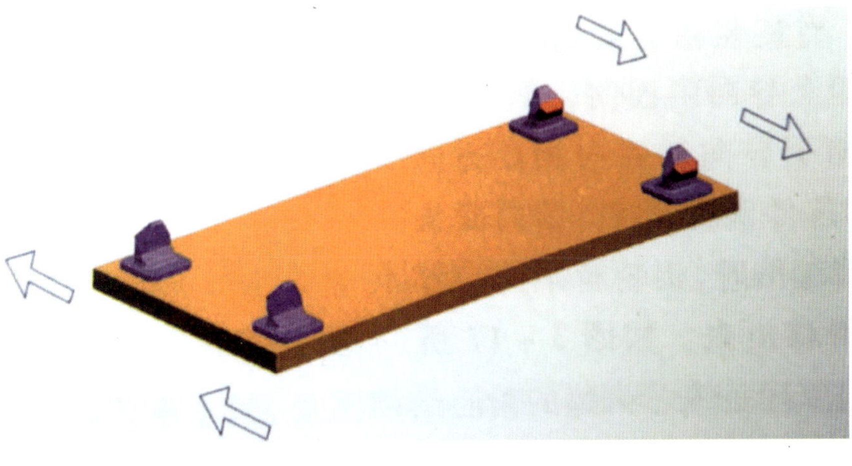

图 4-18　F-TR 锁布置时鹰头方向

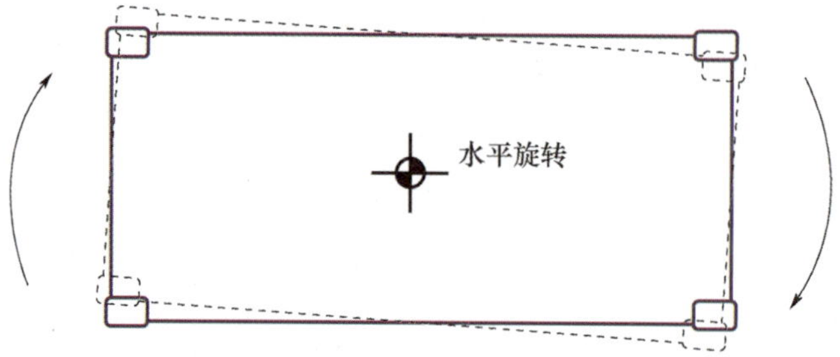

图 4-19 集装箱在装车或起吊时有一个微小的平面转动

表 4-3 几种集装箱锁的性能比较

项目	直台锁	凸台锁	手动旋锁	全自动锁	F-TR 锁
锁头形状	锁头表面为平面	锁头有 4 mm 高的凸台	锁头可人工旋转	锁头呈特殊的螺旋形状	锁头为独特的鹰头结构
锁固原理	靠直台阻挡，锁箱力很小	靠小凸台阻挡，锁箱力较小、不稳定	靠横向挡台阻挡，锁箱力大	靠螺旋台阻挡，锁箱力较大	靠阻挡台阻挡，锁箱力较大
起落箱动作	锁头不转，集装箱也不转			锁头转，集装箱不转	锁头不转，集装箱转
人工操作	无须人工开锁、闭锁			需人工开锁、闭锁	无需人工开锁、闭锁
锁固性	较差	较差	较好	较好	适中
顺畅性	较好	较好	较好	较差	适中

四、F-TR 锁闭装置

锁闭装置的功能与集装箱锁的原理有关，也影响着集装箱锁的作用发挥。F-TR 锁闭装置的设计应该充分发挥 F-TR 锁良好的锁固性和顺畅性。一般来说，车体端头的集装箱锁因无需避让，可采用固定式锁闭装置；考虑到 40 英尺集装箱运输的需要，车体中央的集装箱锁需要采用活动式锁闭装置。

1. F-TR 锁固定式锁闭装置

中国铁路原有的直台锁、凸台锁、手动旋锁、自动旋锁均采用了将集装箱锁直接焊固在车体上的方法。但对于 F-TR 锁，因其头部尺寸较大，且集装箱角件是与锁头表面进行相互挤压滑移进出集装箱锁的，因此，将 F-TR 锁直接焊固在车体上是不合适的。为此，F-TR 锁的固定式锁闭装置采用了框架式锁座，将 F-TR 锁的每个自由度全部约束。但框架式锁座与 F-TR 锁每边留有微小间隙，保证 F-TR 锁与集装箱角件作用时有适当的调整空间，可充分发挥 F-TR 锁的功能。

框架式锁座有整体式锁座和分体式锁座两种类型。整体式锁座为一整体结构，锁套在锁座中，对锁有更好的保护，安全性更高，但更换锁时需切除锁座一边，该整体式锁座在 X_{70} 车上采用。分体式锁座有一面开口，开口处用挡板来固定锁，方便锁更换。但挡板一旦丢失，锁也就失效了。该分体式锁座在 X_{6K} 车上采用。如图 4-20 所示。

(a) 整体式锁座

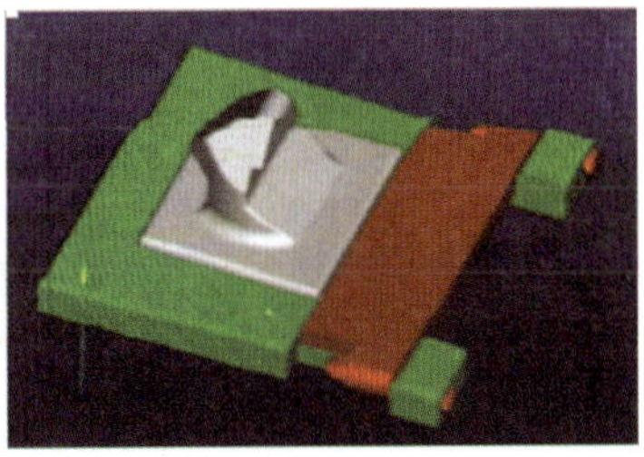
(b) 分体式锁座

图 4-20　固定式 F-TR 锁闭装置

2. F-TR 锁的活动式锁闭装置

中国铁路原有的活动式锁闭装置，因锁的功能要求不高，其自由度无需全部约束，直台锁、凸台锁上采用了翻板式锁闭装置、手动旋锁上采用了升降式锁闭装置、凸台锁上采用了翻转式锁闭装置等。

对于 F-TR 锁，因其锁芯头部的偏心结构，在集装箱角件作用下，其锁头所受到的作用力均为偏心力。为确保集装箱在装卸、运输过程中的安全可靠性，F-TR 锁工作位时的 6 个自由度必须全部约束。因此，在 X_{6K}、X_{70} 型新造车上设计了转式锁闭装置，在 X_{6B}、X_{6C} 和 X_{1K} 型改造车上设计了推拉平移式锁闭装置。

(1)推拉翻转式锁闭装置

推拉翻转式锁闭装置由锁座、F-TR 锁、挡板、锁头扭轴、挡板转轴及固定销等组成，如图 4-21 所示。为提高集装箱锁抵抗集装箱冲击能力，所有销、轴在工作位和非工作位时不得受力，只能承担转动、连接作用。F-TR 锁被锁座与挡板完全限位，F-TR 锁的每个自由度全部约束，但 F-TR 锁与锁座留有微小间隙，保证 F-TR 锁与集装箱角件作用时有适当的调整空间，可充分发挥 F-TR 锁的功能。需要转换工作位时，只需将挡板打开，将 F-TR 锁先平移及转动 180°后再入位即可。如图 4-22 所示。

(2)推拉平移式锁闭装置

推拉平移式锁闭装置由锁座、F-TR 锁、挡板、转轴等组成。如图 4-23 所示。挡板绕转轴转动，但最大只能开至 45°，使挡板不因人工误操作而影响功能。锁头与锁座、挡板间留有微小间隙，保证 F-TR 锁与集装箱角件作用时有适当的调整空间，可充分发挥 F-TR 锁的功能。需要转换工作位时，只需将挡板打开，将 F-TR 锁平移至外侧后落下挡板即可。如图 4-24 所示。

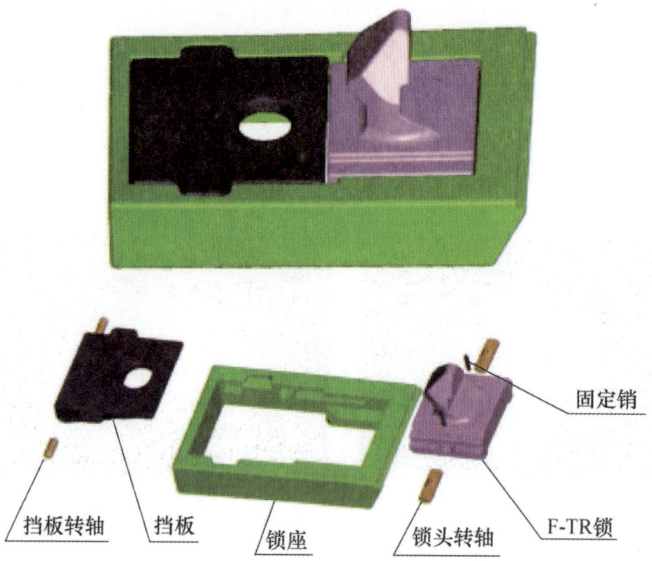

图 4-21　推拉翻转式锁闭装置

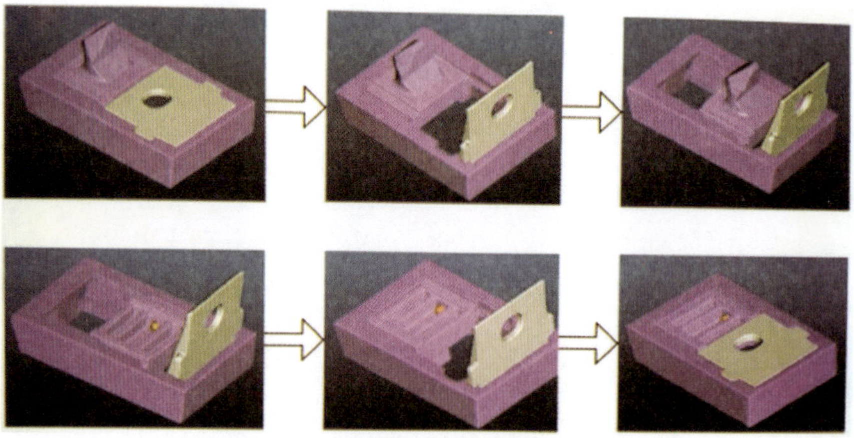

图 4-22　推拉翻转式锁闭装置操作

图 4-23　推拉平移式锁闭装置

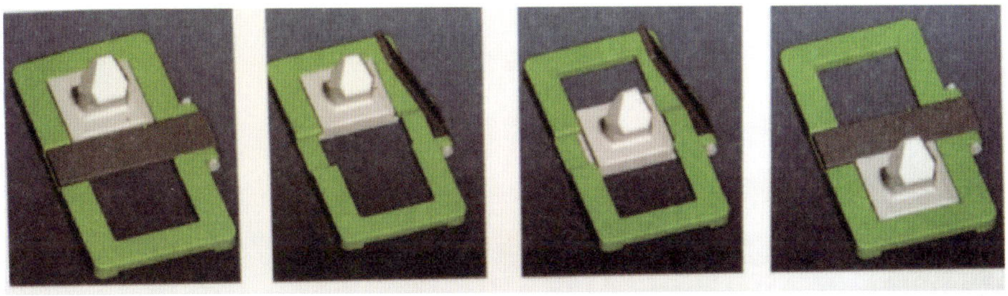

(a) 工作位　(b) 打开挡板　(c) 平移锁头至外侧　(d) 下落挡板

图 4-24　推拉平移式锁闭装置操作

五、F-TR 锁装卸车操作方法

由于 F-TR 锁具有较强的锁闭性能，在装卸集装箱时必须严格执行铁路装卸作业标准。

1. 装车前的准备

（1）检查锁头表面情况。锁头表面无裂纹、无变形等缺陷。

（2）检查车体上各锁的鹰头安装方向。同一箱位的 4 个锁头，须同端同向，两端反向。

2. 装载集装箱

（1）保证集装箱下落平稳，不允许发生剧烈的碰撞。

（2）当集装箱下落到离锁头上平面高度约为 120 mm 时，稍作停顿，等确认集装箱的 4 个底角件分别与锁头对准后，方可继续下落，装箱到位。

其操作过程如图 4-25 所示。

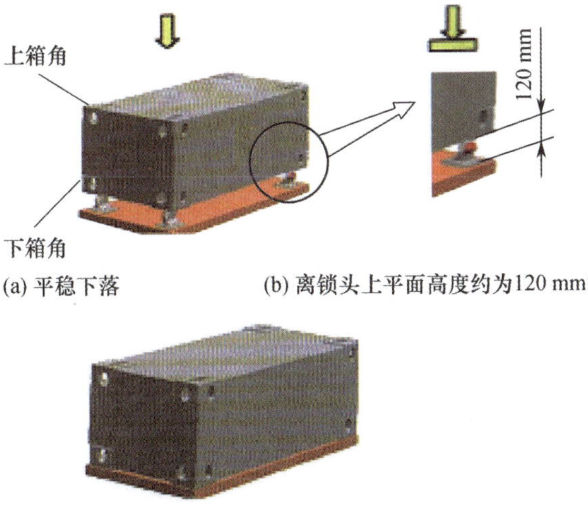

(a) 平稳下落　(b) 离锁头上平面高度约为120 mm时，稍作停顿

(c) 对准锁头后，继续下落，装箱到位

图 4-25　集装箱装载操作过程

3. 卸集装箱

(1)试吊:集装箱刚刚离开车体,集装箱重量由起吊设备承担。如为带钢丝绳的吊具,此时钢丝绳应为刚刚绷紧状态。

(2)慢速垂直小位移提吊:集装箱慢速垂直提吊,向上垂直移动约 100 mm 后停止。如果有角件卡在锁头中,则放下集装箱,稍微调整起重吊机位置后,重新从试吊开始,直至集装箱角件全部脱出锁头。

(3)快速移出集装箱:集装箱脱离锁头后,可快速移动集装箱。

其操作过程如图 4-26 所示。

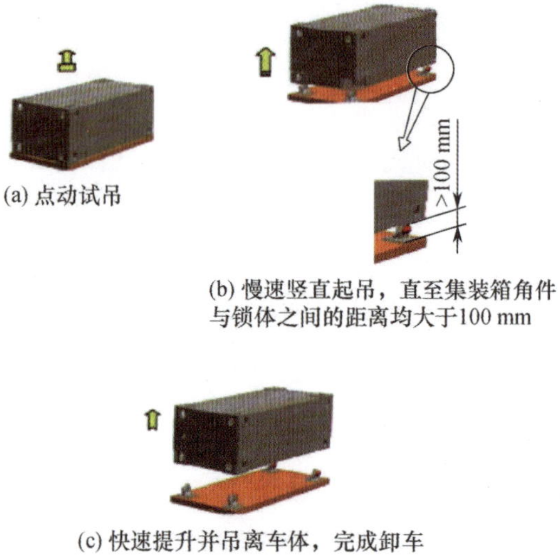

(a) 点动试吊

(b) 慢速竖直起吊，直至集装箱角件与锁体之间的距离均大于100 mm

(c) 快速提升并吊离车体，完成卸车

图 4-26　集装箱卸车操作过程

4. 注意事项

(1)集装箱装载状态:控制集装箱内货物装载的横向偏载量和纵向偏载量,严格执行铁路集装箱装载规定。

(2)起吊方式:严格执行铁路装卸作业标准,保证按慢速、垂直、平行起、落起吊方式操作,杜绝歪斜起吊、快速起吊等违规方法。

(3)起吊机具:有条件的站场尽量使用正面吊或具有防摇功能的集装箱专用门吊进行装、卸作业,对单钩门吊加快改造。

(4)安全监控:对 F-TR 锁或全自动锁装、卸车作业时,地面指挥人员要加强安全监控,严防车体被吊起。

5. 违规操作的后果

(1)歪斜起吊、快速起吊:可能将车体吊起,造成脱轨制动阀损坏,严重时造成车辆脱线,造成车辆事故。

(2)横向偏载、纵向偏载过大:将造成集装箱起吊后不平行,造成集装箱不能落箱或落箱后不能起箱。

(3)一次起箱位移量过大:将造成来不及安全监控,使车体被吊起。

(4)快速落箱、晃动落箱:将冲击锁头,造成锁头损坏。

(5)一次起箱不成后不落下调整吊机位置而强行起箱:将造成车体被吊起。

(6)安全监控不到位:将造成车体被吊起或锁损坏。

第三节　中国铁路集装箱运输车辆发展展望

随着路网规模的扩大和铁路集装箱场站网络的完善,铁路能耗低、环境污染小、占地少、运量大、安全快捷的优势将更加明显。而集装箱运输作为一种运输效率高、运输成本低、货损货差少,便于开展联运和实现门到门运输的先进运输方式,必将得到更大的发展。同时也给集装箱运输的载体——集装箱运输车辆带来难得的发展机遇。

与普通货车不同,集装箱运输车辆在长度上需要与箱型匹配,在载重上需要与箱重匹配,在总重上需要与轴重匹配。未来中国铁路集装箱运输车辆将得到快速发展。

一、快速集装箱车

随着中国高速铁路建设进程的推进,在旅客列车运行间隙开行快捷货运列车是可行的。快速集装箱班列作为铁路快捷货运的重要形式必将得到快速发展。快速集装箱车的研制和生产是开行快速集装箱班列的基础。研发的 160 km/h 和 220 km/h 的快速集装箱专用车,已完成了样车的试制。该车的研制成功,标志着中国铁路集装箱运输车辆技术跨入世界先进水平的行列。

二、关节式集装箱车

关节式集装箱车具有自重轻、纵向冲击小、成本低等优点,特别适合集装箱运输。考虑到中国铁路对货车轴重的限制,可以先从北京二七车辆厂设计的二联关节式集装箱车(25 t 轴重、20 英尺满载箱,如图 4-27 所示)开始起步,取得成熟经验后,再逐步向五联(三轴)关节式集装箱车发展,并在有条件的地区开展试运。

图 4-27　二联关节式集装箱专用车

三、双层集装箱车

在 X_{2K}、X_{2H} 型双层集装箱车成功运用经验的基础上，针对双层集装箱车运用中反映的车辆两端存在着一定的浪费空间、集装箱配载困难等问题，北京二七车辆厂经过攻关，制定了新的技术方案，即：在国内标准轨距且建筑限界满足双层集装箱车运行的铁路上运行，下层装运 1 个 20 英尺集装箱，上层装载 1 个 40 英尺集装箱。

四、长大集装箱车

为满足集装箱运输市场多元化的需求，在继续优化已有的 X_{4K}、X_{6K} 型集装箱专用车的前提下，开发 4×20 英尺、2×40 英尺长大集装箱车，以适应港口 40 英尺集装箱集疏运的需要。

五、公铁两用车

随着中国铁路集装箱中心站、办理站的发展，集装箱中心站及办理站之间可组织点到点的直达运输。在这种情况下，公铁两用车有一定的优势，因为公铁两用车无需大型装卸机械进行装卸，同时车辆存放场地也可大大减少。通过与公路运输部门协调，待条件成熟时，可适当开发公铁两用车。

第五章　中国铁路集装箱装卸搬运技术创新

在集装箱全程运输过程中往往要经过不同的运输方式，包括海运、铁路、公路、内河、航空等，因此其装卸作业是不可避免的。集装箱装卸搬运机械是集装箱场站的核心设备。

第一节　集装箱装卸搬运机械比较

当前集装箱场站常用的传统装卸搬运设备（非自动化设备）可以分为两类：一是顶吊式，二是侧吊式。顶吊式包括轨行式龙门起重机（简称轨道门吊）、轮胎式龙门起重机（简称轮胎门吊）、跨运车等三种类型。侧吊式包括叉式装卸车（简称叉车）和正面吊运起重机（简称正面吊）两种类型。

由于跨运车主要应用在港口，在铁路上很少采用，而叉车在性能上又比正面吊差，故而在铁路车站常用的集装箱装卸搬运机械主要有三种：轨道门吊、轮胎门吊和正面吊。以下对各类集装箱装卸搬运机械的性能进行比较分析。

一、各类集装箱装卸搬运机械的性能特点

装卸搬运机械的性能应符合集装箱场站的作业特性，因此选择集装箱场站主型装卸机械时，必须对轨道门吊、轮胎门吊、正面吊、叉车这几种集装箱专用装卸搬运机械在作业效率、投资大小、运营成本、场地适应性等方面进行比较，以选择适合集装箱作业的主型装卸搬运机械。

1. 轨道门吊

优点是适于集装箱的大量存放，相同运量情况下占地面积少，对箱区铺面要求较低；结构简单、易于操作，维护保养方便；跨下区域内作业效率较高，作业成本低，使用寿命长，便于实现自动化。

缺点是集装箱在站作业次数最优即作业次为 1 次时，轨道门吊储箱能力大的优势得不到发挥。且因跨区作业不够机动灵活，特别是当有一台轨道门吊发生故障时，会影响相邻轨道门吊的作业；进行整列装卸作业时需要反复调车；门吊轮压较大，走行基础要求高，且影响其他装卸机械和拖挂设备的交叉横移；需设置整机供电线路；采购费用较高。

轨道门吊适应集装箱中心站的作业特点，符合国内铁路货场的作业习惯，可以作为中心站的主型装卸机械，特别是在集装箱场地相对较窄时，应优选轨道门吊，以达到节约用地的目的。

2. 轮胎门吊

优点是堆存密度高，可以有效地利用堆场面积；作业效率较高，可以在堆场内交叉横移，比较灵活。

缺点是动力为内燃机，操作维修要求高、噪声大，对空气有污染；设备投资高；使用寿命较短，维护保养困难；相对轮压较大，对箱区铺面要求很高；与轨道门吊相比，跨度小，横向作业面积有限，选箱困难。适用于堆场面积受限制而预测集装箱运量增长较快，年作业量较大的集装箱堆场。因投资、基础、维护等费用过高，不宜作为集装箱中心站的主型装卸机械。

3. 正面吊

优点是适于集装箱在站作业次数较低（集装箱不在堆场存放）的场站；流动活性大，可在装卸区作业，也可在堆箱场作业，特别是在作业量大、时间紧时，采用群机作业，可充分发挥其灵活性，实现跨箱作业；液压元件可靠，技术完好率高：有良好的视野；购置价格适中。

缺点是动力为内燃机，操作维修要求高、噪声大，对空气有污染；装卸成本高；使用寿命相对较短；要求作业通道宽敞；对重箱区作业铺面要求很高；场地利用率低；作业安全性和司机劳动条件较差，不易实现自动化，可以作为中小型集装箱办理站的主型装卸机械。特别是在集装箱场地相对宽敞、铁路到发线较多时，可优先选用正面吊，以发挥其作业机动灵活的优点。

4. 叉车

优点是流动灵活性大；堆场利用率高，是堆场平均堆存面积最小的机械；有良好的视野；购置价格适中。

缺点是动力为内燃机，操作维修要求高，噪声大，对空气有污染；装卸成本较高；使用寿命相对较短；不能实现集装箱全回转，要求作业通道宽敞；不能实现跨箱作业；前轴轮压高，对重箱区作业铺面要求很高；作业安全性和司机劳动条件较差，不易实现自动化。因其不能实现跨箱作业，造成使用不便，不能作为集装箱办理站的主型装卸机械。但由于流动灵活性大，可以作为集装箱办理站的辅助装卸机械，特别适合后方堆场的空箱作业。

轨道门吊、轮胎门吊、正面吊、叉车的主要性能比较见表 5-1。

每箱次的装卸作业成本，是衡量集装箱场站设计和运用管理水平的重要指标。集装箱装卸成本受以下多种因素的影响：运量饱满程度、土建的规模和价格、机械设备的数量和价格、能源消耗数量和价格、职工人数和工资水平等。在运量充足、工资水平相同的条件下，轨道门吊、轮胎门吊、正面吊的集装箱装卸作业成本比较见表 5-2。

表 5-1　集装箱装卸搬运机械主要性能比较表

项　目	轨道门吊	轮胎门吊	正面吊	叉　车
动　力	电力	内燃机	内燃机	内燃机
购建投资	大	大	中	中
作业效率	高	较高	中	中
操作难易程度	易	较易	较难	较难
司机劳动强度	低	高	高	高
故障、维修费	低	高	高	高
运营费用	低	高	高	高
噪　声	低	高	高	高
有害气体排放	无	有	有	有
作业安全性	好	较好	较差	较差
机动性	差	较好	好	好
跨箱作业能力	好	好	较好	差
使用年限	19 年以上	10 年	10 年	10 年
实现自动化	易	较易	难	难
场地利用率	高	较高	低	高

表 5-2　各型集装箱装卸机械作业成本比较

项　目		轨道门吊	轮胎门吊	正面吊
投入(万元)	设备购买费	950	664	300
	基　础	100	80	
	电　源	20		
	油　料		10	20
	维修费	300	532	400
产　出	技术经济寿命(年)	19	10	10
	寿命期作业量(万箱次)	250	132	88
每箱次设备费(元)		5.48	9.74	8.18
每箱次能耗(元)		7	10	10.4
每箱次成本(元)		12.48	19.74	18.58

注:1. 每箱次成本=每箱次能耗+每箱次设备费;每箱次设备费=设备及配套投入/寿命期作业箱次;寿命期作业箱次=寿命期工作日×12 h×每小时工作箱次。

2. 每箱次能耗根据现行油、电价格和设备功率计算得出。

3. 设备价格系根据近几年厂家投标报价估算得出:维修费系指全寿命期的修理费用,根据铁路车站现行使用经验估算得出。

4. 设备寿命来自财政部对固定资产实行分类折旧的规定。

5. 表中仅反映机械的静态的不完全成本。若计算某种设备的全面成本,则还应计入人工费用、银行(贷款)利率等因素。

由表 5-2 可见，轨道门吊的每箱次装卸作业成本要低于轮胎门吊和正面吊，集装箱场站作业量较大时其经济效益明显。

二、集装箱正面吊与门吊性能的比较

1. 对作业场地的要求

正面吊在作业时需要较宽的作业通道，一般不小于 16 m，最低要求在 14 m 以上。一排作业通道只能布置两排箱位，与门吊相比，其面积利用率很低。此外，正面吊作业的箱位，后排要比前排高或等高，否则对后排无法作业。

在国外，目前只有加拿大的铁路公司（包括国铁 CN 和太平洋铁路公司 CPR）用正面吊作为大型车站的集装箱主型装卸搬运机械，这与该国幅员辽阔、人口稀少、土地价格低有直接关系。

而欧洲年运量超过 2 万箱的车站均以门吊作为集装箱主型装卸搬运机械，这与欧洲各国的面积狭小、人口密集有关。中国的人均有效面积占有率更接近欧洲，因此，宜选用门吊作为大型集装箱站的主型装卸搬运机械。

2. 装卸作业与汽车行驶的关系

正面吊的装卸作业属于平面作业，作业时正面吊的行驶与汽车的行驶处于同一平面，如果在一条作业通道上有 6 台正面吊作业，每辆汽车可能与其他 5 台正面吊产生干扰，这必然会降低汽车的行驶速度，降低正面吊的作业效率（图 5-1）。

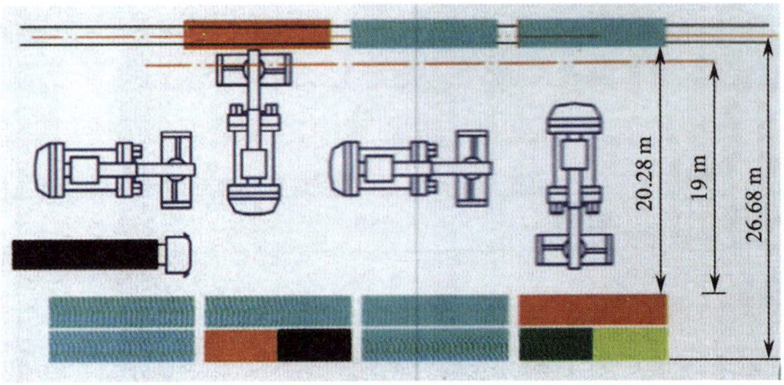

图 5-1　正面吊装卸铁路货车时与汽车行驶形成相互干扰

门吊的作业属于立体作业，不存在与汽车行驶相互干扰的问题，尤其是把汽车的作业通道与行驶通道布置在一侧悬臂之下，作业完成后的汽车可以立即转移到门吊小车不能覆盖的行驶通道上。

3. 线束多少与汽车行驶的关系

多线束的布局存在汽车通道与装卸线平交道口问题。当列车送进或牵出装卸线时会妨碍汽车的通行，这必将成为削弱车站办理能力的一大因素。尽管门吊布局也同样存在汽车通道与铁路线平交的问题，但是线束比正面吊布局少，因此平交的影响也小一些。

4. 中转作业

一排正面吊对应1条装卸线，进行中转箱作业时必须先卸箱于中转箱区暂存。如果之后在同一条装卸线上恰好安排另一列与中转方向相同的列车，则不必进行转场便可以实现集装箱的中转。除此之外，在其余装卸线上发送的中转箱必须通过场内水平运输车辆完成转移。这既加大了集装箱搬移量和水平运输费用，也增加了场内车辆的拥堵。

而门吊却很适合办理集装箱中转作业，尤其是跨多条装卸线的门吊。如果恰好安排两列车同时在停在门吊下的装卸线上，则可实现箱不落地的直接换装。即使需要落地，也大大减少了场内的集装箱搬移量。

5. 作业效率

根据欧洲的研究，正面吊在理想状态下的效率为24箱次/h，由于存在与其他正面吊的干扰、与汽车的干扰、找箱、司机疲劳、天气状况等因素的影响，正面吊的作业效率一般降低为15箱次/h。

正面吊的作业效率与作业方式关系极大。据美国的经验数据，如果与汽车配合，其作业效率可以达到每小时40～50箱次(图5-2)。但中国铁路集装箱站的作业方式是卸车时集装箱落地放到存储箱位，这需要正面吊进行4次90°转弯，从而使其作业效率急剧下降，降低为15～20箱/h(图5-3)。

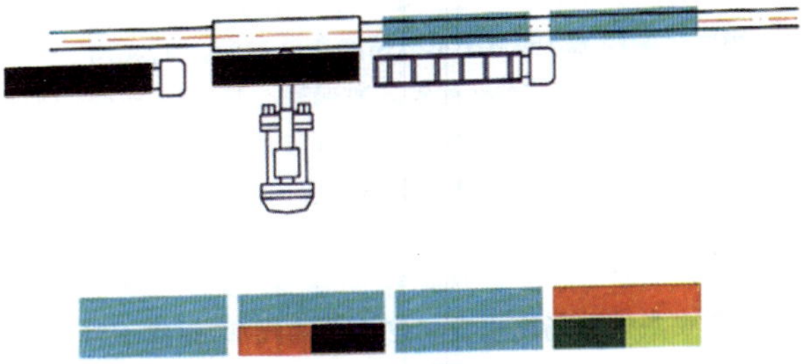

图5-2　正面吊与集卡配合

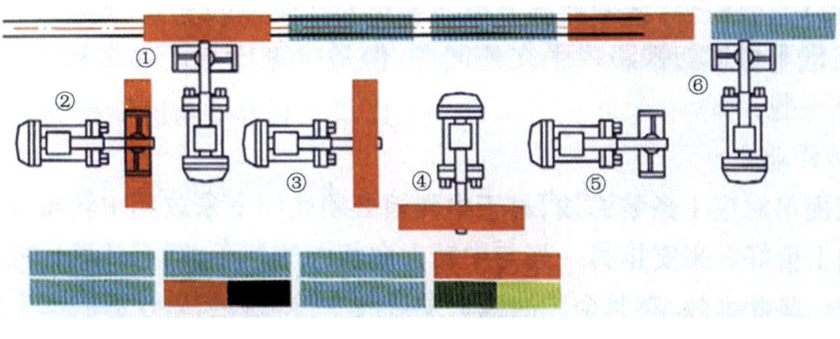

图5-3　正面吊不与集卡配合(①～⑥为正面吊作业顺序)

门吊的作业效率一般都较高，据上海北郊站的实测数据，在单钩门吊使用无动力吊具的情况下，一个作业周期小于 2 min，即每小时可作业 30 箱次以上。集装箱专用门吊的作业效率大于 30 箱次/h。

6. 储箱能力

正面吊一个作业通道对应 2 排箱位，而门吊可以根据需要布置 8～12 排箱位，而且由于门吊的储箱位中间不设过道，故而增加了储箱位的数量。如果把门吊 2 个模块与正面吊 5 个作业区进行比较的话，门吊在主箱区面积少和少堆 1 层的情况下，储箱能力却高出 60%。在铁路车站，层数越高作业效率越低，正面吊尤其低，因为正面吊更不利于倒箱作业。在储箱能力方面，正面吊无法与门吊相比，据测算，相同层高(3 层)的情况下，门吊的储箱能力高出正面吊 118%。

7. 使用正面吊的其他不利因素

正面吊对驾驶技术要求较高，其作业效率与驾驶员的熟练程度密切相关，如果稍有不慎很容易发生事故。正面吊属于平面作业，与集装箱碰撞、与汽车碰撞的可能性较大。

正面吊的发动机功率一般在 250 kW 左右，其废气排放和噪声对环境构成一定程度的污染。由于正面吊的发动机功率大，如果同时工作的台数太多，将会使场内的空气污染、噪声污染非常严重。门吊的操纵较正面吊相对容易，对环境造成的噪声与空气污染都较正面吊轻得多，且用门吊更容易实现装卸作业自动化。

正面吊以柴油为能源，受国际原油价格波动的影响较大。

8. 正面吊在集装箱场站中的优势作用

尽管正面吊不宜作为大型集装箱站的主型装卸搬运机械，但是这并不影响其作用的发挥。事实上，正面吊自从在意大利问世以来，以极快的速度推广至世界各地，它以优异的性能逐渐取代了传统的集装箱叉车。无论是作为大型站的辅助装卸搬运机械还是作为中小站的主型装卸搬运机械，正面吊越来越受到人们的青睐。概括起来，正面吊可以在以下方面发挥其不可替代的作用：

(1)正面吊最适合作为大型集装箱站辅助箱区的装卸搬运机械，在门吊不能达到的地方，能够充分显示正面吊的灵活机动性能。同时也可作为运量高峰或主型机械维修时的补充或替补设备。

(2)正面吊在中小型集装箱站可以发挥上马快的优势。由于正面吊具有高度灵活、购置价格低的特点，可以作为中小型集装箱站的主型装卸搬运机械。

(3)对于未来运量较难预测的车站宜采用正面吊。即使以后车站废弃，也可以很容易地把正面吊转移到其他需要的地方。

(4)正面吊适合按顺序对集装箱进行存、取作业的场合。例如货主数量少，每一货主的集装箱数量较大。在这种情况下，可以把一个货主的集装箱堆存在一个储箱区，取箱时从高层向下顺序进行，不必倒箱。

(5)正面吊具有堆垛 8 至 9 个箱高的能力和一次作业 2 只空箱的优异性能，是空箱堆场的理想机型。

第二节　集装箱专用门吊

一、36 t 轨行式集装箱专用门吊

1. 特点及主要技术参数

36 t 轨行式集装箱专用门吊配伸缩式集装箱专用吊具，可吊 20 英尺和 40 英尺集装箱，吊具下额定载荷为 36 t。采用全变频调速控制，调速范围宽，动作平稳，能够满足集装箱的安全吊运需要，并具有较高的作业效率。36 t 轨行式集装箱专用门吊的特点有：

(1)其设计在保证技术先进性、使用安全可靠性的同时，考虑了设备的经济性。

(2)选用性能良好、经久耐用的配套机电产品和零部件，尽可能实现标准化、通用化，便于维护，保证满足繁忙作业的要求。

(3)电气控制系统采用 PLC 可编程控制器、变频器等先进成熟的技术，实现起重机各机构的平稳调速和整机的监控管理。

(4)整机具备完善的保护和故障自诊断等功能。

36 t 轨行式集装箱专用门吊的主要技术参数见表 5-3。

表 5-3　36 t 轨行式集装箱专用门吊的主要技术参数

技术指标	参数值	技术指标	参数值
吊具下额定起重量(t)	36	悬臂长(m)	12
跨　度(m)	30	有效悬臂长(m)	7.5
全　长(m)	54	总　重(t)	320
最大起升高度(m)	12	额定起升速度(m/min)	15
额定大车运行速度(m/min)	55	额定回转速度(r/min)	1.413
额定小车运行速度(m/min)	60	工作制度	A7

2. 结构

36 t 轨行式集装箱专用门吊主要由门架，起重小车，走行台车，大、小车供电装置，检修吊，电气系统等部分组成。其中起重小车又由起升机构、小车运行机构、回转机构、减摇装置、小车架、回转车架、司机室及专用吊具等组成。大车供电方式采用滑触线供电，将总电源引至保护箱；小车供电采用拖链供电，拖链布置在主梁内侧。

司机室是集装箱专用门吊的控制中心，室内有旋转式联动控制台，视野宽阔，操纵采用全主令控制，操作力小，舒适方便，司机室随小车移动，而不随回转构转动。

（1）金属结构

金属结构主要包括主梁、支腿、下横梁、小车架、回转车架和司机室。主梁采用偏轨箱形主梁，小车运行轨道位于一个腹板（称主腹板）上，集中轮压可直接传给主腹板作用于梁上。支腿是由钢板焊接于一个变截面断面箱形结构，支腿上部与主梁采用高强度螺栓连接，下部与走行梁采用普通螺栓连接。下横梁是由钢板焊接为一个箱形梁，下部是台车。

司机室安装在小车下面，室内装有起重机的电器控制设备，供司机操纵使用。在司机室一侧的支腿上设有扶梯，通至司机室和主梁上平台。

（2）起升机构

起升机构安装于回转车架上部，它由2台变频电机经共轴拖动2套卷扬装置，卷筒上的钢丝绳绕过吊具上的滑轮，只要控制电动机的正反转，就可以实现吊具的升降作用。为了保证起升机构工作的安全可靠性，在减速器上装有制动器，支撑卷筒一端的轴承座上装有上升高度限位开关，它是吊具上升至极限位置时的安全装置。在轴承座上还装有荷重传感器，以检测所吊重物的重量，当起升负荷达至额定载荷90%时，超载限制器自动报警；当起升负荷达到额定载荷的105%时，超载限制器控制起升机构只能下降不能上升。

（3）回转机构

回转机构置于回转车架上，采用车轮环形轨道方式，可在200°角度内旋转，实现按需要的位置和角度摆放集装箱。回转机构由四组按圆周均布的驱动装置组成，驱动装置为“三合一”驱动型式。

（4）减摇机构

减摇机构置于回转车架上，采用力矩电机柔性双向减摇，由4套彼此独立的张紧机构组成，每套机构又由力矩电机、联轴器、减速器和卷筒组等组成。力矩电机配合起升机构升降，在大小两档力矩间转换，通过4组独立机构，可在大小车两个运行方向有效地实现吊具或集装箱的摆动控制，从而确保装卸时在最短时间内准确对位，并提高安全性和作业效率。

（5）其他设备

①缓冲器。在走行台车四个头部装有聚酯缓冲器，用来降低同跨内两台门吊相碰时的冲击和减小门吊运行到轨道尽头时与撞架之间的冲击影响，在小车车架两头装有橡胶头缓冲器，防止小车运行至两端极限位置时的冲击影响。

②锚定装置。在起重机大车和小车上分别设有锚定装置，当起重机处于非工作状态时，通过销轴与固定的销套锚死，防止在非工作状态下起重机和小车被大风吹走。

③顶轨器和液压轮边制动器。顶轨器安装在起重机下横梁下，用于起重机工作状态下的防风制动，顶轨器与风速仪联动，当风速达到20 m/s时，自动发出停止作业

的声、光报警，同时切断大车行走电源并顶紧顶轨器。

液压轮边制动器安装在大车从动轮上，用于起重机工作状态下的防风制动和安全制动。

④供电形式。大车供电采用滑线供电，总电源通过导电铜滑轮引进司机室。小车导电采用拖链供电，供电点位于主梁中部内侧，通过小车导电架引入起重小车。

⑤小车水平轮。在小车一侧走行梁下装有2对水平轮装置，防止小车在运行中啃轨，应定期检查水平轮装置的工作状态，确保起重小车的安全运行。

⑥起升限位开关。行程限位开关由接触系统和传动装置两部分组成。

3. 电气系统

36 t轨行式集装箱专用门吊的电气系统由主回路、控制回路和照明回路等组成。现将其主要电气设备分述如下：

(1)联动控制台

联动控制台安装在司机室内，用来控制电机的启动、停止和正反转，其内部包括4个控制器：起升、回转控制器，大车控制器，小车控制器，吊具操作控制器，另有启动、停止按钮、照明开关及电铃脚踏开关等。

(2)保护箱

保护箱也安装在司机室内，它用于对起重机上电动机的过电流保护、零位保护和起重机机构的限位保护。保护箱内装有过电流继电器、线路主接触器、刀开关和空气开关等。

(3)电阻器

电阻器安装在走台上靠司机室一端的电阻箱内，它串入电动机转子，达到对各机构启动、调速的要求。

(4)限位和安全开关

起重机大、小车运行和起升机构均设有开关，以限制各机构的运行行程。当限位开关动作后，电源或控制线路被切断，机构停止运转。此时机构只能向相反方向运转，从而保障设备安全。

(5)大、小车供电装置

大车供电采用地面滑触线三相三线供电。通过滑靴式集电器连接导线，引入保护箱，向整台设备供电。

小车供电通过电缆滑车上的移动软电缆接入小车接线盒，再送到小车上各用电部位。

(6)根据用户要求配置的设备

①大风报警器1台：由用户根据当地条件自行选定风级，其显示器安装在司机室内。

②超载限制器1套：该装置可显示所吊重物的重量。当所吊重物的重量超过额定起重量时，输出限动信号。超载限制器传感器安装在卷筒的轴承座上，显示器安装

在司机室内。超载限制器所用电缆不能断开。

二、通用 36 t 及以上门吊改造为防摇集装箱门吊

1. 改造背景

随着国民经济的持续健康快速发展，货运量日益增长，尤其是集装箱运量每年以超过30%的速度增长。沿海港口城市纷纷新建集装箱专用码头和购置先进的集装箱专用门吊。但内地集装箱装卸车点由于资金等原因，绝大部分货场多采用在普通门式或桥式起重机吊钩下加挂简易无动力集装箱吊具装卸集装箱的方式。

通用吊具主要结构由承重钢丝绳吊索、矩形框架、棘轮棘爪组成的控制装置和转锁箱组成。由于其不能真正实现装卸作业中的人箱分离，在作业中仍需要人工用绳、钩、木杆等工具辅助卸车和对位装车，且避免不了箱体与车辆的碰撞。

普通门式或桥式起重机加挂集装箱吊具装卸集装箱的方式存在以下缺点：安全性差，用工多，操作复杂，作业效率低，吊具整体高度偏高，占用起重机起升空间，对位靠碰撞，集装箱过门吊支腿极易相互磕碰等。这使得普通吊钩式门桥吊加挂无动力集装箱吊具这种作业方式越来越不适应集装箱装卸作业的要求。

集装箱专用门吊采用小车上部结构进行旋转，变频控制装置，防摇功能和专用伸缩吊具等，但是，造价较高，短时间内不可能对铁路集装箱车站门吊全部进行更换。因此，将现有通用门吊改造为防摇集装箱专用门吊，可解决铁路集装箱场装卸效率低下、技术水平落后的问题。

中铁集装箱公司与南昌局南昌机械厂、郑州局装卸机械厂联合，共同攻克了将通用 36 t 及以上门吊改造为防摇集装箱门吊的难题。

2. 改造技术

改造的主要内容包括：

(1)改造门吊小车，增加卷筒及防摇力矩电机。

(2)门吊的主、副钩换成四吊点吊架。

(3)吊架下安装集装箱专用吊架，两侧加装导板。

改造后的下旋式集装箱专用门吊可有效解决集装箱吊装时平稳无碰撞过门吊支腿和集装箱吊运过程中的防摇技术难题；改变了铁路集装箱装卸依靠吊具与箱体、箱与箱、箱与车碰撞对位的传统作业方式。该改造技术具体有以下优点：

①两面活动靠板改为固定带斜面自动对中靠板，变传统碰撞作业方式为自动对位方式，避免了吊具与集装箱的碰撞。

②具有电动旋转功能，通过三合一机构实现集装箱吊具旋转，方便集装箱平稳无碰撞过门吊支腿和准确对位摆放，避免箱与箱、箱与车的碰撞，实现箱门朝内摆放的作业要求。

③具有防摇功能，可使集装箱在移动、升降、电动旋转过程中不摇摆，减少了集装

箱在吊运过程中的相互碰撞(图 5-4)。

图 5-4 防摇集装箱门吊

④具有电动转锁功能,简化了原吊具转锁开闭操作,提高了作业效率。加装特制吊钩连接架后,可进行笨重货物的装卸作业。

⑤提高现有门吊有效作业高度,实现货场“堆二过三”作业,提高了货场容量,经济效益可观。

⑥门吊操作简单,真正实现了人箱分离,完全解放了司索工,可杜绝人身伤亡,每个作业台班最少可以减少 2 人,如按三班作业最少可以减少 6 人,每年节省的人工成本和安全效益可观。

⑦结构简单、造价低廉。将普通门吊改造为防摇集装箱门吊的费用不高,可大大节约新购置集装箱专用门吊的成本。

⑧加装称重和偏载功能。4 个锁头加装称重和偏载测量传感器,在装卸集装箱时,对集装箱实现称重的同时可显示该集装箱重心位置,解决了铁路装车因重心偏离存在的行车安全隐患,可在仪表上显示称重和偏载结果,并可进行打印。该称重装置达到了贸易结算精度。

⑨视频装置。当装卸地点距司机室较远或者堆码集装箱另一侧的集装箱时,视线有误差或被阻挡,不能有效控制吊具进行集装箱装卸作业,视频系统可以增加门吊司机的视野,保证门吊装卸作业的安全。

第三节 集装箱正面吊运机

集装箱正面吊运机诞生于 20 世纪 60 年代末。它是由场地吊运机演变而来。在结构上,集装箱正面吊更接近集装箱叉车而不同于流动式回转起重机。正面吊与起重机的共同点是都具有伸缩式的吊臂,而底盘、动力、传动、吊具等部件与叉车几乎完全相同。

集装箱正面吊是在集装箱叉车之后发展起来的。自第一台正面吊于1969年在意大利Belotti公司诞生以来，其产销量得到迅猛发展。正面吊与叉车的作用是相同的，既可以装卸汽车、铁路货车，也可以短途搬运。然而正面吊的性能明显优于叉车，表现在：①正面吊能够进行第二排箱作业，即隔箱作业；②正面吊所需通道小于叉车；③正面吊作业灵活，不必靠近集装箱或正对着集装箱即可作业。这些优点使得正面吊对场地面积的利用率和作业效率高于叉车。因此正面吊已基本取代了集装箱叉车。

一、集装箱正面吊运机简介

1. 集装箱正面吊的结构特点

(1)配有多功能伸缩式吊具，适用于20～40英尺集装箱的装卸，能够左右回转、横移、倾斜，便于对箱和通过较狭窄的通道；

(2)带载俯仰的伸缩式臂架，可以实现整车行驶和臂架伸缩的联合动作；

(3)在臂架和吊具间设置减摇装置，减少吊运机起动、制动和行驶过程中集装箱的摆动；

(4)能堆码多层集装箱及跨箱作业；

(5)有多种保护装置，保证安全作业；

(6)吊具上架装吊爪后，可以连集装箱半挂车一起吊起，实现公铁联运；

(7)换装吊钩，可吊装其他重、大件货物。

2. 集装箱正面吊的主要技术参数

(1)起重量

集装箱正面吊的起重量根据额定起重量和吊具的重量来确定。额定起重量一般按所吊运的集装箱最大总重量确定，国际标准40英尺集装箱的最大重量取30.5 t。目前，各厂家生产的起吊40 t的正面吊，其吊具重量约为10 t。

(2)起升高度

起升高度即堆码高度，一般为4层箱高，如按2.591 m箱高考虑，还加上一定的安全间隙，起升高度一般为11 m左右。如要求堆五层箱高时，起升高度应不小于12.955 m，一般为13 m左右。

(3)工作幅度

集装箱正面吊通常能跨一排箱作业。一般要求在对第一排箱作业时，前轮外沿离集装箱的距离为700 mm左右，工作幅度最小应距前轮外沿2 m。在对第二排箱作业时，前轮离第一排集装箱的距离为500 mm左右，工作幅度最小距离前轮外沿4.1 m。

(4)车身外形尺寸

集装箱正面吊主要用在货场作业，要求能适应狭小的场地条件，因此对通过性能要求较高，需要控制车身宽度和长度。另外，还要考虑整机的稳定性和车架受力情况。一般要求正面吊可以在 7.5 m 左右的直角通道上转弯，在 9.5 m 左右的通道内能 90°转向。因此，要求其最小转弯半径在 8.5 m 左右，最大轴距为 5 500 mm 左右，车体带臂架时长度约为 7 500～8 000 mm 左右，车身宽度一般为 3 500～4 000 mm 左右。

(5)行走速度

集装箱正面吊的运行距离一般在 40～50 m 以内较为合理。如距离太远，则应用拖挂车来水平运输。集装箱正面吊在满载时只允许低速行驶，因集装箱正面吊自重较大，在吊运 40 t 时，整机总重达 110 t，如行驶速度过快，则对爬坡、制动、整机稳定性以及发动机功率都有较大影响，故满载时最高速度一般不超过 10 km/h。空载时可高速行驶，一般为 25 km/h 左右。

二、集装箱正面吊运机的类型

集装箱正面吊主要有单臂架和双臂架两种结构形式。

1. 单臂架集装箱正面吊

单臂架集装箱正面吊其臂架为两级伸缩式单起重臂，臂架由两只俯仰液压缸支撑，结构简单，制造方便，操作灵活，是目前应用最多的集装箱正面吊运机形式。如图 5-5 所示。

图 5-5　单臂架集装箱正面吊

单臂架集装箱正面吊的起重臂为单箱式结构，用两个变幅油缸支撑吊运倾斜的集装箱时，用吊具与臂架间的摆动进行对位。由于吊具与臂架是单支点连接，吊运装载重心偏移的集装箱要通过横移吊具保持平衡。

单臂架集装箱正面吊的缺点是：在吊机行走时，路面不平易导致摇摆；双油缸驱动变幅，易出现油缸工作不同步，损伤臂架。

2. 双臂架集装箱正面吊

双臂架集装箱正面吊采用双起重臂，每个臂架由一只俯仰液压缸支撑，两组臂架可分别动作，也可同步动作，臂架载荷分布合理，吊具工作稳定性提高，但结构复杂，机动性差。目前较少应用。如图 5-6 所示。

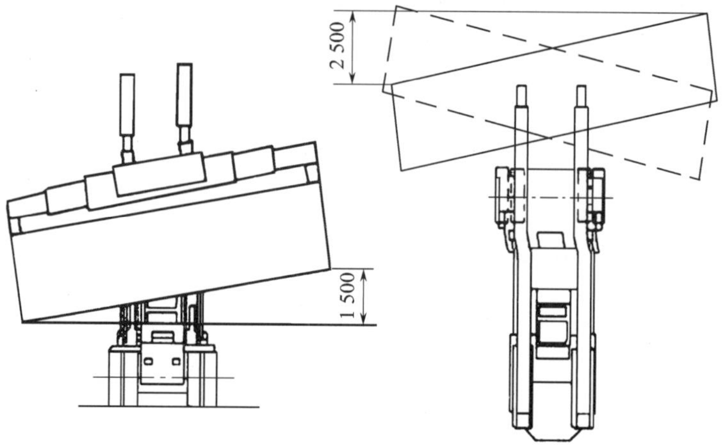

(a) 垂直转动集装箱　　(b) 水平转动集装箱

图 5-6　双臂架集装箱正面吊（单位：mm）

双臂架集装箱正面吊的主要特点有：

(1)用两个小断面的臂架代替一个大断面臂架。两个臂架都可以伸缩，并由两个变幅油缸分别支撑，两个臂架可以分别动作，也可同步动作，其结构和液压控制系统比较复杂。

(2)臂架与吊具是双支承连接，吊具稳定性较好，即使遇到集装箱装载偏心或路面不平的情况，也不会引起吊具摆动。

(3)受力比较简单，变幅油缸不存在同步问题。

(4)两臂架中间距离较大，驾驶室可放在中间，并可以适当提高其高度，使驾驶员视野较好。

(5)为使吊具旋转较大的角度，必须在平衡架下再安装吊具旋转机构，整个吊具高度较大，降低了有效起升高度。

(6)在吊运倾斜的集装箱时，可使两臂架采用不同的高度而使吊具就位，也可让两臂架伸出不同的长度来使集装箱转动一定的角度。

近年来，集装箱正面吊正向着大型化方向迅速发展，出现了载荷中心距 5.75 m 的吊具下额定起重 38 t 的正面吊。如在铁路上使用，可以装卸第二条铁路线上的半挂车。当然其自重和尺寸也庞大，需要的通道宽度也较大。最常用的仍然是载荷中心距 1.80 m 的吊具下额定载重 40 t 的正面吊。

正面吊广泛应用于集装箱码头、堆场、铁路集装箱货场等。在大型的集装箱货场，它可以作为门吊的辅助机械，在中小型铁路集装箱货场，也可以作为主型装卸搬运机械。

第四节　轻量化多功能集装箱门吊

为适应中国铁路总公司发展铁路现代物流的战略部署，充分利用既有铁路中小型货场办理集装箱业务，中国铁道科学研究院开展了适用于铁路中小型货场的集装箱门式起重机研究，并联合中铁重工集团，经过长时间的研究和反复试验，成功研制出了 MJ40.5 轻量化多功能集装箱门吊(图 5-7)，为铁路发展白货物流提供了新的利器。

(a) 起吊集装箱

(b) 起吊电杆

图 5-7　轻量化多功能集装箱门吊

一、轻量化多功能集装箱门吊的主要参数

MJ40.5 轻量化多功能集装箱门吊的主要技术参数见表 5-4。

表 5-4　MJ40.5 轻量化多功能集装箱门吊的主要技术参数

序号	项　目	单　位	参　　数
1	整机工作级别		A6
2	整机工作容量	kW	96
3	起升工作级别		M6
4	额定起重量	t	40.5(吊具下)　4×13.5(吊钩下)
5	起升高度	m	9.1
6	起升速度	m/min	0～6(重载)　0～12(空载)

续上表

序号	项　目	单　位	参　　数
7	钢丝绳倍率		2
8	起升电机功率	kW	4×15
9	起升制动器		三合一减速电动机自带
10	小车走行速度	m/min	0～20(重载)　0～40(空载)
11	小车走行电机功率	kW	2×4
12	小车走行制动器		三合一减速电动机自带
13	大车走行工作级别		M6
14	大车走行速度	m/min	0～30(重载)　0～60(空载)
15	大车走行轮直轮	mm	ϕ400
16	大车走行功率	kW	4×5.5
17	大车走行制动器		三合一减速电动机自带
18	照明功率	kW	6
19	吊具回转角度		±30°
20	最大轮压	t	15(跨度 14 m、18 m)
			16(跨度 22 m)

MJ40.5 轻量化多功能集装箱门吊的整机工作级别为 A6，吊具下额定起重量 40.5 t，跨度系列有 14 m、18 m、22 m 等，吊具下起升高度不小于 9.1 m，满足集装箱堆二过三的作业要求，轮压不大于 15 t(14 m、18 m 跨度)或 16 t(22 m 跨度)，是按照《铁路中小型货场集装箱装卸机械技术条件》(铁总运〔2016〕41 号)设计制造，适用于装卸 20 英尺、40 英尺等国际标准箱及中国宽体集装箱的要求。可根据货场条件，选配轨道式或轮胎式走行方式，单侧或双侧悬臂，自带动力，旋转吊具等多种方案。拆除集装箱吊具后的四个吊钩，每个吊钩起重能力为 13.5 t，可以满足货场成件笨重货物的装卸作业要求，实现了一机多能。

二、轻量化多功能集装箱门吊的主要优势

1. 轻量化设计

起重机门架金属结构独创式地采用 Q450NQR1 高强度耐候钢，创新性地应用了下挂式拖曳小车设计，显著降低了整机自重，实现了整机轻量化。

2. 造价、运营成本低

整机造价仅为现有同级别专用集装箱门式起重机的 1/5，成倍降低了制造成本；轮压低，降低了对货场走行基础的建设要求，减少了基础建造投资；总装机容量小，降低了电力消耗。

3. 一机多能

采用四个独立的起升机构，设有四个吊钩，可以联合作业，也可以单独作业，实现了多种组合，满足吊具快速更换要求，实现一机多能。如图 5-8 所示。

图 5-8　轻量化多功能集装箱门吊的四个独立起升结构

4. 集装箱对位微调

门式起重机创新性地采用轻便灵巧的下挂式拖曳小车结构，设置带有补偿的双出绳卷筒，实现了负载后重物自动调平。通过拖曳小车的不对称运动，实现了集装箱对位微调角度的目的。如图 5-9 所示。

图 5-9　集装箱对位角度微调

5. 起升机构可靠防摇

起升机构的钢丝绳采用多方向的倒三角缠绕方式，四吊点起升，集装箱吊具具有良好的防摇功能，运行平稳可靠。

6. 采用变频调速控制技术

大车走行机构、小车走行机构、起升机构均采用三合一变频减速电机驱动，实现重载慢速、空载快速多挡位调节。

除上述优势外，轻量化多功能集装箱门吊还采用了法兰式连接的快速拆拼结构，便于转场安装作业；并配备界面友好的安全监控管理系统，实现故障点自动显示、报警，实时记录操作数据，便于历史查询。

第六章　中国铁路集装箱场站

集装箱场站是铁路集装箱运输的基层生产单位，其合理布局和布置对完善集装箱运输网络，发挥铁路中长途运输优势，满足客户物流需求，提高铁路经营效益具有重要意义。为了大力发展集装箱运输，中国已建成13个功能强大的集装箱中心站，正在大力建设的铁路物流中心也大多设有集装箱功能区。

第一节　中国铁路集装箱办理站发展历程与布局现状

一、中国铁路集装箱办理站的发展历程

中国铁路在开办集装箱运输的初期，各办理站均在货场内辟有集装箱货区，专门办理集装箱运输业务。随着集装箱运量的增长，这种集装箱货区已不能满足业务发展的需要，1979年开始，相继建设了沈阳、滨江、汉西和上海西等集装箱场站。1985年，原铁道部制定了"七五"期间集装箱运输发展规划，决定改造80个集装箱货场和扩建10个大型集装箱货场。至1989年，全路共扩建了47个集装箱货场，集装箱办理站从96个发展到318个，对促进中国铁路集装箱运输发展起到了重要作用。

为适应集装箱运输快速发展的需要，1988年原铁道部组织专业设计院及有关单位制定了《铁路集装箱货场设计规则》，将集装箱货场按运量分为5类：运量在100万t以上的为特大型集装箱货场，运量在50万～100万t的为大型集装箱货场，运量在30万～50万t的为中型集装箱货场，运量在10万～30万t的为小型集装箱货场，运量在10万t以下的为集装箱货区。该规则对集装箱场的平面布置、机械配置等也作了规定，为集装箱货场的建设提供了依据。

1989年10月1日，为了加强集装箱运输管理工作，提高集装箱运输的效率和效益，原铁道部颁布了《铁路集装箱运输规则》和《铁路集装箱运输管理规则》，对集装箱办理站的开办与停办条件，货源组织，装卸流程，办理箱型等内容做出了明确规定。

为了规范铁路车站集装箱作业内容和质量标准，1991年1月5日，原铁道部制定了《铁路车站集装箱货运作业标准》(TB/T 2174—1990)，对车站集装箱的作业项目、流程，作业内容及质量标准做出了明确规定。

1993年4月20日，原铁道部下发了《关于全路50个站及枢纽地区间停办普零货物到发的通知》，要求有条件的车站应根据货物特点积极开展5、10 t箱及20英尺箱

的拼箱业务。

1993 年 12 月 2 日，原铁道部下发了《铁路集装箱发展规划》，该规划提出，充分利用现有货场设备并加以改造完善，多开集装箱办理站，到 2000 年集装箱办理站达 1 000 个，占货运营业站总数的 19.91%。逐步形成以特大型站（运量 100 万 t 以上）为龙头，大型站（运量 50 万～100 万 t）为骨干，中小型站（运量 10 万～50 万 t）为基础，集装箱货区（运量 10 万 t 以下）为辅助的基地系统。

为加快集装箱海铁联运，1997 年 5 月 6 日，原铁道部批复原柳州铁路局设立湛江港站（港口集装箱办理站）。湛江港站是中国设立的第一个港站，由铁路和港务部门合作建立。港站对促进港口集装箱集疏运具有重要作用。

鉴于港站对发展集装箱海铁联运的重要作用，在原铁道部和有关铁路局的支持下，上海、天津、大连、青岛、连云港、厦门等港站也相继组建，形成了覆盖全国各主要港口的集装箱海铁联运新格局。

1998 年，原铁道部运输局下发了《港口铁路集装箱办理站运输管理办法》，该办法对港口集装箱办理站的设置条件和海铁联运业务管理做出了明确规定。

为进一步加快集装箱场站建设，2001 年 11 月 12 日，原铁道部开始规划集装箱结点站，并要求集装箱结点站建设要有“前瞻性、功能性、系统性、经济性、操作性”。

2003 年底，为加快实现铁路集装箱运输现代化，原铁道部组建了中铁集装箱运输有限责任公司，并把北京东、杨浦、大朗、成都东、重庆东、昆明东六个货场的整体资产（含货场内的线路、信号资产以及属于多经的资产）划归集装箱公司管理。

2004 年 2 月 17 日，原铁道部转发了国务院审议通过的《中长期铁路网规划》，该规划提出，加快主要枢纽及集装箱中心站建设，对北京、上海、广州、武汉、成都、西安枢纽进行改造，建设上海、昆明、哈尔滨、广州、兰州、乌鲁木齐、天津、青岛、北京、沈阳、成都、重庆、西安、郑州、武汉、大连、宁波、深圳 18 个集装箱中心站。

2006 年公布的铁路“十一五”发展规划明确了集装箱场站的建设规划，提出除建设 18 个集装箱中心站外，对全路的集装箱办理站进行调整，准备整合为 40 个左右的集装箱专办站，及 100 个左右的集装箱一般办理站，未来将形成集装箱中心站—集装箱专办站—集装箱一般办理站的三级运营网络。到 2017 年，规划的 18 个集装箱中心站已开通运营 13 个，包括：哈尔滨、大连、青岛、上海、郑州、武汉、西安、成都、重庆、昆明、兰州、天津、乌鲁木齐。沈阳中心站在建，广州、深圳 2 个中心站正在推进。集装箱一般办理站的布局调整工作也正在逐步推进。图 6-1、图 6-2 所示为成都城厢和昆明王家营集装箱中心站。

2013 年货改实施以后，中铁集装箱公司所属集装箱场站全部划归铁路局。为了促进多种运输方式的无缝衔接，促进集装箱多式联运的发展，2016 年公布的《营造良好市场环境推动交通物流融合发展实施方案》指出：到 2018 年，全国 80%左右的主要港口和大型物流园区将引入铁路，铁路集装箱装车比率提高至10%以上。

图6-1　成都城厢集装箱中心站

图6-2　昆明王家营集装箱中心站

2017年，发改委、交通部、铁路总公司联合发布了《"十三五"铁路集装箱多式联运发展规划》，指明"十三五"期间的重点任务之一是结合综合交通网络发展，加强综合枢纽建设。通过调整既有铁路场站的规模及功能、基地建设、铁路引入既有公路枢纽、物流园区、港口等方式，强化集装箱运输功能，深化铁路集装箱场站布局研究。

二、中国铁路集装箱办理站布局现状

到 2017 年 8 月，中国铁路共有 1 375 个集装箱办理站，1 772 个集装箱办理点，945 个集装箱货场和 827 条办理集装箱作业的专用线。各铁路局的集装箱办理站数量如图 6-3 所示，其中沈阳铁路局拥有的集装箱办理站数量最多，有 279 个；其次是哈尔滨铁路局拥有 119 个办理站，办理站较多的铁路局还有：成都局 113 个，上海局 112 个，广铁集团 104 个。可以看出，集装箱办理站主要分布在中国东部，与中国的经济发展程度息息相关。

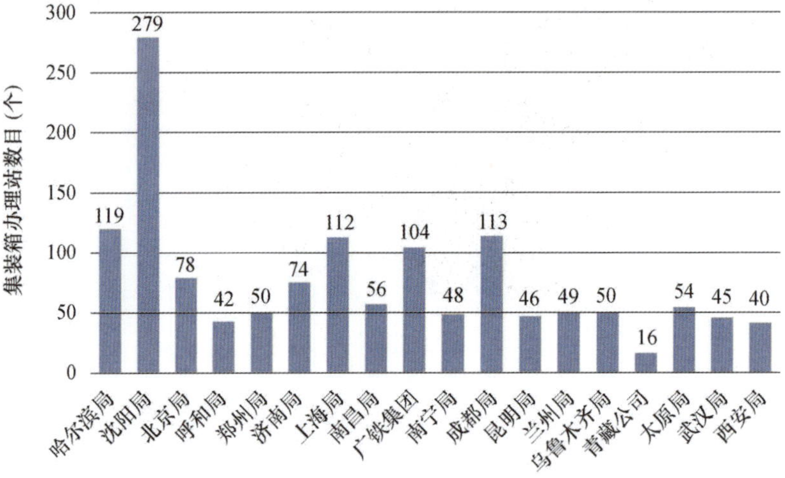

图 6-3　2017 年 8 月中国铁路集装箱办理站统计图

中国铁路既有集装箱场站存在的主要问题如下：

(1)集装箱场站建设相对滞后。

目前具备集装箱办理功能的站点多为综合性货运站，这些综合性货运站的整车作业压力普遍较大，存在集装箱与整车货物共用场地的问题，导致集装箱作业场地面积较小。此外，因缺乏专用的、现代化的集装箱装卸和搬运设备，装卸线大多为尽头式，集装箱列车难以整列装卸，集装箱装卸效率低下，不适应集装箱运输和现代物流发展的需要，制约了铁路集装箱运输的市场竞争力。

(2)集装箱办理站装备水平较差。

中国现有铁路集装箱办理站的装备较海港落后，部分集装箱办理站使用简易吊具，装卸作业需碰撞对位，对箱体和车辆锁头损坏大，影响集装箱运输尤其是海铁联运自备箱上路运输。集装箱装卸效率低下，且缺乏配套的物流设施设备，铁路集装箱运输的发展尚未实现与现代物流发展的同步。

(3)多式联运衔接不畅。

全国沿海沿江主要集装箱港口尚未全部实现铁水联运的无缝衔接。29 个沿海主要集装箱港口站仅有 7 个与集装箱码头实现了无缝衔接。沿江港口接入铁路的码头也较少，武汉 17 个沿江港口中，与铁路接轨的只有 6 个。且部分物流基地公路和市政设施不配套、集疏运规划滞后，导致汽车短驳压力大，周边交通拥堵问题突出。

此外，集装箱办理站在信息采集、数据传输、箱号追踪、站内管理等方面的信息化水平较低，也影响了集装箱运输效率，制约了铁路集装箱运输的迅速发展。

三、铁路集装箱场站布局原则

确定集装箱办理站在路网上和枢纽内的合理布局时，应遵循以下原则：

(1)集装箱办理站应尽量与集装箱货源集散地，内河和沿海港口，口岸车站，大型企业专用线，物流园区等货运枢纽紧密衔接，以保证集装箱货源的供应，组织开行集装箱直达列车，缩短集装箱的周转时间。

(2)集装箱办理站布局应符合铁路枢纽或地区总图规划，集装箱办理站宜靠近枢纽或地区主要技术作业站，进出集装箱办理站的各方向车流应顺畅，避免折角运输。枢纽内集装箱办理站应相对集中。

(3)集装箱办理站应与城市建设总体规划相协调，与城市物流规划相结合，宜靠近工业区等其他集装箱货源的生成地，应尽量远离城市中心、居民及环境敏感区，以减少拆迁工程，要满足城市环保、消防、卫生等要求，减少对城市生产、生活的干扰。

(4)集装箱办理站布局应有利于铁路与其他运输方式的衔接、配合和合理分工，方便集装箱的集疏运。集装箱办理站应避开城市交通压力大的地区，减少对城市交通与环境的干扰。

(5)为港口服务的集装箱办理站，应结合港口发展规划，满足港口集装箱运输发展的需要，铁路装卸线宜延伸进港口集装箱堆场。

(6)集装箱办理站站址应具有良好的地形、地质和水文条件，尽量避免占用耕地良田，要满足远期运量要求，并具有进一步发展的条件。

第二节　集装箱中心站

一、铁路集装箱中心站的分类和功能

1. 集装箱中心站的分类

铁路集装箱中心站实质上是按照集装箱运输发展趋势和现代物流发展要求建设的专业化、现代化集装箱作业站，是对周边地区集装箱运输具有较强辐射作用的综合性集装箱办理站。作为全路集装箱运输的中心和枢纽，集装箱中心站应该具有编发、装卸整列集装箱列车的能力，具备很强的集装箱储存能力和空箱调配能力，设有功能齐全的集装箱检修、清洗设施，拥有办理国际集装箱运输的相关配套设施以及先进的通信、管理等技术装备。

铁路集装箱中心站一般位于省会城市、铁路主要枢纽或大型港口，年办理能力在50万TEU及以上，配备技术先进和专业化的集装箱仓储、装卸、搬运、检修、维护设备，办理集装箱班列的整列到发和整列装卸作业，承担货物集散、中转及运输作业功能，是全国铁路集装箱运输的中心。

铁路集装箱中心站按照所处的地理位置可分为港口型集装箱中心站和内陆型集装箱中心站。

内陆型集装箱中心站的货源产生和流向较为分散，主要为城市大型物流基地和生产企业服务，兼顾吸引城市和周边地区的集装箱流，其选址宜靠近物流基地或主要工业区，并与铁路主要干线和通达的公路网相连接。如昆明、成都、西安集装箱中心站。内陆型集装箱中心站主要办理本地区及周边城市吸引区域的集装箱始发、终到作业，当内陆型集装箱中心站位于铁路主要交通枢纽城市时，也可根据需要办理集装箱中转作业，如郑州、武汉等集装箱中心站。

港口型集装箱中心站货源较为集中，主要为港口集装箱提供集疏运服务，其选址应靠近港口，并尽可能通过铁路专用线深入集装箱码头后方堆场，使港口大宗集装箱运量直接进入铁路运输系统，减少集装箱的走行距离、倒运次数，降低集装箱运输成本。同时，港口集装箱中心站也要考虑所在城市及周边地区的集装箱运量。港口集装箱中心站一般位于路网尽端，没有铁路集装箱中转作业，如大连集装箱中心站。

2. 集装箱中心站的功能

集装箱中心站主要办理集装箱运输业务，可根据需要同时办理包装成件货物运输及商品汽车运输业务，主要承担货物运输和集散作业功能。

在办理集装箱运输服务时，应具有集装箱列车到发和集装箱整列装卸能力、集装箱的多式联运及门到门运输服务、集装箱的临修及清洗、装卸和运输机械的检修及清洗、铁路运输信息和站内集装箱信息的处理和传输等功能。根据需要可具有集装箱的国际联运、集装箱的消毒和储存、空箱调配及货物仓储等功能。

办理包装成件货物运输业务时应增加包装成件货物的运输及装卸、多式联运及门到门服务；货物的仓储、配送及分拣；装卸和运输机械的检修及清洗；铁路运输信息和站内货物信息的处理和传输等功能。根据需要可增加包装成件货物的国际联运、货物的加工和包装等功能。

办理商品汽车运输业务时应增加商品汽车的运输及装卸、多式联运及“门到门”运输服务；商品汽车及其零配件的仓储；商品汽车的检修和清洗；铁路运输信息和站内商品汽车信息的处理和传输等功能。根据需要可增加商品汽车的国际联运功能。

按照目前铁路运输企业所承担的集装箱运输相关业务和经营范围，结合现代物流的发展要求和国际集装箱运输发展趋势，作为一个具有一定规模、配套设施齐全的铁路集装箱中心站，应该拓展以下作业功能，以充分发挥铁路集装箱中心站的综合作业能力。

(1)集装箱货物在内陆的集装箱堆场和集装箱货运站业务功能

这是铁路集装箱中心站最基本的作业功能。铁路集装箱中心站应该具有办理国际、国内集装箱多式联运和“门到门”运输服务的相关设施，并具有在周边地区发展现代物流的接口条件。根据货主在国际贸易中所签订的运输条款和箱货交接方式，在多式联运过程中需要停留、中转和交付的进出口国际集装箱重箱、空箱或拼箱货物，都可以由港口转运至铁路集装箱中心站进行整箱或拼箱货物的交接，并划分其责任与风险。

(2)内陆口岸功能

根据区域经济和对外贸易发展的需要，在内陆地区建立的部分铁路集装箱中心站，可以增设海关检验检疫等口岸监管服务机构，以供各类集装箱货物办理出入境手续，使出入境口岸业务由沿海港口延伸到内陆铁路集装箱中心站，从而为内陆客户就地办理进出口业务手续提供更加方便快捷和经济的服务条件。

(3)集装箱箱管站功能

集装箱作为一种货物运输的标准化容器，需要在一些国际航线乃至全世界范围内周转重复使用。远洋运输的集装箱多属于船公司所有，或者由船公司向专门的集装箱出租公司租赁使用。当重箱抵达目的地、货主收货完毕后，为了减少空箱的远距离调运，降低集装箱回空率，船公司将指定空箱存放点，以供运输其他相关流向货物时调用。铁路集装箱中心站经由船公司集装箱管理中心认可并与之签订协议后，即可以作为船公司及其代理人调度、交接、集中、保管和堆存空集装箱的场所，并且可通过 EDI 系统实现集装箱的动态跟踪。

(4)国际货运代理功能

①进口货运代理业务。受国内外货主或船公司的委托，集装箱中心站可以代办接货、发运业务，如代办进港提箱、进行各类箱货的交接、申请海关检验检疫、拆箱理货、冷藏箱制冷等的手续；办理进口货物经由公路、铁路、水路、航空的转运业务，并负责将货物安全及时地送交收货人；办理进口国际集装箱国内段运输的投保、支付运费、装卸费，交纳各种税费等业务。

②出口货运代理业务。受船公司的委托，集装箱中心站可以为航线班轮组织出口集装箱货源；受货主及其代理人的委托，集装箱中心站可以办理出口货物多式联运门到门全过程所需要的订舱、订车、租船、订集装箱装卸机械等业务；办理出口货物的上门接货、包装理货、衡重衡量、申报海关检验检疫、仓储保管、货物配载、装卸平仓、装箱拼箱、集港装船等业务；缮制各种运输单证、签发提单、代办运输全过程的投保、结汇、支付运费、交纳各种税费等业务。

(5)信息处理、传输功能

作为国际先进的货物运输方式，国际集装箱运输的实物流动是由其相关的信息流动伴随而行的。按照船方、货方、港口、集装箱中心站以及海关检验检疫等其他协作单位对集装箱和集装箱运输相关作业进行管理的需要，铁路集装箱中心站必须建

立管理信息系统。其主要功能如下:

①对集装箱进行动态跟踪和管理,及时反映集装箱所在的地理位置和所处的状况;

②完成对集装箱货物的承揽、仓储、运输以及车辆作业、调度计划等的统计制表作业,以供分析和决策;

③处理在集装箱运输中所涉及的单证信息;

④其他信息的处理和传递,以实现信息共享。

(6)配套服务功能

为国际集装箱运输业务配套的服务,包括对车辆、机械的技术检测与维修,车辆的清洗、加油和停放,对各类货物进行装卸、包装、分拣以及物流增值服务等,引入与海关检验检疫监管机构相协作的银行、保险公司、公安、税务等部门,以便为客户提供一条龙优质服务。

铁路集装箱中心站并不一定具备上述全部功能,每一个集装箱中心站的具体功能及其完善程度,要根据其在路网上的位置和重要性及其在区域经济发展中的作用来确定。

二、集装箱中心站作业箱区设置

根据集装箱中心站的作业功能,应先对其作业区进行定性划分(各作业区具体场地面积需定量计算后确定),以便确定中心站的集装箱作业流程。中心站的集装箱作业按其频度及繁简程度分为主体作业和辅助性作业,相应的将其作业箱场划分为主箱场和辅助箱场两大部分。

(一)主箱场

1. 发送箱区

即存放本站发送集装箱的主要箱区。在该区存放本站发送的各型普通箱(包括发送的重箱和货主自备空箱),同时存放由其他站到本站的中转卸车落地的集装箱,中转箱不再另设专门场地存放,而与发送箱共存一区。

2. 到达箱区

即存放本站到达集装箱的主要箱区。在该区存放到达本站的各型普通箱(包括到达的重箱和货主自备空箱),另外还暂存由外站经铁路调达本站卸车、需经对箱体技术状况检查后分类处理和分区存放的铁路空箱。

(二)辅助箱场

1. 海关监管区

存放本站发送和到达的各种国际集装箱。站内海关监管区采用"封闭式管理、卡口式验放"的国际物流园区海关监管新模式,接受海关与检验检疫等联检部门的监管，实行 EDI 报关报检和包括电子预归类、电子预审价、电子查验的全程电子通关，快速核放进出口集装箱(货物)。

按照海关的要求，站内海关监管区必须实行封闭式管理，建立永久性不间断隔离围墙，进出海关监管区的通道必须设立卡口并安装与海关计算机联网的终端，监管区内有关设施应包括收放栏杆或活动路障、闭路电视监控系统以及海关检查人员办公用房等。此外，还须设有验货平台并配置检斤设备，明确划分进口箱区、出口箱区以及空箱区和重箱区，进出口国际集装箱凭海关计算机传输的放行信息分别办理集装箱装集卡或装铁路车辆出站的有关到发作业。

根据国家出入境检验检疫部门的要求，在国际箱监管区内应设置具有交单、留样、送检和缴费等功能的办公场所，以及进出口国际集装箱的熏蒸、消毒区并配置相应设施。沿边(海)型集装箱中心站必要时须按公安边防检查的要求设置边防检查站(内陆型物流中心一般不设)，对出入境人员和运输工具进行检查。

目前国内的口岸港、站和部分内陆铁路货运口岸所设的海关监管区，由于受场地等多方面的限制，与上述要求还有相当大的差距，但集装箱中心站的海关监管区应该按照上述要求进行规划和建设。

2. 冷藏箱区

由于冷藏箱的存放保管场地须设专用电源插座，经铁路运输的冷藏箱运量在今后相当长的时期内将保持上升趋势，集装箱中心站内必须专设冷藏箱区以存放在中心站到发的各种冷藏集装箱。

3. 危险品箱区

随着铁路运输技术和安全管理措施的不断升级和完善，铁路也应像海运和公路一样，办理危险品集装箱运输，集装箱中心站应按危险品箱的存放保管和安全隔离要求，在场内僻静处设置或预留专用的危险品箱区。

4. 专用箱区

存放本站发到的除冷藏箱、危险品箱外的其他专用箱，如牲畜集装箱等。今后铁路运输的专用箱的种类和数量会越来越多，为便于分类管理，中心站可根据不同专用箱对运输设施的要求及其运量分区或分箱位存放。

5. 空箱区

存放卸空后返回车站或由其他站或集装箱工厂调运到本站的各种铁路空箱，包括各种普通箱和经清污处理后的专用箱。

6. 检修箱区

存放需在站内进行检修的各种集装箱。

7. 洗消箱区

存放各种需进行清污和消毒处理的铁路集装箱，也可接受和处理货主自备箱的洗刷和消毒业务。

8. 验货检查箱区

用于中心站对到发集装箱内装可疑货物进行掏箱验货检查，以及需倒装的事故集装箱的换箱装载和其他特别情况下需在站内掏装箱货物的掏装、验货和存放等。

9. 自备箱保管区

用于保管存放与铁路集装箱中心站签有集装箱堆存保管协议的船公司或其他企业单位卸空后回送的自备空箱。

第三节　集装箱一般办理站

一、铁路集装箱一般办理站的功能

集装箱一般办理站主要承担集装箱货源的集散作业，是小型铁路集装箱作业站，一般位于铁路干支线或中小型港口或内陆城市，作业量较小，在路网中的地位较低。集装箱一般办理站应配备简单的集装箱装卸、搬运、检修、清洗和站内信息传输系统和设备。

在办理铁路集装箱运输业务时，应具有办理集装箱列车到发和装卸的功能；集装箱多式联运及"门到门"运输服务的功能；集装箱掏装箱作业；集装箱检修、清洗和消毒的功能；装卸和运输机械检修、清洗功能；铁路运输和站内集装箱信息处理和传输功能。

二、集装箱一般办理站优化整合的影响因素

要改变全路集装箱办理站数量过多，分布不合理，技术装备水平差及运力资源利用率较低的现状，在加紧建设集装箱中心站的同时，还需结合货运站整合，对既有集装箱办理站进行优化整合，关闭一些运量较小、设备落后且没有发展前景的集装箱办理站，将有限的运力资源重点布置在保留的集装箱一般办理站，从而形成布局合理的集装箱场站网络。

影响集装箱一般办理站优化整合的因素详见图 6-4。

1. 集装箱办理站运量及货物品类

充足、稳定的货源是开行集装箱列车的前提条件，因此，集装箱运量及货物品类是影响集装箱办理站整合的基本因素之一。需要考虑的集装箱作业量具体包括：

(1)实际年度发到作业量。实际发到作业量的大小，直接关系到办理站整合以后的运营效益。

(2)潜在年度发到作业量。不仅要考虑近期的集装箱运量，还应考虑当地经济的发展是否会使办理站的远期运量产生突变。

2. 集装箱办理站既有设备条件

集装箱办理站设备条件直接关系到整合以后既有运力资源的转移、报废及投资

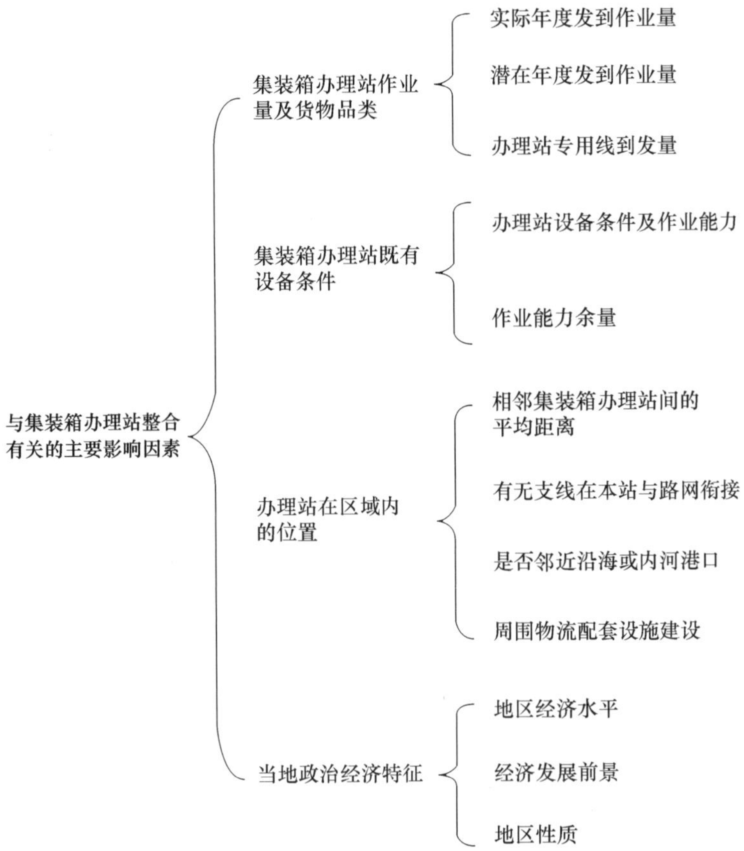

图 6-4　集装箱一般办理站优化整合影响因素分析图

等问题，也关系到集装箱、集装箱运输车辆在办理站的作业时间及行车安全，应作为影响集装箱办理站优化整合的重要因素。具体应考虑以下因素：

(1)办理站设备条件及作业能力。办理站设备条件好，有利于作业效率和质量的提高。保留这样的办理站，可以充分利用办理站的设备能力，承担关闭站分流过来的运量，否则会因设备的弃置不用，造成很大的浪费。

(2)作业能力余量。保留货运作业能力有富余的集装箱办理站，有利于通过接受转移过来的运量，提高经营效益和设备利用率。

(3)改扩建可能性。考虑未来集装箱运量的增长，具备改扩建条件的集装箱办理站应该保留。

3. 集装箱办理站在区域内的位置

该因素关系到整合以后集装箱办理站布局的合理性，主要包括以下因素：

(1)相邻两集装箱办理站间的距离。站间距越长，办理站被封闭后导致货主的公路运距及运费增加就越多。

(2)有无支线在本站与路网衔接。其与办理站的作业量以及办理站有无技术作业密切相关，因而也关系到整合以后的经营效益。

(3)集装箱办理站是否靠近港口等集装箱货源集散地。该因素关系到集装箱一般办理站是否能吸引充足的集装箱货源。

(4)周围物流配套设施建设情况。完善的物流配套设施,能够承担因铁路集装箱办理站整合而增加的货物运量,迅速地为集装箱办理站集结、疏散货源,也是影响集装箱办理站整合的重要因素。

4. 所在城市的政治经济特征

主要考虑以下三项因素:

(1)地区经济水平。经济发展水平高的地区,高附加值的货物较多,运输市场竞争也较为激烈,因此集装箱办理站整合实施力度应大些;而经济水平低的地区则相反,整合实施力度应小些。

(2)经济发展前景。集装箱办理站整合的目的之一是促进集装箱办理站布局的合理化,这种合理化不能仅适应当前铁路运输和地区经济发展的需要,还要适应其未来发展的需求,因此地区经济发展规划应列入考虑之列。

(3)地区性质。鉴于铁路的社会服务属性,在集装箱办理站优化整合时应充分考虑国家对老少边穷地区发展的扶持政策,对于经济效益不明显,但具有较大社会效益的边远地区的集装箱办理站应予以保留。

第四节 集装箱作业场的平面布置与配置

集装箱作业场是铁路集装箱中心站及办理集装箱运输的铁路物流中心的重要组成部分,是组织集装箱运输的基层生产单位。集装箱作业场主要办理集装箱的发送、到达和中转作业,组织集装箱门到门运输,有条件的还要组织集装箱直达列车。集装箱作业场应具有集装箱的运输及装卸、多式联运及门到门服务、掏装箱作业、临修及清洗,装卸和运输机械的检修及清洗,铁路运输信息和站内集装箱信息的处理和传输等功能。根据需要可具有集装箱的国际联运、集装箱的消毒和储存、空箱调配及货物仓储等功能。

一、集装箱作业场的平面布置

在对集装箱作业场进行布置时,应满足以下基本要求:

(1)集装箱作业场应设装卸场,根据需要可设掏装箱场。装卸场应设主箱场、辅助箱场、拖车架存储区、场内道路、门区、停车场及辅助生产设施等,装卸场应与其他场区隔开独立设置,并设置必要的封闭设施。

掏装箱场应设掏装箱场场地、掏装箱库。掏装箱场独立设置时,应有与装卸场衔接的通道、大门及信息管理系统。

(2)集装箱装卸场与到发及调车场间的距离,应根据装卸机械类型、装卸工艺流程、箱位布置、道路、围墙、车场高程等因素确定。

(3)装卸场各组成部分的平面布置以及各项设备的配置，要做到协调配合，成为一个有机的系统，这样有利于充分发挥设备的能力和效率，也有利于安全生产，方便集疏运。平面布置时要符合如下要求：

①箱场的容箱能力、装卸能力及运输能力要相互匹配、相互协调。

②箱场装卸机械与运输机械走行应顺畅，避免交叉干扰。

③减少集装箱装卸次数，避免重复作业，并缩短集装箱在站停留时间。

(4)主箱场各装卸作业区间的布置应根据地形条件，兼顾便于集装箱运输机械作业，节省用地来考虑。宜平行布置，亦可采用部分平行或其他布置形式。

相邻装卸作业区装卸线间的距离，应根据装卸机械类型、箱位布置、道路等因素确定。在同一装卸作业区内，有接发车条件的装卸线线间距不应小于 5.0 m，有列检作业时，不应小于 5.5 m；无接发车条件的装卸线线间距不应小于 4.2 m。采用集装箱正面吊运起重机并设移动接触网时，装卸线线间距不应小于 6.5 m。

(5)装卸场装卸线的数量应根据装卸作业区的数量和每一装卸作业区内装卸线的数量确定。每一装卸作业区内的装卸线数量，可根据作业量大小、装卸机械类型、平面布置形式、公铁直接换装比例、到发中转箱在站存留时间、列车在站停留时间、中转运量大小等因素协调确定。

集装箱作业量较大的装卸场每一装卸作业区宜设 2 条装卸线。集装箱作业量较小的装卸场每一装卸作业区宜设 1 条装卸线。

办理整列装卸作业的装卸线，其有效长度应与到发线的有效长度一致；不办理整列装卸作业的装卸线，其有效长度宜为到发线有效长度的二分之一；集装箱作业量较小的装卸场在改建困难条件下，装卸线有效长度也可根据需要设置。

(6)根据主箱场采用的不同的装卸机械，在平面布置时应保证作业安全、减少走行距离和相互干扰，有利于布置箱位，同时必须满足限界要求。

①主箱场装卸机械采用轨道式集装箱门式起重机时，平面布置应符合下列规定：

a. 轨道式集装箱门式起重机走行轨紧靠装卸线布置时，走行轨中心至装卸线中心的距离，应保证轨道式集装箱门式起重机支腿突出部分不侵入《标准轨距铁路建筑限界》(GB 146.2)建限-1 规定的限界。

b. 轨道式集装箱门式起重机设置悬臂，装卸线宜设置在跨内靠走行轨一侧，跨内可设汽车通道。轨道式集装箱门式起重机不设悬臂时，跨内应设汽车通道，装卸线宜设置在跨内靠走行轨一侧。跨内汽车通道的宽度不宜小于 7.0 m。汽车通道邻靠装卸线布置时，汽车通道边缘至无列车技术作业的装卸线中心的距离不应小于 2.5 m，至有列车技术作业的装卸线中心的距离不应小于 3.0 m。

c. 箱位边缘至无列车技术作业的装卸线中心的距离不应小于 2.5 m，至有列车技术作业的装卸线中心的距离不应小于 3.0 m；箱位边缘至轨道式集装箱门式起重机走行轨中心的距离，应为相应箱位侧的走行轨中心至支腿突出部分的宽度另加不小于 0.8 m 的安全距离。

d. 箱位端部边缘至轨道式集装箱门式起重机走行轨端部的距离不应小于轨道式集装箱门式起重机宽度和箱位长度各半之差再加 2.0 m。

e. 轨道式集装箱门式起重机走行轨端部与尽头式装卸线车挡的投影距离不宜小于 5.0 m；轨道式集装箱门式起重机走行轨端部与装卸线两端道路边缘的垂直距离，当装卸线为尽头式时，不宜小于 8.0 m；当装卸线为贯通式时，不宜小于 5.0 m。

②主箱场装卸机械采用集装箱正面吊运起重机时，平面布置应符合下列规定：

a. 装卸线中心至纵向作业通道边缘的距离应为 2.5 m。

b. 每一装卸作业区两侧应各设两排箱位。

c. 装卸线两端道路边缘距装卸线的装卸有效长度起讫点的距离，当装卸线为尽头式时，尽头一端不宜小于 13.0 m，另一端不宜小于 10.0 m；当装卸线为贯通式时，两端均不宜小于 10.0 m。

d. 箱位端部边缘距两端道路边缘的距离不宜小于 10.0 m。

(7)箱位应布置合理，并标明位置和编码。主箱场箱位宜沿装卸线纵向布置，辅助箱场箱位宜沿流动装卸机械作业通道纵向布置。两相邻箱位边缘间的距离不应小于 0.3 m。

(8)集装箱正面吊运起重机或空箱堆垛机的作业通道宽度应根据所采用的装卸机械型号确定，但不应小于 15.0 m；设置运输机械通道时，其作业通道宽度不应小于 18.5 m。

(9)集装箱功能区辅助箱场应考虑冷藏箱发展需要，预留相应的供电设施设备安装条件。

二、集装箱作业场的配置

(一)装卸场基本图形

集装箱装卸场图形的选择是一项重要的工作，既要满足运输需要，也要节省工程投资，便于管理，还要留有下阶段扩建的条件。因此，集装箱装卸场图形要结合具体情况，经过技术经济比较后确定。

集装箱装卸场图形包括横列贯通式、横列尽端式、横列混合式、纵列贯通式等，各装卸场布置形式应根据作业量、货物品类、作业性质、地形条件、城镇规划、工程情况等通过全面比较，灵活采取不同的布置形式。

1. 横列贯通式

地形较宽阔时，宜采用装卸线两端与正线全部贯通的横列贯通式图形，如图 6-5 所示。

横列贯通式图形的优点是装卸线两端与正线全部贯通，装卸线可直接办理集装箱列车到、发作业和集装箱装卸作业，减少由到发及调车场经牵出线的转场作业，缩短铁路车辆在站停留时间,提高作业效率;站坪长度短、设备集中、管理方便、有利于远期发展。

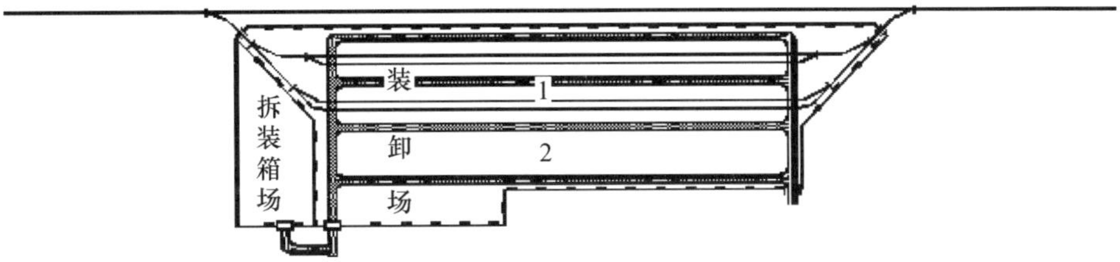

图 6-5 集装箱装卸场横列贯通式图形

1—主箱场;2—辅助箱场

缺点是站内道路与装卸线交叉较多,对站内流动装卸机械和运输机械行驶有一定影响。

2. 横列尽端式

当集装箱办理站为路网中的尽端站,或地形条件特别困难、装卸线与正线贯通改建工程量巨大,且单方向车流较大,或装卸作业量较小、不需要整列装卸作业时,可以采用横列尽端式图形。

与横列贯通式图形比较,横列尽端式图形的优点是用地较少,工程投资较小,站内道路与装卸线交叉较少,安全性较好;缺点是装卸线有效长度为整列长度时,装卸线只一端具有直接接发车条件,另一端到发集装箱列车需转场才能进入装卸线,作业时间较长,对作业效率有一定影响,对远期运量增长适应性较差。装卸作业量较小、不需要整列装卸作业时,装卸线则不需与正线贯通。如图 6-6 所示。

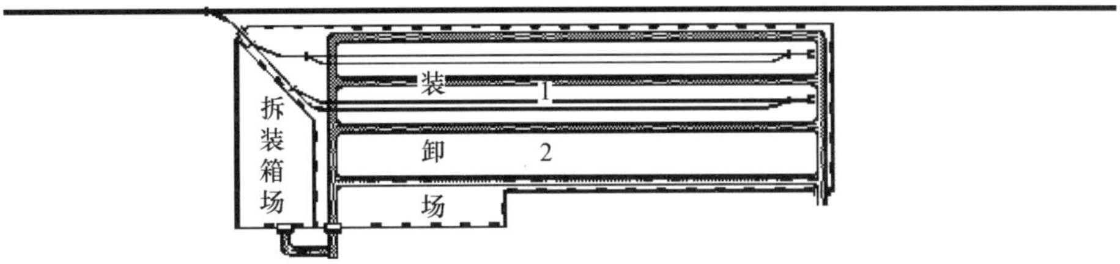

(a)

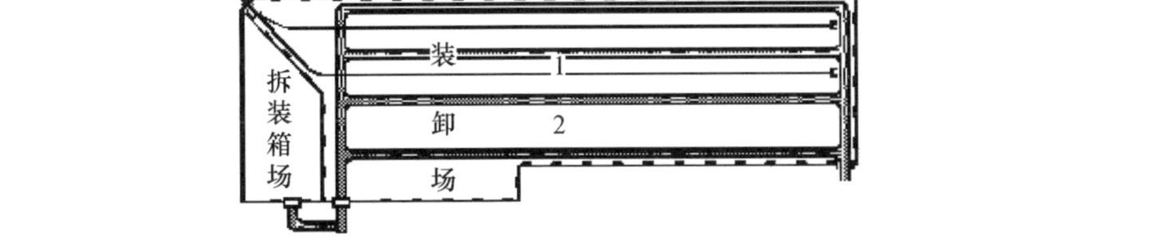

(b)

图 6-6 集装箱装卸场横列尽端式图形

1—主箱场;2—辅助箱场

3. 横列混合式

集装箱作业量大、装卸作业区较多时，占地很大，为充分利用场地，便于各装卸作业区布置，可将靠装卸场外侧的部分装卸线布置成尽端式，其他装卸线仍为贯通式，即为横列混合式布置图形。

当集装箱办理站受地形条件限制，装卸线与正线全部贯通引起较大工程，且车站两端接发车不均衡的情况下，经过技术经济比较后明显节省投资时，可以采用横列混合式布置图形。与横列贯通式图形比较，横列混合式布置图型的优点是占地较少，工程投资较小，站内道路与装卸线交叉较少；缺点是仅部分装卸线与正线两端贯通，灵活性较差，如图 6-7 所示。

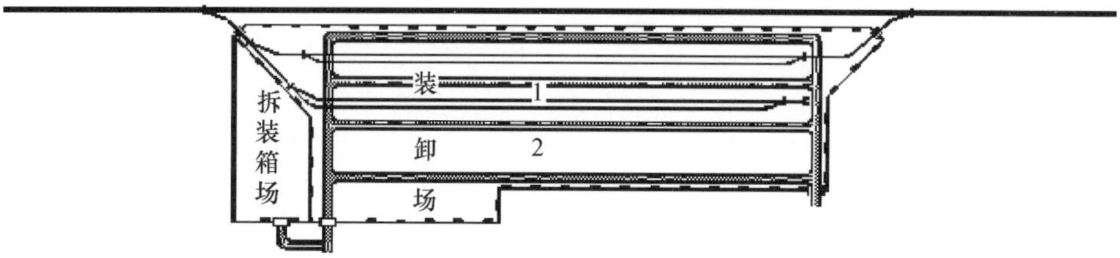

图 6-7 集装箱装卸场横列混合式布置图形

1—主箱场；2—辅助箱场

4. 纵列贯通式

车站两端接发车均衡、地形条件适宜时，可采用装卸场纵向布置，装卸线两端与正线全部贯通的纵列贯通式图形，如图 6-8 所示。

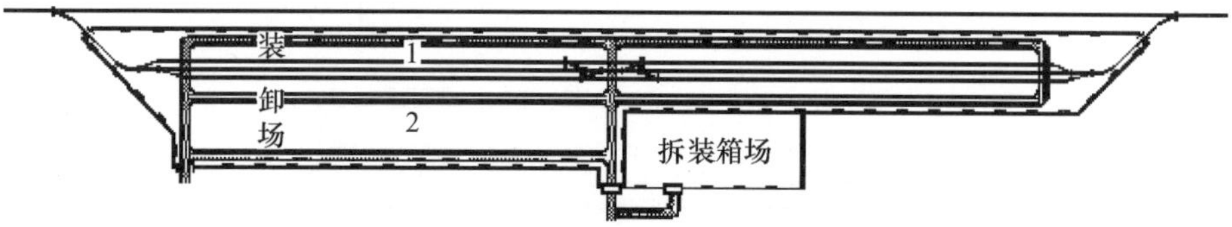

图 6-8 集装箱装卸场纵列贯通式图形

1—主箱场；2—辅助箱场

纵列贯通式图形的优点是可充分利用场地条件，装卸线可直接接发列车，减少转场作业时间，作业效率较高。缺点是站坪较长、设备分散、管理不方便。

(二)箱场容量

1. 主箱场

(1)总箱位数

主箱场需要的总箱位数，主要取决于集装箱作业量的大小。根据各类箱日均作业箱数、占用箱位时间和堆码层数等因素可以计算出需要的总箱位数。再根据集装箱主箱场的装卸机械类型、通道布置形式等因素，即可求得主箱场的需要面积。

主箱场日均到达箱、发送箱、中转箱作业箱数应根据集装箱作业场年到达箱、发送箱、中转箱作业箱数及集装箱运量波动系数等因素确定，可按下列公式计算：

$$N_{主i} = \frac{Q_i \cdot \alpha}{365} \tag{6-1}$$

式中：$N_{主i}$——主箱场各类箱日均作业箱数(TEU/d)；

Q_i——主箱场各类箱年作业箱数(TEU/年)；

α——集装箱到发波动系数。

主箱场日均作业箱数应根据日均到达箱、发送箱、中转箱以及按到发平衡计算所产生或需要的空箱等作业箱数确定，可按下列公式计算：

$$N_{主} = N_{到} + N_{发} + N_{中} + |N_{到} - N_{发}| \tag{6-2}$$

式中：$N_{主}$——主箱场日均作业箱数(TEU/d)；

$N_{到}$——日均到达箱作业箱数(TEU/d)；

$N_{发}$——日均发送箱作业箱数(TEU/d)；

$N_{中}$——日均中转箱作业箱数(TEU/d)。

主箱场需要的总箱位数应根据各类箱日均作业箱数、占用箱位时间及堆码层数等因素确定，可按下列公式计算：

$$M_{主} = \sum \frac{N_{主i} \cdot t_{主i}}{h_{主i} \cdot \mu_{主i}} \tag{6-3}$$

式中：$M_{主}$——主箱场需要的总箱位数；

$t_{主i}$——主箱场各类箱占用箱位时间(d)；

$h_{主i}$——主箱场各类箱最高堆码层数；

$\mu_{主i}$——主箱场各类箱层高利用系数。

$t_{主i}$、$h_{主i}$、$\mu_{主i}$可按表 6-1 取值。

表 6-1　主箱场箱位数计算参数

序号	名称	占用箱位时间(d)	轨道式集装箱门式起重机		集装箱正面吊运起重机	
			最高堆码层数	层高利用系数	最高堆码层数	层高利用系数
1	到达箱	2～3	3	0.4～0.7	4	0.4～0.6
2	发送箱	1.5～2	3	0.6～0.8	4	0.6～0.7
3	中转箱	1.5	3	0.6～0.8	4	0.6～0.7

注：1. 作业量较大时层高利用系数可取大值，作业量较小时层高利用系数可取小值，改建困难时层高利用系数可取大值。

2. 作业量较大的集装箱作业场占用箱位时间可取小值，作业量较小的集装箱作业场占用箱位时间可取大值。

主箱场装卸作业区数量应根据主箱场需要箱位数、装卸工艺、箱场布置等因素确定，可按下列公式计算：

$$Z = \frac{M_{主}}{n \cdot m} \tag{6-4}$$

式中：Z——主箱场需要的装卸作业区数量；

n——每一装卸作业区箱位排数；

m——每一装卸作业区每排箱位数。

(2)容箱数

容箱数表示集装箱作业场最大可堆存的集装箱数量，是衡量其集装箱作业能力和堆存能力的重要参数。

主箱场需要的容箱数应根据各类箱日均作业箱数及占用箱位时间确定，可按下列公式计算：

$$E_{主} = \sum N_{主i} \cdot t_{主i} \tag{6-5}$$

式中：$E_{主}$——主箱场需要的容箱数(TEU)。

(3)通道

每一装卸作业区两端、装卸有效长度范围外应设置道路或平过道；采用集装箱正面吊运起重机进行装卸作业时，每一装卸作业区装卸有效长度范围内，可根据需要设平过道和箱区横向通道，平过道和箱区横向通道应对应设置。

2. 辅助箱场

辅助箱场按集装箱作业性质，可分为待修箱区、有特殊作业要求的集装箱箱区、清洗箱区、空箱区、国际箱监管区以及备用箱区等。

(1)日均作业箱数

辅助箱场日均作业箱数应根据待修箱、有特殊作业要求的集装箱、清洗箱、空箱及国际监管箱等日均作业箱数确定，可按下列公式计算：

$$N_{辅} = N_{修} + N_{特} + N_{洗} + N_{空} + N_{监} \tag{6-6}$$

式中：$N_{辅}$——辅助箱场日均作业箱数(TEU/d)；

$N_{修}$——待修箱日均作业箱数(TEU/d)；

$N_{特}$——有特殊作业要求的集装箱日均作业箱数(TEU/d)；

$N_{洗}$——清洗箱日均作业箱数(TEU/d)；

$N_{空}$——空箱日均作业箱数(TEU/d)；

$N_{监}$——国际监管箱日均作业箱数(TEU/d)。

空箱、有特殊作业要求的集装箱、清洗箱、待修箱日均作业量，应根据调查资料确定。

国际箱监管区日均作业箱数，应按国际箱日均发送箱数、到达箱数及监管情况等确定。国际箱日均到发量较大时，主箱场可做国际监管区的一部分，减少辅助箱区内国际监管区的箱位数。国际箱监管区应考虑与海关保税仓库集中设置，并按封闭管理要求设置围栏、门禁设施。国际箱监管区宜根据办理集装箱的种类设置检验库、检验检疫场地、取样间和实验楼、熏蒸房及药械库、焚烧炉等查验设施。

作业量较大且在路网上有重要作用的集装箱作业场应设备用箱区。备用箱箱数应由待修箱数及箱运量的波动系数确定，可按日均国内发送箱数的15％～20％计。

（2）总箱位数

辅助箱场需要的总箱位数应根据辅助箱场各类作业箱需要的箱位数与备用箱需要的箱位数计算确定。

①辅助箱场各类作业箱需要的箱位数，应根据各类箱日均作业箱数、占用箱位时间及堆码层数等因素确定，可按下列公式计算：

$$M_{辅i}=\frac{N_{辅i}\cdot t_{辅i}}{h_{辅i}\cdot \mu_{辅i}} \tag{6-7}$$

式中：$M_{辅i}$——辅助箱场各类作业箱需要箱位数；

$N_{辅i}$——辅助箱场各类箱日均作业箱数（TEU/d）；

$t_{辅i}$——辅助箱场各类作业箱占用箱位时间（d）；

$h_{辅i}$——辅助箱场各类作业箱最高堆码层数；

$\mu_{辅i}$——辅助箱场各类作业箱层高利用系数。

$t_{辅i}$、$h_{辅i}$、$\mu_{辅i}$可按表6-2取值。

表6-2　辅助箱场箱位数计算参数

序号	名　称	占用箱位时间（d）	正面吊、空箱堆垛机	
			最高堆码层数	层高利用系数
1	待修箱	2	3	0.6～0.8
2	有特殊作业要求的集装箱	2	3	0.4～0.7
3	清洗箱	2	3	0.4～0.6
4	空　箱	1	5	0.8～0.9
5	国际监管箱	1.5	4	0.6～0.7
6	备用箱	—	5	0.8～0.9

注：作业量较大时层高利用系数可取大值，作业量较小时层高利用系数可取小值。

②辅助箱场需要的备用箱箱位数可按下列公式计算：

$$M_{辅备}=\frac{B}{h_{辅备}\cdot \mu_{辅备}} \tag{6-8}$$

式中：$M_{辅备}$——辅助箱场备用箱箱位数；

B——辅助箱场备用箱数（TEU）；

$h_{辅备}$——辅助箱场备用箱最高堆码层数；

$\mu_{辅备}$——辅助箱场备用箱层高利用系数。

$h_{辅备}$、$\mu_{辅备}$可按表 6-2 取值。

③辅助箱场需要的总箱位数可按下列公式计算：

$$M_{辅} = \sum M_{辅i} + M_{辅备} \tag{6-9}$$

式中：$M_{辅}$——辅助箱场需要的总箱位数。

(3)容箱数

辅助箱场需要的容箱数应根据各类作业箱在辅助箱场日均作业箱数、占用箱位时间及备用箱数量确定，可按下列公式计算：

$$E_{辅} = \sum N_{辅i} \cdot t_{辅i} + B \tag{6-10}$$

式中：$E_{辅}$——辅助箱场需要的容箱数(TEU)。

(4)布置要求

待修箱区宜靠近综合维修车间布置；冷藏箱区宜靠近主箱场布置；其他箱区可根据实际情况布置。作业量较少时，部分辅助箱区也可合并设置，但各类箱箱位宜集中。

当辅助箱区箱位平行于环行道路布置时，每隔 6～10 个箱位宜设 1 个横向通道，其宽度应根据装卸机械类型及箱区堆码箱型确定；当辅助箱区箱位垂直于环行道路布置时，其箱位边缘与道路边缘的距离不应小于 3.5 m。

3. 掏装箱场

(1)布置要求

掏装箱场的平面布置应根据掏装箱作业方式、车辆类型及货物取送方式等因素确定。掏装箱场应设置掏装箱库，宜设置掏装箱作业站台。掏装箱场内道路应与装卸场内道路相衔接。

采用直接换装或掏装货物短期堆存作业模式的掏装箱场应靠近集装箱主箱区、辅助箱区布置，采用货物长期堆存或直接配送作业模式的掏装箱场宜布置于仓储配送作业区。

掏装箱场设置掏装箱作业站台时，站台一侧宜设置普通载货汽车停放作业区，站台另一侧宜设置集卡停放作业区及一定数量的掏装箱作业场地；掏装箱场不设置掏装箱作业站台时，掏装箱库外应设置一定数量的掏装箱作业场地。

掏装箱作业站台的高度应根据工艺布置和设备情况确定。集卡作业侧站台高度宜采用 1.3～1.5 m，普通载货汽车侧站台高度宜采用 1.1～1.3 m，并设置一定数量的渡板或固定式液压登车桥。掏装箱作业站台宽度应根据掏装箱库宽度、装卸作业过程和装卸机械类型确定。当集卡垂直站台进行掏装箱作业时，掏装箱库外墙轴线至站台边缘的距离，叉车作业时宜采用 4.0 m，人力作业时可采用 2.5 m；当固定式液压登车桥不正对库门时不宜小于 5 m。当采用集装箱正面吊运起重机将集装箱纵向放置在站台上进行掏装箱作业时，掏装箱库外墙轴线至站台边缘的距离不宜小于 6.0 m。

掏装箱作业站台宜采用矩形布置，宜两端设斜坡或固定式液压升降台，也可一端设斜坡或固定式液压升降台。设斜坡时斜坡的宽度不应小于 3.5 m，斜坡坡度宜采用 1∶12，坡面应采取防滑措施。

(2)掏装箱库面积

掏装箱库面积应根据铁路物流中心年掏装箱量、货物的仓储堆存期限、货物品类、掏装箱作业的工艺方案等确定，可按下列公式计算：

$$A_{掏}=\frac{N_{掏}\cdot q\cdot t_{货}\cdot g}{f} \tag{6-11}$$

式中：$A_{掏}$——掏装箱库面积(m^2)；

$N_{掏}$——日均掏装箱作业量(TEU/d)；

q——集装箱平均净载重(t/TEU)，按调查资料确定；

$t_{货}$——掏装箱货物平均堆存时间(d)，按调查资料确定，若无资料可取 2～3 d；

g——堆存每吨货物所需的面积(m^2/t)，一般采用 2～3 m^2/t；

f——掏装箱库面积利用系数，一般采用 0.5～0.6。

(三)道路、门区与停车场

1. 道路

集装箱作业场应建有道路，应根据场内通行的装卸机械和运输机械种类和流量将场内道路划分等级。场内道路可分为主干道、次干道和支道三级。主干道是指集装箱作业场内连接主要出入口通道的道路、车流量较大的主要道路。次干道包括：集装箱作业场内的环形道路；连接出入口通道且车流量较小的道路；车流量较大的次要道路。支道指除干道外的汽车道路。

集装箱装卸场内道路的主要技术标准应符合表 6-3 的规定。

表 6-3　场内道路主要技术标准

项　　目		主干道	次干道	支道
设计车速(km/h)		15	15	15
路面宽度(m)		15～30	10.5～15	3.5～7.0
最小圆曲线半径(m)	行驶单辆汽车		—	20
	行驶拖挂车	50	30	—
交叉口路面内缘最小转弯半径(m)	行驶单辆汽车	—	—	9
	行驶拖挂车	18	18	—
停车视距(m)		15	15	15
会车视距(m)		30	30	30
交叉口停车视距(m)		20	20	20

续上表

项　　目	主干道	次干道	支道
最大纵坡(%)	3	3	3
横向坡度(%)	1～2	1～2	1～2
竖曲线最小半径(m)	100	100	100

注:1. 路面宽度取值应根据工艺要求、通行车辆和流动机械类型等因素确定;
2. 场内道路平面转弯处不宜设超高和加宽;
3. 主要出入口通道内外路段,应根据使用要求适当加宽路面;
4. 主箱场与辅助箱场间的道路,应根据流动装卸机械作业要求和车流量适当加宽;
5. 在交叉口和人员出入较多地段设置限速带。

道路边缘至相邻建筑物的最小距离应符合表 6-4 的规定。

表 6-4　道路边缘至相邻建筑物的最小距离

序号	相邻建筑物名称				最小距离(m)
1	建筑物的外墙面	建筑物面向道路一侧无出入口时			1.5
		建筑物面向道路一侧有出入口,但无汽车引道时			3.0
		建筑物面向道路一侧有电瓶车出入口时			4.5
		建筑物面向道路一侧有出入口并有汽车引道时	连接引道的道路为单车道	通行微型、轻型载货车	8.0
				通行中型、重型载货车	11.5
			连接引道的道路为双车道	通行微型、轻型载货车	6.0
				通行中型、重型载货车	9.5
2	站台边缘	汽车平行站台停放			4.0
		市内配送汽车垂直站台停放			10.5
		长途搬运汽车垂直站台停放			24.0
3	铁路中心线				3.75
4	地上管线支架、柱、杆等边缘				1.0
5	车挡及走行轨				3.0
6	箱位边缘				1.5
7	围墙	当围墙有汽车出入口时,出入口附近			6.0
		当围墙无汽车出入口时	需设围墙照明电杆时		2.0
			不设围墙照明电杆时		1.5
8	树木	乔　木			1.0
		灌　木			0.5

注:有特殊要求的建筑物及管线至道路边缘的最小距离,应符合国家现行标准的有关规定。

场内道路平面布置应满足高峰时段场内车辆疏运的要求,宜按单向环形布置。

连接出入口通道的主干道及主箱场和辅助箱场间的道路，可按双方向布置。尽头式道路应具备回车条件。

场内道路平面交叉时，交叉点应设置在直线路段，并宜正交；当需要斜交时，交叉角不宜小于45°；受地形条件限制时，交叉角可适当减小。平面交叉宜设在纵坡不大于2%的平缓路段，平缓路段自路面两侧向外算起的长度不应小于16 m，不包括竖曲线部分长度；紧接平缓路段的道路纵坡不宜大于3%，困难地段不宜大于5%。

2. 门区

集装箱装卸场门区，是集装箱、集装箱货物、车辆及装卸运输机械的出入口，是集装箱作业场进行业务管理的重要场所，是划分集装箱作业场与托运人责任的界限地。门区的设施包括：车辆进出站的若干条车道、检查桥、汽车衡、门区门房及门区自动系统等。门区具有以下功能：

(1)按调度计划程序交换集装箱和集装箱货物；

(2)核对箱号、检查集装箱箱体表面状况、集装箱封志是否完好，并填制“设备交接单”；

(3)对发送集装箱车辆进行衡重，以确定集装箱的重量，防止集装箱超重；

(4)办理交接集装箱货物的有关单证手续；

(5)检查出门区的集装箱是否符合公路运输规则；

(6)录入集装箱的有关信息并传输至办理站信息中心进行处理；

(7)对有条件的门区可设集装箱扫描系统，以便于对集装箱运输的监督管理。

集装箱装卸场宜集中设1个门区，作业量较大或场外连接道路能力紧张时，根据需要可设2个门区。

门区出入口通道应分方向设置，集装箱卡车(简称集卡)出入口通道数量应根据集装箱装卸场日均到达或发送箱数、门区工作时间、集卡到站不平衡系数及每辆集卡平均载箱量等因素确定，且每方向应不少于2个，根据需要可预留增设出入口通道的条件。普通汽车出入口通道应在门区两侧各设1个，作业量较小时也可与集卡通道合用。

集卡出入口通道数量可按式(6-12)计算：

$$W_{出或入}=\frac{N_{到或发}\cdot k}{t_{门}\cdot p\cdot q_{c}} \tag{6-12}$$

式中：$W_{出或入}$——集装箱门区所需集卡出口或入口车道数；

$N_{到或发}$——集装箱装卸场日均到达或发送箱数(TEU)；

k——集卡到站不平衡系数，可采用1.5～3.0；

$t_{门}$——门区日工作时间(h)，可采用12～18 h；

p——单车道每小时通过车辆数(辆/h)，进站可采用20辆/h，出站可采用30辆/h，采用自动化程度较高的进出站检查设备时，应根据具体设备情况取值；

q_c ——集卡平均载箱量(TEU/辆)，按统计资料确定，若无资料，可采用 1.2～1.6 TEU/辆。

集卡出入口通道应设置检查桥及门区自动系统，检查桥的净空高度不宜小于 5.0 m。检查桥下集卡出入口通道宜按“一岛一道”设计，每一车道宽度可采用 6.0 m，通道净宽可采用 4.0 m。普通汽车出入口通道净宽可采用 5.0 m。当普通汽车出入口通道与集卡通道合用时，通道净宽可采用 5.0 m。

门区外应设 60～100 m 缓冲区，门区内应设 40～60 m 过渡区。利用既有站改建的集装箱装卸场，困难条件下，可适当减少缓冲区和过渡区的长度。缓冲区和过渡区宽度不宜小于门区宽度。无设置停车场条件时，缓冲区可适当加宽。缓冲区和过渡区纵坡应小于 2%；当受地形条件及其他特殊情况限制时，不应大于 3%。

3. 停车场

集装箱装卸场应设场内停车场和场外停车场。场内停车场应满足配属集卡、流动装卸机械及普通汽车的停放要求。场外停车场宜靠近大门设置，并应满足社会集卡、普通载货汽车、普通汽车及门口待处理车的临时停放要求。

停车场设置应符合下列规定：

(1) 停车形式可采用垂直式、平行式和斜角式。

(2) 车辆横向间距宜采用车长的 10%～12%，并不宜小于 0.7 m。车型较小时，可采用下限。

(3) 通道处车辆的纵向间距不宜小于车长的 1.1 倍，非通道处车辆的纵向间距(即车尾间距)，不宜小于 1.0 m。

(4) 应留有适当宽度的通道和出入口。停车场出入口应视野开阔，并设置醒目标志。

(5) 停车场坡度不应超过 0.5%。

停车场面积应根据停放车辆类型及数量、停放形式、作业流程等因素确定，可采用式(6-13)计算：

$$A_{车i} = 3C_{停i} \cdot F_i \tag{6-13}$$

式中：$A_{车i}$ ——各类车停车场面积(m^2)；

$C_{停i}$ ——各类车辆日停车数(辆)；

F_i ——各类车辆每辆投影面积(m^2/辆)。

(四)装卸与运输机械

1. 设备类型

集装箱装卸机械根据不同场所选用不同的类型。

(1)集装箱主箱场

对集装箱主箱场，装卸机械类型应根据年运量、集疏运方式、箱场布置、用地情况、运营费用等因素确定，宜选用轨道式集装箱门式起重机、集装箱正面吊运起重机或其他专用的集装箱装卸机械。

轨道式集装箱门式起重机的选用应符合下列规定：

①额定起重量不应小于 40.5 t。

②跨度和有效悬臂长度应满足集装箱装卸场的工艺要求，跨度应符合现行的《通用门式起重机》(GB/T 14406)的规定，有效悬臂长度不应小于 7.5 m。

③起升高度应按下列公式计算：

$$H=(h+1)\cdot H_c+C_l \tag{6-14}$$

式中：H——轨道式集装箱门式起重机的起升高度(mm)；

h——集装箱最高堆码层数；

H_c——集装箱的高度(mm)；

C_l——安全间距，一般采用 500 mm。

集装箱正面吊运起重机的选用应符合下列要求：

①起重量第一排不宜小于 42.0 t，第二排不宜小于 31.0 t。

②有效起升高度第一排不宜小于 12.0 m，第二排不宜小于 9.0 m。

③转弯半径不宜大于 8.5 m。

(2)集装箱辅助箱场

集装箱辅助箱场宜采用集装箱正面吊运起重机或其他专用的集装箱装卸机械进行重箱的装卸作业，采用集装箱空箱堆垛机进行空箱的装卸作业。

集装箱空箱堆垛机的选用应符合下列要求：

①额定起重量不宜小于 8.0 t。

②空箱堆码层数不应小于 5 层。

③转弯半径不宜大于 5.5 m。

(3)集装箱掏装箱场

集装箱掏装箱场应配备小型低门架叉车进行集装箱的拆装作业。小型低门架叉车应符合下列要求：

①额定起重量应为 1.5～2.5 t。

②外形高度不应大于 2 180 mm。

③门架自由提升高度应为 1.0～1.5 m。

④转弯半径不宜大于 2.5 m。

⑤轮压不应大于集装箱底板单位面积允许压力。

集装箱作业场内运输及场外门到门运输宜采用拖挂式运输车辆，所配属集装箱牵引车及挂车的性能应根据具体的路况及所运输的箱型确定。

集装箱牵引车宜采用平头式牵引车，挂车宜采用半挂车。站内运输宜采用站内运输用集装箱牵引车和半挂车；站外门到门运输机械宜采用公路运输用集装箱牵引车和半挂车。

2. 设备配置

(1)集装箱装卸设备

集装箱装卸设备配置数量可按下列公式计算：

$$C_i=\frac{N_i \cdot Z_{波}}{P_i \cdot T_i \cdot W_i} \tag{6-15}$$

式中：C_i——各种装卸机械配置台数；

N_i——各种装卸机械日均需要完成的作业箱数(TEU)；

$Z_{波}$——作业量波动系数，一般取 1.1～1.3；

P_i——装卸机械工作效率，轨道式集装箱门式起重机、集装箱空箱堆垛机可采用 20～30 箱次/h，集装箱正面吊运起重机可采用 20～25 箱次/h；

T_i——装卸机械日均作业时间(h)，可采用 15～17 h；

W_i——装卸机械的完好率，集装箱门式起重机取 0.95，集装箱空箱堆垛机及集装箱正面吊运起重机取 0.7。

(2)叉车

掏装箱场叉车配置数量可按下列公式计算：

$$C_{叉}=\frac{\alpha \cdot Q_{集} \cdot T_{叉周}}{3\,600 \cdot Q_{叉} \cdot T_{叉} \cdot K \cdot W} \tag{6-16}$$

式中：$C_{叉}$——叉车的配置数量(台)；

α——作业量波动系数，一般取 1.1～1.3；

$Q_{集}$——掏装箱场日均作业量(t)；

$T_{叉周}$——叉车升、降及往返搬运一次货物所需的总时间(s)；

$Q_{叉}$——叉车的最大起重量，一般为 1.5 t 或 2 t；

$T_{叉}$——叉车日均作业时间(h)，可采用 15～17 h；

K——叉车额定荷载利用系数，一般取 0.7～0.9；

W——叉车的完好率，一般取 0.8。

(3)集卡

场内运输的集卡配置数量应根据箱场日均总作业箱数、场内运输的集卡运输能力及作业时间等因素综合确定，可按式(6-17)计算：

$$C_{内}=\frac{N_{总}}{P_c \cdot T_c \cdot W_c} \tag{6-17}$$

式中：$C_{内}$——场内集卡配置台数；

$N_{总}$——箱场日均总作业箱数(TEU)；

P_c——场内运输集卡运输效率，可采用 8～10 TEU/(辆·h)；

T_c——场内运输集卡日均作业时间，可采用 15～17 h；

W_c——集卡的完好率，一般取 0.9。

第七章　中国铁路双层集装箱运输技术

双层集装箱运输被视为铁路集装箱运输发展史上的“一场革命”，对于提高运输能力，降低运输成本，增强铁路集装箱运输市场竞争力具有重要作用。中国铁路从2001年开始进行双层集装箱运输有关问题的研究，是世界上首个在电气化铁路运行双层集装箱列车的国家。2003年中国研制了双层集装箱专用车，之后多次开展了双层集装箱列车运行试验，并于2004年4月开始在京沪间开行双层集装箱班列。

第一节　国外铁路双层集装箱运输的发展

一、美国铁路双层集装箱运输发展情况

集装箱属于载重较轻、装载面积较大的运输单元，由于对铁路限界高度利用不充分，因此铁路限界较大的美国铁路，从20世纪70年代后半期开始研究铁路双层集装箱运输(DST)。

1981年美国南太平洋铁路公司将装运集装箱的单元列车由单层改为双层装运，并研制了装运双层集装箱的专用平车，开始了双层集装箱运输。双层集装箱运输基本上采用集装箱专列的形式，每列能装运200个40英尺集装箱，比使用普通平车多装运80个集装箱，使运输成本减少了25%～40%，产生了良好的经济效益。在此后不到10年的时间内，美国在主要铁路线路上开行的双层集装箱列车就成为集装箱由港口向内地疏运的主要运输工具之一。

美国双层集装箱列车通常有两种编组方式。一种是每列为20单元，每一单元由5辆关节式凹底双层平车构成。以Lopac型双层叠装集装箱关节式平车为例，每组由5辆关节式凹底平车组成，总长为88.85 m，每车自重19.9 t，载重50 t，比两端装有挡板的双层集装箱车能增加25%的载重量。该车采用AAR标准货车转向架，并对弹簧装置进行了改进，以降低轮轨作用力并减少钢轨磨耗。为充分利用载货高度，凹底货车承载面距轨面高216 mm，装运集装箱时，上下层均可装运40英尺、45英尺或48英尺集装箱，上层还可装运53英尺的集装箱。DST的另一种编组方式是由载重113 t的凹底平车来装运双层集装箱，列车总重近万吨，一般由4台机车牵引，使美国集装箱运输进入了重载运输的领域。

目前，铁路集装箱运输在美国运输市场中占有重要位置，其主要依靠港口之间、各大城市之间、各集装箱场站之间开行的大编组快运双层集装箱班列。双层集装箱

班列一般长达 2～3 km、编组达 150～220 辆，车底由单节车、三联车或五联车组成，既可以装运 20 英尺、40 英尺国际标准集装箱，也可以装运 45 英尺、48 英尺和 53 英尺超大型集装箱。双层集装箱列车的开行，使得用铁路运输集装箱比在公路上用拖车运输集装箱成本更低。美国国内联运市场已出现用铁路集装箱运输代替拖车运输的趋势。据统计，目前美国铁路集装箱运量约占其联运运量的 88%，而拖车运量只占 12%。

二、美国双层集装箱专用车的技术参数与运行条件

1. DTTX 五联车组

DTTX 五联车组如图 7-1 所示，其主要技术参数见表 7-1。

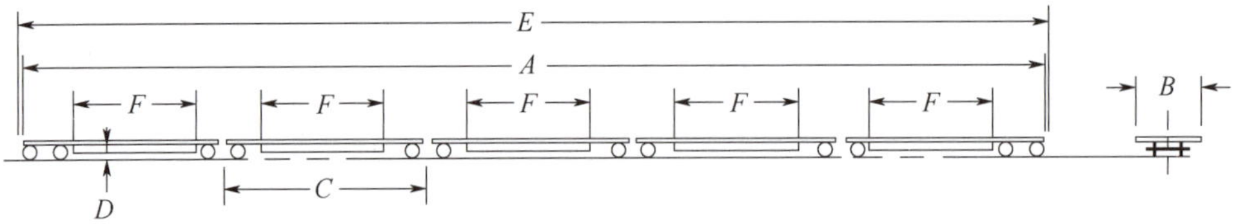

图 7-1　DTTX 五联车组示意图

表 7-1　DTTX 五联车组的技术参数

名　称	取　值	名　称	取　值
五联车组车体总长 *A*	92 196 mm	车体宽度 *B*	3 013 mm
车辆销距 *C*	17 818 mm	承载面距轨面高 *D*	305 mm
五联车组总长 *E*	93 174 mm	凹底长度 *F*	14 631 mm（或 12 192 mm）
载　重	52～57 t	端部两个转向架轴重	35 t
最大运行速度	126 km/h	装载形式	下层 2 个 20 英尺箱，或 1 个 40 英尺、45 英尺、48 英尺箱；上层 1 个 40 英尺～53 英尺箱

2. DTTX 三联车组

DTTX 三联车组如图 7-2 所示，其主要技术参数见表 7-2。

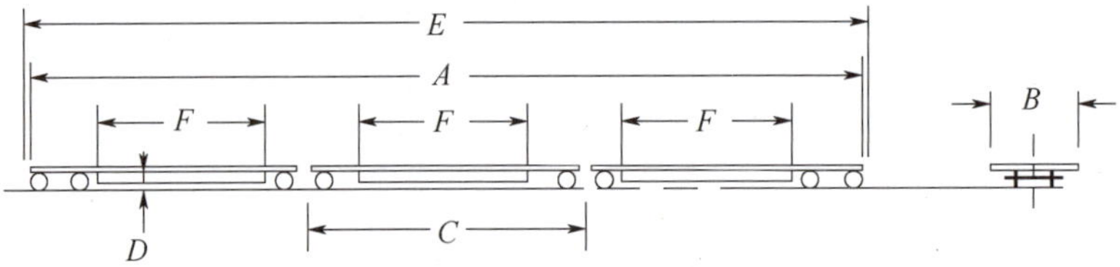

图 7-2　DTTX 三联车组示意图

表 7-2　DTTX 三联车组的技术参数

名　称	取　值	名　称	取　值
三联车组车体总长 A	57 353 mm	车体宽度 B	2 642 mm
车辆销距 C	17 932 mm	承载面距轨面高 D	305 mm
三联车组总长 E	58 242 mm	凹底长度 F	14 631 mm
载　重	76 t	端部两个转向架轴重	35 t
最大运行速度	126 km/h	装载形式	下层 2 个 20 英尺箱，或 1 个 40 英尺、45 英尺、48 英尺箱；上层 1 个 40～53 英尺箱

3. DTTX 单节车

DTTX 单节车如图 7-3 所示，其主要技术参数见表 7-3。

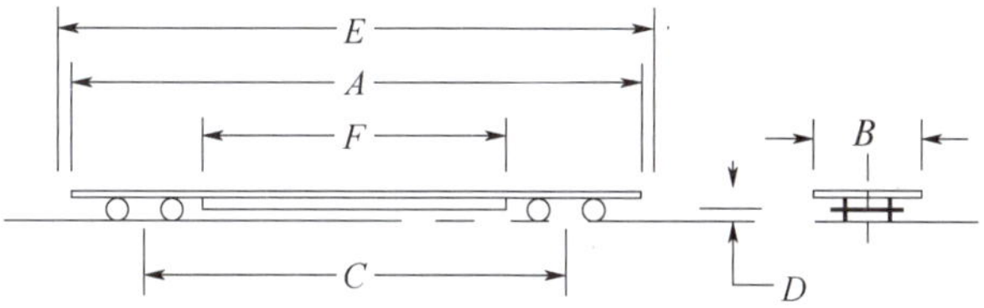

图 7-3　DTTX 单节车示意图

表 7-3　DTTX 单节车的技术参数

名　称	取　值	名　称	取　值
车体长度 A	20 828 mm	车体宽度 B	3 023 mm
车辆销距 C	17 399 mm	承载面距轨面高 D	276 mm
车辆长度 E	21 920 mm	凹底长度 F	14 631 mm
载　重	73～76 t	轴　重	35 t
最大运行速度	126 km/h	装载形式	下层 2 个 20 英尺箱，或 1 个 40 英尺、45 英尺、48 英尺箱；上层 1 个 40～53 英尺箱

三、加拿大铁路双层集装箱运输发展情况

加拿大国家铁路公司(CN)于 1985 年底开始在东部地区开行双层集装箱列车，疏散到达大西洋沿岸港口的集装箱。温哥华 Delta 港口铁路集装箱场、CN 公司多伦多 BIT 集装箱场、CP 公司多伦多集装箱场，每天都要开出四五对集装箱专列，其中大

部分为双层集装箱专用列车。

加拿大双层集装箱列车的编组一般为 80～130 辆，长度约有 2 km，载重量一般在 10 000～15 000 t 之间。双层集装箱列车都是按照班列方式组织运输，列车运行速度较快。

2003 年底，加拿大太平洋铁路公司（CP）发布了投资发展加美间蒙特利尔—芝加哥—温哥华方向的集装箱运输建设规划。其目标是通过开行长大编组的双层集装箱列车，在集装箱列车开行数量减少 16%的情况下，集装箱运量增加 28%。双层集装箱列车采用多台机车分散配置的牵引方式，头部本务机车主要担当列车牵引，位于列车中部的机车担当辅助牵引并对制动直接进行遥控，这样可以有效地增加列车长度。规划的西行双层集装箱列车长度可达 2 925 m，东行双层集装箱列车长度可达 2 195 m。CP 向 TTX 车辆制造公司购买的集装箱平车中，有 3 900 辆可用于运输 53 英尺的集装箱，1 600 辆用于运输 40 英尺集装箱。该规划有利于提高集装箱平车的使用效率，能使 CP 运营的集装箱平车总数减少 1 300 辆。

四、澳大利亚铁路双层集装箱运输发展情况

澳大利亚的双层集装箱运输起步于 1980 年，最初采用的是下层为半高箱、上层为标准箱的装载方法。

1989 年，澳大利亚国营铁路在阿德莱德（Adelaide）至怀阿拉（Whyalla）线路上使用凹底平车试行两层标准箱叠装的集装箱运输，开始了真正意义上的双层集装箱运输。

由于澳大利亚东部铁路的隧道较多，而且采用电力牵引，限界改造费用大、困难多，因此没有开展双层集装箱运输。而西部铁路基本上没有限界问题，双层集装箱运输已经十分普遍。双层集装箱运输使列车装载量提高了 20%～30%，降低了单位运营成本，产生了良好的经济效益。目前，双层集装箱运量已占澳大利亚铁路集装箱总运量的 50%左右。

澳大利亚在 1989 年直接引进了美国的专用货车进行双层集装箱运输，并制定了适合双层集装箱运输的机车车辆专用限界。1990 年自主设计制造了首批凹部尺寸为 12.2 m×2.6 m 的五联关节式双层集装箱货车；1994 年设计制造了凹部尺寸为 14.6 m×2.6 m 的五联关节式双层集装箱货车；由于受到各铁路公司轨道条件的限制，目前澳大利亚的双层集装箱货车的轴重限制在 25 t 以下，因此与北美铁路相比，货车的载重量相对较小，以运输轻浮货物为主。澳大利亚铁路今后将研究采用传统的单节四轴凹底车进行双层集装箱运输，每一节车的载重量将提高到 80～82 t，可以承载 2 个 48 英尺集装箱或 4 个 20 英尺集装箱（可按车辆载重进行集装箱配载）。

C_{10A}型双层集装箱货车是中国为澳大利亚准轨铁路进行双层集装箱运输而设计制造的专用货车，该车下层可以装运 20、40 英尺集装箱，上层可以装运 40、45、48、53 英尺集装箱，也可以在牵引梁地板面上单独装运 1 个 48 英尺集装箱。

第二节　中国铁路双层集装箱运输的发展

一、X_{2H}、X_{2K}型双层集装箱专用车的研制及使用情况

为推进中国铁路双层集装箱运输的发展，中国南车集团北京二七车辆厂、中国北车集团齐齐哈尔铁路车辆（集团）有限责任公司等有关单位联合研制了中国铁路第1代双层集装箱车——X_{2H}、X_{2K}型双层集装箱车。该车于2003年11月通过了原铁道部技术审查，2003年12月和2004年3月完成了京广线和京沪线全程线路运行试验。在全国铁路第5次大提速之际，该车正式投入京沪线试运营。其技术参数见表7-4。

表7-4　X_{2H}、X_{2K}型双层集装箱车主要技术参数表

名　称	取　值	名　称	取　值
标记载重	78 t	车辆销距	15 666 mm
自　重	22 t	凹底长度	12 300 mm
轴　重	25 t	凹底宽度	2 620 mm
车辆长度	19 466 mm	承载面距轨面高	290 mm
车体长度	18 500 mm	空车重心高	650 mm
车体宽度	2 920 mm	运行速度	120 km/h

1. 车辆的主要用途

该车适用在国内标准轨距且建筑限界满足双层集装箱车运行的铁路上运行，可装运20英尺、40英尺国际标准集装箱和45英尺、48英尺、53英尺长大集装箱。该车下层可装载2个20英尺或1个40英尺集装箱，上层可装载2个20英尺或1个40～53英尺集装箱，上下层箱间采用国际通用的双头旋转式锁闭装置进行加固。

2. 车辆的主要结构特点

该车车体由牵引梁、侧墙、底架组焊成凹底形式。采用转K5或转K6型转向架，17号或13A车钩，MT-2型缓冲器，120型控制阀，2个254×254旋压密封式制动缸，KZW-4GAB型空重车自动调整装置，高磨耗闸瓦，NSW型人力制动机。

（1）与单层集装箱车相比，双层集装箱车在800 m编组长度内的运输能力可提高40%以上，并能减少列车编组辆数，减轻列车自重，具有较好的经济性。

（2）车体采用凹底结构，降低了集装箱承载面高度，在《标准轨距铁路机车车辆限界》（GB 146.1—1983）车限—1B下部限界不变的条件下，最大限度地利用了下部限界。

(3)所有承载零部件(包括型钢及板材)均采用了高强度、高耐候性钢材,提高了车辆强度,降低了车辆自重。

(4)对集装箱承载点处的结构采用了抗疲劳设计,提高了车体的可靠性。

(5)采用了空气动力学性能较好的侧墙设计方案,有效地降低了横风作用载荷和列车交会时的空气冲击载荷,提高了车辆运行的稳定性和安全性。

(6)采用了E级钢17号联锁式车钩和MT-2型缓冲器。

(7)采用了25 t轴重的转K5型或转K6型转向架,车辆运行速度可达120 km/h。

二、京广线双层集装箱列车运行试验

为了推进既有线双层集装箱运输的开展,对双层集装箱运输的车辆性能、装载方案、列车空气动力学性能以及桥梁、隧道、接触网等基础设施的适应性等进行试验验证,原铁道部于2003年12月28日至31日,在京广线北京至广州间进行了双层集装箱列车运行试验(图7-4),在试验中对车辆不同装载方案下的动力学性能、动应力和空气动力学性能进行了全程测试,并利用图像监测等手段对接触网和列车之间的关系进行了观察。同时在地面对接触网、桥梁和隧道等进行了适应性试验测量。

图7-4 京广线双层集装箱列车运行试验

参试的双层集装箱车共10辆,7辆由北京二七车辆厂设计制造,3辆由齐车集团公司设计制造,两种类型的样车均已完成了线路动力学性能试验,并于2003年11月通过了原铁道部的技术审查。

参加试验的双层集装箱车分别采用空车、空箱、满载等5种装载方案,并对装载方案为载重78 t、重车重心高为2 400 mm的车辆进行了重点测试,最高试验速度为81.3 km/h。

为保证试验列车的运行安全并了解参试车辆性能,试验中对试验列车进行了动力学性能试验、车体及走行部动应力性能试验和试验列车空气动力学性能试验，并在试验车上安装摄像头，通过对接触网和双层集装箱列车车顶之间的动态图像监测，观察接触网与车顶之间的安全距离。同时为了研究桥梁、隧道、接触网等基础设施对双层集装箱列车的适应性，在地面进行了跟踪试验。

试验结果表明，在 80 km/h 速度范围内，双层集装箱列车的运行稳定性及平稳性指标符合要求，运行安全是有保障的。试验测得双层集装箱平车车体结构最大应力均小于所用材料的许用应力，集装箱平车车体结构在实际运用中不会因静强度不足产生破坏。试验中列车交会压力波幅值在安全值范围内。根据接触网测试，为确保双层集装箱列车运行安全，建议开行双层集装箱列车运行区间接触网导线高度以不低于 5 750 mm 为宜。建议双层集装箱车辆设计制造单位对车辆设计参数进行优化，提高车辆线路适应性，保证列车运行安全，建议有关部门对相关区段的接触网悬挂作结构性调整或对其他设备进行适应性改造。

三、京沪线双层集装箱列车运行试验

为积极推进既有干线双层集装箱运输的试运营，对双层集装箱运输的车辆性能、装载方案、列车空气动力学性能以及桥梁适应性进行试验验证，原铁道部于 2004 年 3 月 5 日至 7 日组织了京沪线双层集装箱列车运行试验，试验列车从北京东站出发，经京九线、石德线、济南西站到达杨浦站。具体径路为：北京东站—丰台—衡水西—德州—南京东—南翔—杨浦—南翔—南京东—德州—衡水西—丰台—北京东站。

与京广线双层集装箱列车运行试验相同，此次试验参试的双层集装箱车也有 10 辆，分别采用空车、空箱、满载等 5 种装载方案，并对装载方案为载重 78 t、重车重心高 2 400 mm 的车辆进行了重点测试。参试车辆的装载方案见表 7-5。

表 7-5　京沪线双层集装箱列车运行试验装载方案

车　号	上　　层	下　　层	车辆载重(t)	重车重心高(mm)
X_{2H}5420001	2×20 英尺(高 2 438 mm)	2×20 英尺(高 2 591 mm)	78	2 400
X_{2K}5400000	2×20 英尺(高 2 438 mm)	2×20 英尺(高 2 591 mm)	78	2 400
X_{2H}5420004	1×48 英尺(高 2 438 mm)	2×20 英尺(高 2 591 mm)	空箱	1 304
X_{2K}5400001	1×48 英尺(高 2 438 mm)	2×20 英尺(高 2 591 mm)	空箱	1 304
X_{2H}5420000	1×45 英尺(高 2 438 mm)	2×20 英尺(高 2 591 mm)	78	1 676
X_{2H}5420002	1×45 英尺(高 2 438 mm)	2×20 英尺(高 2 591 mm)	78	1 676
X_{2H}5420003	1×48 英尺(高 2 438 mm)	1×40 英尺(高 2 591 mm)	61	1 750
X_{2H}5420005	1×48 英尺(高 2 438 mm)	1×40 英尺(高 2 591 mm)	61	1 750
X_{2K}5400002	无	无	0	650
X_{2H}5420006	无	无	0	650

为保证试验列车的运行安全并了解参试车辆性能，试验中进行了车辆动力学性能试验、车体及走行部动应力性能试验和列车空气动力学性能试验。同时为了研究桥梁、隧道、接触网等基础设施对双层集装箱列车的适应性，在地面进行了跟踪试验。

试验结果表明，在 80 km/h 速度范围内，双层集装箱列车的运行安全性及平稳性指标均符合要求，运行安全是有保障的。试验测得双层集装箱平车车体结构最大应力均小于所用材料的许用应力，集装箱平车车体结构在实际运用中不会因静强度不足产生破坏。试验中列车交会压力波幅值在安全值范围内。但在 80 km/h 速度时，双层集装箱列车对线路、桥梁的动力影响比普通货车大，对线路和桥梁的疲劳寿命有待进一步观测和研究。运行试验中，列车交会压力波测试未遇到较为恶劣的工况，无法直接对计算结果进行验证，且提速后交会时的冲击力更大，建议以后开展实车交会试验，并对两交会列车同时测量。理论计算和实测数据表明，对于跨度小于等于 16 m 的桥梁，在开行双层集装箱列车后其设计安全储备不大。

四、遂渝线双层集装箱列车运行试验

遂渝线双层集装箱运输试验的目的是验证双层集装箱列车在以 120 km/h 的速度运行时，车辆运行的平稳性与稳定性，为开行时速 120 km 的双层集装箱列车提供科学依据。

试验采用 SSJ_3 型电力机车牵引重 2 120 t 的双层集装箱列车，分别以 70、80、90、100、110、120 km/h 的速度运行了 2 个往返，以 130 km/h 的速度运行了 1 个单程，还进行了侧向过岔试验，侧向过岔最高速度为 50 km/h。

双层集装箱列车装载方案为下层装载 2 个高度为 2 591 mm 的 20 英尺集装箱，上层装载 1 个高度为 2 896 mm 的 40 英尺集装箱。

在双层集装箱列车作用下，地面进行了轨道结构动力性能试验，12 号可动心轨道岔直向、侧向动力性能试验，路基、路桥过渡段和两隧（桥）间刚性路基的动力性能试验，不同墩高、不同跨度的桥梁动力性能试验，隧道气动力及结构动力学试验，接触网静态、动态性能地面试验，货车和双层集装箱车横向偏移量试验，动车组和货物列车提速噪声振动试验。在列车上进行了双层集装箱列车动力学安全监测，双层集装箱列车弓网受流性能试验，双层集装箱列车空气动力学试验，无线列调系统试验。

试验结果表明，双层集装箱列车通过隧道时受到的侧向力在允许范围之内，双层集装箱列车通过隧道时引起的隧道壁面振动加速度与普通货物列车相差不大，双层集装箱列车在遂渝线接触网下的弓网受流性能满足速度 120 km/h 的列车安全运行要求。与一般货物列车相比，双层集装箱列车在隧道内运行时对弓网受流性能的影响不大。通过对部分车辆的动力学性能监测，可以得出双层集装箱车辆在综合试验过程中，车辆的运行平稳性和安全性满足试验大纲的要求。双层集装箱列车以 70～120 km/h 的速度运行时，每个测试车辆在 5 600 mm 以上高度的横向最大轮廓尺寸均超过双层集装箱运输装载限界，所以应当制定相关的动态标准。

五、双层集装箱重车重心高运行试验

为了研究验证双层集装箱列车在提速改造既有线上运行时的安全性和平稳性，为确定双层集装箱列车的安全运行技术条件提供科学依据，原铁道部于 2007 年 5 月 9 日至 5 月 15 日组织了双层集装箱重车重心高运行试验。此次参试的双层集装箱车辆有两种，分别是 X_{2H} 型双层集装箱车与 X_{2K} 型双层集装箱车。参试的集装箱采用国际标准的 20 英尺和 40 英尺箱，其中 20 英尺箱的高度为 2 591 mm，40 英尺箱的高度为 2 896 mm。

1. 试验线路和速度

试验列车于 5 月 9 日 19:37 从大红门站出发，经由杨浦—株洲北—封浜—徐州北—郑州东—徐州北—济南西—黄岛—济南东，于 5 月 15 日 14:30 返回大红门站，全程运行约 6 900 km。如图 7-5 所示。

图 7-5　双层集装箱重车重心高运行试验列车

试验列车于 5 月 13 日 0:42～0:46 在京沪线 1 110 km 处进行了第一阶段 132 km/h 速度试验，最小曲线半径为 1 400 m，最高试验速度达到 133.4 km/h；0:57～1:05 在 1 086 km 处进行了第二阶段 132 km/h 速度试验，最高试验速度达到 133 km/h，两个阶段试验的安全性指标均符合要求。

试验列车于 5 月 14 日 9:54～10:01 在胶济线 335 km 处进行了第一阶段 132 km/h 速度试验，最高运行速度达 134.1 km/h；10:05～10:10 在胶济线310 km 处进行了第二阶段 132 km/h 速度试验，最高运行速度达到 132 km/h，两个阶段试验的安全性指标均符合要求。

2. 测试内容

试验中动力学性能测试车辆共计 4 辆，测试内容为：

(1)振动加速度及运行平稳性测试。

(2)轮轨力的测试。在被试车前进方向第一轴安装测力轮对，测量轮轨横向力及垂向力，并计算脱轨系数、轮重减载率及轮轴横向力。

(3)摇枕弹簧位移的测试。在被试车前进方向一端转向架上，测试转向架摇枕弹簧动挠度，并计算动静挠度之比。

3. 列车编组

试验列车的长度按实际的双层集装箱列车长度确定，以保证试验结果符合双层集装箱列车的实际运行情况。

试验列车从大红门站出发时最初的正向编组顺序为：机车＋24 辆单层装载的双层集装箱空箱车＋2 辆双层集装箱重箱车(备用方案)＋1 辆发电车＋1 辆硬卧车＋2 辆软卧车＋1 辆餐车＋1 辆试验车＋4 辆双层集装箱重箱车，共计 36 辆。列车总重约 1 510 t，换长约为 67。该编组顺序的运行区段为大红门—杨浦—株洲北。

4. 装载方案

本次试验的装载方案采用箱货总重心横向偏移量为 100 mm，纵向偏移量使两转向架的负重差为 10 t，这是考虑了《铁路货物装载加固规则》规定的最不利的装载工况。本次试验的最大重车重心高为 2 400 mm。其中试验列车中第 1～24 位车辆均装载 2 个高度为 2 591 mm 的 20 英尺空集装箱。试验列车中的 6 辆双层集装箱重箱车均采用同一种叠装形式，即：下层装载 2 个高度为 2 591 mm 的 20 英尺集装箱，上层装载 1 个高度为 2 896 mm 的 40 英尺集装箱。装车后的计算高度为 5 807 mm；最大高度处的半宽为 1 219 mm。6 辆双层集装箱重箱车的具体装载方案见表 7-6。

表 7-6　大红门站出发时双层集装箱重箱车装载方案

编组车位	车型、车号	重车重心高(mm)	箱货总重心横向偏移量(mm)	两转向架负重差(t)	载重(t)	重车总重(t)	上层 40 英尺箱箱号	下层 20 英尺箱箱号	
								①号箱	②号箱
第 25 位	X_{2H}5420095	2 200	100	0	78	100	712127 [3]	592222 [6]	585436 [9]
第 26 位	X_{2H}5420075	2 200	100	10	68	90	710350 [0]	584804 [7]	583550 [1]
第 33 位	X_{2K}5400047	2 300	100	0	78	100	715571 [4]	587076 [0]	590233 [8]
第 34 位	X_{2H}5420010	2 300	100	10	68	90	713538 [5]	593772 [0]	586559 [5]
第 35 位	X_{2H}5420005	2 400	100	0	78	100	712709 [7]	583068 [6]	596521 [2]
第 36 位	X_{2K}5400048	2 400	100	10	68	90	713189 [9]	580588 [9]	613064 [5]

5. 试验结论

(1)在重车重心高为 2 400 mm，箱货总重心横向偏移 100 mm，纵向无偏移，车辆满载，轴重达到 25 t 的装载工况下，双层集装箱车的运行稳定性及平稳性指标均在《铁道车辆动力学性能评定和试验鉴定规范》(GB 5599—1985)规定的评定标准的限

度值内,能够保证运行安全;

(2)在重车重心高为 2 400 mm,箱货总重心横向偏移 100 mm,纵向偏移使两转向架的负重差为 10 t 的装载工况下,双层集装箱车的运行稳定性及平稳性指标均在《铁道车辆动力学性能评定和试验鉴定规范》(GB 5599—1985)规定的评定标准的限度值内,能够保证运行安全;

(3)本次试验的最高试验速度达到 134.1 km/h,试验列车以该速度及 120 km/h 及其以下的各速度级运行时稳定性及平稳性指标均在《铁道车辆动力学性能评定和试验鉴定规范》(GB 5599—1985)规定的评定标准的限度值内,因此双层集装箱列车在今后的实际运行中,在线路条件允许的情况下可以以 120 km/h 的速度运行;

(4)双层集装箱列车在今后的实际运行中侧向通过道岔及通过小半径曲线时,可按规定的限速运行。

六、双层集装箱班列运营情况

2004 年 4 月 5 日,中铁集装箱运输有限责任公司同中铁联合物流有限公司正式签署合作协议,由中铁联合物流有限公司承包国内第一列双层集装箱班列——北京至上海双层集装箱班列的运营。北京至上海双层集装箱班列于 2004 年 4 月 19 日正式运行。该班列采取直通运行,实行客车化管理,定点、定时、定线路、定起始站、定到达站,在中国两大国际化都市北京与上海之间构筑起超大运量的物流通道。

班列车辆采用凹式框架结构,下层装载 2 个 20 英尺标准箱,上层装载 1 个 48 英尺的集装箱,车辆标记载重为 78 t,每列双层集装箱班列由 38 辆铁路集装箱专用平车组成,运力可达 152TEU,北京至上海列车只需运行 38 h,比以往的集装箱运到时间大大缩短,极大地缓解了两地物流需求大与运力不足的矛盾。

该班列运营初期采用每周两班的开行方式,每周二、五从北京东站始发。从 2005 年 3 月 8 日开始,每周增加到三班,即每周二、四、六从北京东站出发开行到杨浦站,每周一、三、五从杨浦站出发开行到北京东站。根据货主的要求,2005 年该班列在无锡南站增加了一次车辆甩挂作业。2007 年,北京至上海双层集装箱班列在北京的作业站由北京东调整到大红门,而且随着京沪通道限界的扩大,双层集装箱车的装载高度和重车重心高也都有所提高。双层集装箱的叠装形式采用下层装载 2 个高度相同的 20 英尺箱,上层装载 1 个 40 英尺箱。

采用双层集装箱运输有如下优势:

1. 缓解铁路干线运能紧张状况

中国铁路干线运输能力较为紧张,2015 年全国铁路平均运输密度为 126 km/万平方公里,全路 59 条主要干线区段能力利用率超过 90%,京沪、京哈、京广、京九、陇海、沪昆六大繁忙干线平均运输负荷是全路平均值的 3 倍,其中客运密度是全路平均值的 4.8 倍,能力利用已到极限。

与开行普通集装箱列车相比，在编组辆数相同的条件下，完成同样运量采用双层集装箱运输可少占用线路通过能力，主要铁路干线开行1对双层集装箱专列，可少占用运行线0.5对左右。发展双层集装箱运输可以大大提高铁路集装箱运输收入和运输能力。在运输能力较为紧张的干线铁路上，开展双层集装箱运输是提高货运能力的重要途径。

2. 降低运营成本、提高经营效益

开行双层集装箱列车的经济性非常明显。根据有关部门提交给北美铁路协会的研究报告，铁路双层集装箱运输与其他集装箱运输方式（普通驮背、轻型铰接车驮背、普通单层装运和半挂车驮背）相比，其线上运输成本（包括人员工资、机车使用费、车辆使用费、集装箱使用费、燃料费和线路使用费等，不包括站内费用、集装箱汽车拖运费、装卸设备使用费）最低。

据测算，中国铁路开行双层集装箱列车，在同样线路到发线有效长的情况下，用同样的机车牵引列车，运输效率将明显提高，运输成本将明显降低。初步测算，每万箱公里成本较单层集装箱列车可节省12%～13%。发展双层集装箱运输有利于降低运输成本，提高铁路集装箱运输的经营效益。

3. 促进铁水联运的发展

从20世纪90年代开展海陆集装箱多式联运以来，铁路接运的集装箱运量占港口国际集装箱吞吐量的比例较低。在几个主要沿海港口集装箱集疏运方式中，公路占绝对优势，铁路运输所占的比重极小，这与铁路在中国交通运输中的骨干地位极不相称。

响应国家“京津冀一体化”、“长江经济带”战略和“一带一路”倡议，加快推进铁水联运示范工程建设，充分利用双层集装箱运输大运量的特点，提升铁路集疏运工作组织，将会极大地促进铁路集装箱运输的发展，提高其在集装箱运输市场中的竞争力。

然而，受中国铁路的轴重、限界等因素限制，双层集装箱平车只能按照上层一个40英尺箱（高2 896 mm，满载30.48 t）、下层两个20英尺箱（高2 591 mm，满载30.48 t）的方案装载，总重不得超过78 t，配载要求高。

考虑到双层集装箱平车比X_{70}型集装箱平车长45%，在上层装载率为100%的情况下，双层集装箱平车比X_{70}车每延米运载能力提高38%。之前开行的北京—上海、青岛—郑州两条双层集装箱班列上层装载率不足50%，技术经济性和单层运输基本相当。而且双层集装箱平车存在购置价格高、不能过峰、通用性差等问题。由于存在以上技术经济性问题，黄岛—郑州、北京—上海开行的双层集装箱班列于2011年和2012年停运。

随着总重超过30.48 t和高度2 896 mm的20英尺箱越来越多，今后配载的难度更大。根据调查情况来看，全国铁路绝大部分运输通道不满足双层集装箱运输要求，如开行双层集装箱班列，还需投入大量资金，进行通道限界改造，也对改造线路的既有运输产生影响，其投资收益仍需进一步论证。

第三节　中国铁路双层集装箱运输技术条件

一、双层集装箱运输的基本条件

根据《铁路双层集装箱运输管理办法》，将铁路双层集装箱运输的基本条件整理如下：

(1)接触网高度：新建电气化铁路接触网导线的最低高度为 6 330 mm；既有线改造时，困难地段接触网导线最低高度达不到 6 330 mm 的，须经中国铁路总公司批准。

(2)使用集装箱：双层集装箱运输应当使用国际标准 20、40 英尺集装箱。20 英尺集装箱高度不超过 2 591 mm，40 英尺集装箱高度不超过 2 896 mm。

(3)承运车辆：双层集装箱运输仅限使用 X_{2K} 和 X_{2H} 型专用平车运输，列车运行速度不得超过 120 km/h。

(4)装运要求：每车集装箱和货物总重不得超过 78 t，重车重心高不得超过 2 400 mm，集装箱和货物总重心纵、横向偏离不得超过《铁路货物装载加固规则》的规定。装车后不得超过《铁路技术管理规程》规定的双层集装箱装载限界，即：装车后距轨面最大装载高度不得超过 5 850 mm，高 1 590～5 850 mm 处半宽各 1 300 mm (1 590 mm 以下为车辆部分)。

(5)装车方案制定原则：双层运输时，专用车下层限装 2 个高度相同的 20 英尺箱，上层限装 1 个 40 英尺箱。上层集装箱的总重不得超过下层箱的总重。单层运输时，专用车可装 2 个 20 英尺箱或 1 个 40 英尺箱。不论单层或双层，如果车辆装载了 2 个20 英尺的集装箱，两箱的重量差不得超过 10 t。

(6)锁具：在进行双层运输时，上下两层的集装箱应使用专用的双头旋转锁具连接。装卸部门装车前要认真检查锁具质量；装车后须将锁具置于锁闭状态，并保证运输途中不开启。当使用具有固定式旋杆的锁具时，要用 8 号或 10 号镀锌铁线，将锁具旋杆与集装箱角件捆绑牢固；到站卸车前，要将每车的 4 个锁具全部置于开启状态后方可卸车。

二、轴重条件

目前，双层集装箱专用车的基本形式主要有两种，一种是美国大量采用的关节式车组形式，车组中的车辆采用铰接方式进行连接；另一种为普通单节四轴车形式。不论采用哪种形式，线路允许轴重是最主要的影响因素。

美国、加拿大和澳大利亚铁路在开展双层集装箱运输时，大多采用由 6 个转向架支撑着 5 节车体的五联车，其轴重达 35.8 t。中国铁路通用货车绝大部分使用 D 轴，轴重为 21 t。少数专用车(如长大货物车、煤炭漏斗车、自翻车等)使用 E 轴，轴重为 25 t。即使选用 25 t 轴重的车辆，关节式中间车的允许总重也仅为 50 t，如果车辆自重能控制在 15～20 t，则其最大载重为 30～35 t。显然，这个载重能力用于双层集装箱运输是难以满足要求的，这也是关节式车辆技术在铁路车辆轴重较小的国家很少采用的原因。

从铁路发展和运输需要出发，中国双层集装箱专用车选用了 25 t 轴重的单节车型式。中国选用的双层集装箱运输专用车型 X_{2H} 和 X_{2K} 的自重为 22 t，标记载重为 78 t。由于中国铁路具备一定的 2E 轴货车和货运机车的实践经验，选用 25 t 轴重的单节车型既可以满足运力的要求，又能够保证运输的安全。

三、限界条件

1. 铁路双层集装箱运输装载限界

根据中国铁路主型集装箱的尺寸和载重量、双层集装箱专用车的结构和载重量以及双层集装箱装载加固的技术要求和车辆运行稳定性要求，中国铁路双层集装箱运输的目标方案是 1AAA 型集装箱＋1AA(或 1CC)型集装箱的叠装方案。铁路双层集装箱运输装载限界即是根据该叠装方案确定的。该叠装方案下，双层集装箱的装载高度(即上层集装箱顶部距轨面的高度)为：双层集装箱的装载高度＝车辆承载面高度＋1AAA 箱高＋1AA 箱高＋加固件高＋制造公差＝310＋2 896＋2 591＋30＋20＝5 847(mm)。

铁路双层集装箱运输装载限界是一个和线路中心线垂直的极限横断面轮廓。无论是将一个 1AAA 集装箱和一个 1AA(或 1CC)集装箱叠放于具有制造尺寸上限并且无磨耗的车辆上，还是将车辆标记载重施加于具有制造尺寸下限并且达到磨耗限度的车辆上，停放在水平直线上，车辆无侧向倾斜与偏移，车辆与其上放置的集装箱，都被包容在该轮廓内。

双层集装箱运输装载上部限界的尺寸见图 7-6。由图 7-6 可以看出，双层集装箱运输装载上部限界的最大高度为 5 850 mm，大于目标方案下双层集装箱的装载高度(5 847 mm)。

2. 铁路双层集装箱运输基本建筑限界

双层集装箱运输基本建筑限界(图 7-7)是一个和线路中心线垂直的极限横断面轮廓。除接触线等与机车车辆有相互作用的设备外，其他设备和建筑物均应设置在此轮廓之外。

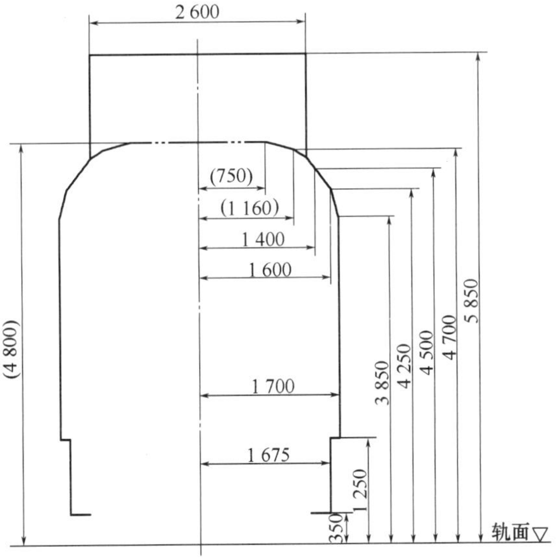

图 7-6　双层集装箱运输装载上部限界图(单位:mm)

—··—··—··—　电力机车上部限界

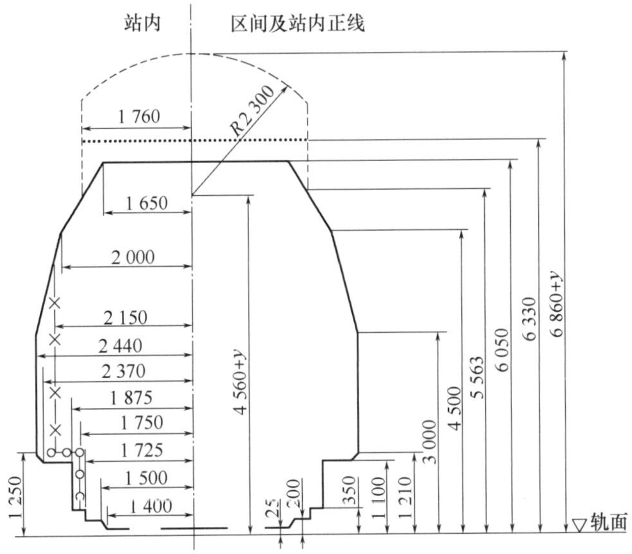

图 7-7　双层集装箱运输基本建筑限界(单位:mm)

—×—×—×—　信号机、高架候车室结构柱和接触网、跨线桥、天桥、电力照明、雨棚等杆柱的建筑限界(正线不适用)。

—○—○—○—　站台建筑限界(正线不适用)。

————　适用于内燃牵引区段的双层集装箱运输基本建筑限界。

- - - - - - -　适用于电力牵引区段的双层集装箱运输基本建筑限界。

··················　接触网导线的最低高度。

y 为接触网结构高度。

由图 7-7 可以看出，适用于内燃牵引区段的双层集装箱运输基本建筑限界的最大高度为6 050 mm，该高度在双层集装箱装载高度 5 847 mm 的基础上增加了 203 mm 的顶部垂向安全裕量。该限界顶部半宽为 1 650 mm，是在集装箱装载边界半宽 1 349 mm 的基础上增加了 301 mm 的单侧横向安全裕量。

开行双层集装箱列车的电气化区段，接触网导线最低高度＝双层集装箱装载高度＋接触网导线距装载货物的安全距离＋接触网导线弛度＝5 847＋350＋50＝6 247 (mm)，根据《铁路技术管理规程》，接触网导线最大弛度距钢轨顶面的高度不超过 6 500 mm。图 7-7 中，将开行双层集装箱列车的电气化区段的接触网导线最低高度定为 6 330 mm，满足上述两个条件。

四、办理站装卸设备条件

在国外，双层集装箱列车一般开行于基地站间，采用的装卸机械主要有轨道式门式起重机、轮胎式门式起重机、正面吊等现代化集装箱专用装卸机械。根据第五章的分析，轮胎式门式起重机比较适合于港口集装箱堆场的装卸作业，而集装箱正面吊和轨道式门式起重机适合于铁路集装箱的装卸作业。

根据 2007 年颁布的《铁路双层集装箱运输管理办法》，双层集装箱车辆仅限使用集装箱正面吊运起重机或配备防摇装置的门式起重机等集装箱专用机械进行装卸作业，防止损坏车辆、箱体和锁具。

五、运量条件

双层集装箱运输能够在北美迅速发展的根本原因在于能够取得较高的经济效益。双层集装箱运输的经济效益受运量和运距的影响比较明显，因此，为了保证双层集装箱运输的经济效益，所选择的运输通道必须具有一定规模的运量和合理的运距。

充足、稳定的运量是开展双层集装箱运输的前提条件。国外双层集装箱发展的经验充分说明了这一点，美国在发展双层集装箱运输的初期，曾由于运量问题影响其发展速度。国外的双层集装箱列车多采用“点” 到“点”间直达运输方式，因为“点” 到“点”间双层集装箱直达列车在沿途不进行解编作业，载重量大，送达速度快，能够实现较高的运输效率和较大的经济效益，而开行“点” 到“点”间双层集装箱直达列车，必须保证“点” 到“点”间有充足稳定的箱流，如美国主要利用港口到达的大量重箱开行“点” 到“点”间双层集装箱直达列车进行大陆桥或跨境运输。

较长的集装箱运距是开展双层集装箱运输的另一重要条件。例如，美国的运输公司为了提高货车利用率，曾试图利用回空车辆装运国内中短途集装箱，但是这种中短途运输的单位成本却竞争不过公路，只有长距离运输，铁路集装箱运输才能显示出优势。相关研究表明，当双层集装箱直达列车运距超过 3 200 km 时，单位运输成本可以降低 25%；当运距为 800 km 左右时，单位运输成本的降低不会超过 15%。

为了减少集装箱列车的集结等待时间，满足集装箱运输高时效性的要求，开展双层集装箱运输的线路，两站间双层集装箱班列的开行频次不能太少，至少应保证每周开行两班以上。根据中国铁路双层集装箱专用车的有关参数和车站到发线有效长(按 850 m 计算)，满足每周开行两班双层集装箱列车的集装箱年运量为 18 360 TEU。可见，开展双层集装箱运输，必须做好货运营销和货源组织工作。

第八章　中国铁路集装箱运输产品创新

随着中国集装箱铁路运输能力的不断提高、集装箱铁路办理站的优化布局以及集装箱铁路运量的快速增长，作为集装箱运输产品的集装箱班列的类型正不断丰富，规模也不断扩大。中国铁路集装箱班列的组织形式主要有快速集装箱班列、铁水联运集装箱班列、中欧班列等。本章将在总结中国铁路集装箱班列运输产品的发展历程和创新经验的基础上，系统阐述中国铁路集装箱班列的组织形式及其开行条件，进而提出集装箱班列的运输组织和经营策略。

第一节　中国铁路集装箱班列发展概况与创新经验

一、中国铁路集装箱班列的发展历程

1. 集装箱直达列车的开行

中国铁路于 1986 年首次开行了大连港至满洲里站的集装箱专用直达列车，开创了中国集装箱直达列车的历史。1992 年 4 月开行的哈尔滨—广州北集装箱直达列车是中国第一列定点定线集装箱直达列车。由于减少了编组站作业，列车日均运行 773 km，明显加快了货物、集装箱和车辆的送达和周转速度，提高了铁路运输能力，取得了较好的经济和社会效益。1993 年加开了广州北—沈阳西、哈尔滨—南翔、南翔—西安东及连云港—阿拉山口的集装箱直达列车。

集装箱快运直达列车具有快速、高效、安全、便捷的特点，使托运人可根据班列开行日期合理安排生产，及时将货物运往市场，车站定期受理、快速运输，为企业压缩库存、加快资金周转、开拓市场提供了方便条件，取得了显著效益。集装箱直达列车日均运行 800 km 左右，高出普通货物列车两倍以上；编成辆数 50 辆左右，运输能力较大。定点定线集装箱直达列车的开行，标志着中国铁路运输组织工作提高到一个新的水平。

2. “五定”班列的开行

1997 年，中国铁路为了巩固和扩大在货运市场的占有份额，在总结以往开行集装箱快运直达列车经验的基础上，开始开行货运“五定”班列。所谓“五定”班列，是指定点、定线、定车次、定时、定价的快运货物列车，具有发到站间直达、运行线全线贯通、车次全程不变、发到时间固定且向社会公布的特点，实行以车或箱为单位报价，实现了货运班列的运行客车化、价格收费公开化、承诺服务规范化。“五定”班列的开

行，改变了长期以来铁路货物运输时限没有保证、手续繁琐等弊端，是铁路调整货运产品结构的重要举措。

3. 集装箱班列的开行及其精品化

集装箱运输代表着铁路货运的发展方向。“五定”班列开行成功后，从 1997 年开始，中国铁路开始在部分线路开行集装箱班列。

为了适应集装箱货源的特点和货主的要求，中国开发了多样化的集装箱班列运输产品，如跨局集装箱班列和管内集装箱班列；一站直达集装箱班列、阶梯式集装箱班列和集散式集装箱班列；集装箱专列及集装箱与普通货物混编班列；大客户集装箱班列、物流公司承包的集装箱班列；铁水联运集装箱班列、中欧班列；双向对流固定车底循环集装箱班列、多角固定车底循环集装箱班列等。

通过积极开拓集装箱运输市场，不断优化集装箱班列形式，中国铁路成功打造了以下精品集装箱班列。

(1)双向对流集装箱班列

中国西南地区拥有丰富的磷矿资源，是全国最大的磷复肥生产与出口基地，而生产磷复肥所需要的主要原材料硫磺大多从北美洲和中东地区进口。基于这一实际需求，铁路部门积极组织开行硫磷对流集装箱班列，不仅满足了客户要求，降低了运营成本，而且逐渐发展成为中国铁路的一个品牌产品。2007 年 4 月 18 日，原铁道部将防城港至昆明集装箱中心站、北海(防城港)至福泉、湛江至小寨坝三条硫磷对流班列线纳入了新的运行图，“硫磷对流三线并举”格局逐步形成。2007 年，“硫磷对流三线”共开行集装箱班列 726 列，集装箱发送量达 58 935 TEU。

2016 年 3 月，昆明铁路局在全路率先开展 35 t 敞顶箱跨局对流运输。昆明铁路局利用 35 t 敞顶箱的运输优势，对接云南曲靖呈钢钢铁(集团)有限公司，协调南宁铁路局，制订了 35 t 敞顶箱在昆明局柏果、马龙至南宁局防城港间开展焦炭和铁矿石跨局运输方案，开拓 35 t 敞顶箱运输市场，在全路首开 35 t 敞顶箱跨局对流运输先例。35 t 敞顶箱运输散货可使用集装箱自卸车自主完成卸车作业，在到达端可比整车运输减少一次人工装卸作业，也可减少 3‰至 3%不等的货物损耗，有效降低了客户物流成本。班列开行前五个月，昆明局运用 35 t 敞顶箱发运块煤、焦炭、铁矿石 54.03 万 t，其中块煤 5.2 万 t、焦炭 10.63 万 t、铁矿石 38.2 万 t，35 t 敞顶箱发运量呈逐月递增势头。

(2)液态奶集装箱班列

呼和浩特市被誉为中国的“乳都”，有着巨大的液态奶集装箱运输需求。从 2003 年开始，液态奶集装箱班列运输经历了市场培育、联手发展、巩固壮大、迅速扩展四个阶段，以伊利和蒙牛为主要客户，在铁路班列品牌和大客户两大战略的实施下取得了长足的进展，被誉为品牌班列、形象班列。

(3)铁水联运集装箱班列

1997 年,中国首次推出集装箱铁水联运服务,在其后的十多年里,集装箱铁水联运得到快速发展,开发了跨局铁水联运集装箱班列、管内铁水联运集装箱班列和技术直达铁水联运集装箱班列等多种运输产品,成为中国集装箱运输中的一个精品。为了提高运输效率,中国铁路还开发了基于港口合作的多点循环铁水联运班列,其路线是大连—长春南—长春东—鲅鱼圈港—大连,从而实现了进出口货源与班列车底利用的有机结合。

跨入新世纪以来,中国集装箱铁水联运班列不断推陈出新,于 2009 年开行了义乌—宁波铁水联运班列,打通了国际小商品城通往港口的运输通道。

为推动铁水联运的发展,2011 年交通运输部和原铁道部联合发布了《关于加快铁水联运发展的指导意见》,在全路选取了以大连、天津、青岛、连云港、宁波和深圳为发到节点的 6 条集装箱铁水联运示范线,见表 8-1。

表 8-1 铁水联运示范线集装箱班列开行情况

示范线路	班列形式
大连—东北地区	外贸班列、过境班列
天津—华北、西北地区	外贸班列
青岛—郑州及陇海线沿线地区	外贸班列、过境班列
连云港—阿拉山口沿线地区	外贸班列、过境班列
宁波—华东地区	外贸班列
深圳—华南、西南地区	外贸班列

2013 年至 2016 年,相继开通了沪昆、蓉万、宜昆、武蓉等铁水联运班列。

2016 年,稳定开行的铁水联运集装箱班列共有 28 个车次,2016 年全路日均开行铁水联运集装箱班列 113 列,其中,海铁联运班列 110 列,江铁联运班列 3 列。全年完成铁水联运运量 311.7 万 TEU,同比增长 28.5%。中国 10 个主要港口集装箱铁水联运量完成 235.3 万 TEU,同比增长 24.2%;铁路箱下水运量达到 5.7 万 TEU,同比增长 67.6%。2017 年 1~5 月,中国集装箱铁水联运运量完成 142.6 万 TEU,同比增长 24.6%,2017 年稳定开行的铁水联运集装箱班列运行线见表 8-2。

表 8-2 2017 年稳定开行的铁水联运集装箱班列运行线

车次	发局	装车组织站	始发站	到达站	卸车组织站	到局	编组内容	开行周期(列/日)
X9502	哈	依安、满洲里、扎兰屯、齐齐哈尔	三间房	苏家屯	金港、鲅鱼圈北、大窑湾港	沈	金港或鲅鱼圈北一站整列卸,5 000 t,换长 70.0	0.5

续上表

车次	发局	装车组织站	始发站	到达站	卸车组织站	到局	编组内容	开行周期(列/日)
X9504	哈	牡丹江、尚志、香坊、绥化、肇东、佳木斯、鹤岗、建三江、密山、卫星、下城子、绥芬河	哈尔滨南	苏家屯	金港、鲅鱼圈北、大窑湾港	沈	金港或鲅鱼圈北一站卸,5 800 t,换长 84.0	0.5
X9501	沈	鲅鱼圈北	鲅鱼圈北	三间房	白山乡	哈	集装箱整列卸,3 500 t,换长 70.0	1 列/周
X9508/7	京	新港、塘沽	新港	枣园堡	枣园堡、惠农	兰	集装箱整列卸,3 500 t,换长 70.0	2 列/周
X9512/1	京	新港	新港	包头东	包头东、呼和浩特	呼	一站整列卸,3 500 t,换长 70.0	2 列/周
X9514/3	呼	包头东、呼和浩特	呼和浩特	新港	新港	京	新港整列卸,4 500 t,换长 70.0	0.5
X9516/5	郑	圃田、圃田西	圃田	胶州	胶州、黄岛港	济	集装箱整列,4 300 t,换长 70.0	0.5
X9518/7	郑	圃田、圃田西	圃田	墟沟北	连云港港口	上	连云港港口站整列卸,4 500 t,换长 70.0	0.5
X9522/1	西	新筑	新丰镇	胶州	胶州、黄岛港	济	集装箱整列,4 300 t,换长 70.0	2 列/周
X9524/3	济	黄岛(港)、青岛(港)、胶州	胶州	圃田	圃田西、圃田	郑	集装箱,4 300 t,小汽车,满长,换长 70.0	2 列/周
X9526/5	济	兖州北	兖州北	成都北	城厢、新兴镇、普兴	成	成都北及其以远,4 000 t,换长 70.0	0.5
X9528/7	济	黄岛(港)、青岛(港)、胶州	青岛西	新筑	新筑	西	小汽车、集装箱一站卸,4 300 t,换长 70.0	0.5
X9532/1	上	连云港港口	墟沟北	圃田	圃田、圃田西	郑	圃田、圃田西站卸,5 000 t,换长 84.0	0.5
X9534/3	上	连云港东	墟沟北	西宁	陶家寨、平安驿	青	一站整列卸,4 000 t,换长 70.0	0.5
X9536/5	上	杨浦、芦潮港、闵行、北郊、何家湾、安亭、苏州西、南翔、桃浦	南翔	成都北	城厢、普兴、广汉、绵阳、天回镇、新兴镇	成	成都北及其以远,4 500 t,换长 70.0	0.5

续上表

车次	发局	装车组织站	始发站	到达站	卸车组织站	到局	编组内容	开行周期(列/日)
X9538/7	上	北仑、北仑港	北仑	鹰潭	鹰潭南、贵溪	南	鹰潭及其以远,4 000 t,换长 70.0	0.5
X9540/39	南	上饶、南昌北、鹰潭南、景德镇东、八景	鹰潭	北仑	北仑港	上	北仑港站卸,4 500 t,换长 70.0	0.5
X9542/1	广	大朗、棠溪、常平、江高镇、西丽、郭塘、源潭、三水西站	江村	成都北	新兴镇、大弯镇、城厢、绵阳北、德阳、乐山、燕岗、普兴	成	成都北及其以远,3 500 t,换长 70.0	1
X9544/3	广	大朗、棠溪、江高镇、平湖南、郭塘、三水西、三眼桥、小塘西、珠海西	江村	兴隆场	重庆南、团结村	成	兴隆场及其以远,4 500 t,换长 70.0	1
X9545/6	广	三水西、佛山东、小塘西	三水西	昆明东	昆明东、王家营西	昆	昆明东及其以远,3 800 t,换长 70.0	1
X9548/7	广	平湖南(盐田港)、蛇口	平湖南	兴隆场	团结村	成	兴隆场及其以远,4 000 t,换长 70.0	0.5
X9550/49	广	平湖南(盐田港)、蛇口	平湖南	成都北	城厢	成	成都北及其以远,3 500 t,换长 70.0	2 列/周
X9552/1	成	城厢	成都北	南翔	杨浦、芦潮港、北郊、何家湾、安亭、军工路港、北仑港、闵行	上	杨浦、芦潮港、北郊、何家湾、安亭到站成组。南翔及其以远,4 500 t,换长 70.0	0.5
X9554/3	成	城厢、团结村	成都北	江村	大朗、棠溪、三水西、常平、下元	广	城厢开江村及其以远,3 500 t,换长 70.0;团结村开江村及其以远,4 000 t,换长 70.0	0.5
X9556/5	成	城厢	成都北	平湖南	平湖南	广	平湖南一站卸,4 200 t,换长 70.0	0.5
X9558/7	成	团结村	兴隆场	平湖南	平湖南	广	平湖南一站卸,4 200 t,换长 70.0	0.5

续上表

车次	发局	装车组织站	始发站	到达站	卸车组织站	到局	编组内容	开行周期(列/日)
X9560/59	昆	王家营西	昆明东	三水西	三水西、下元、黄埔、江高镇、大朗、三眼桥、街边、小塘西、佛山东	广	三水西及其以远,到站成组,3 500 t,换长70.0	0.5
X9506	哈	让湖路西	让湖路西	苏家屯	金港、鲅鱼圈北、大窑湾港	沈	金港、鲅鱼圈北、大窑湾港一站整列卸,5 000 t,换长70.0	0.5
X9510	哈	白山乡	白山乡	苏家屯	金港、鲅鱼圈北、大窑湾港	沈	金港、鲅鱼圈北、大窑湾港一站整列卸,5 000 t,换长70.0	0.5
X9564/3	宁	防城港	防城港	读书铺	读书铺	昆	读书铺及其以远车流,4 000 t,换长70.0	0.5

(4)中欧班列

中欧班列是指按照固定车次、线路、班期和全程运行时刻开行,经阿拉山口/霍尔果斯(西线)、二连浩特(中线)、满洲里/绥芬河(东线)等口岸进出境,往来于中国与欧洲以及“一带一路”沿线各国的集装箱国际铁路联运班列,主要承运货物品类包括家用电器、机械设备、食品、服装百货、汽车配件等。

自2011年3月19日首趟中欧班列开行以来,截至2017年5月中旬,中欧班列累计开行4 000多列;国内开行城市已达28个,境外到站也达到了29个,范围扩大到欧洲11个国家。目前,稳定开行的中欧班列运行线已增加至46条,这凸显出中国铁路对中欧班列发展的重视和加大运力保障的决心,致力于将中欧集装箱班列打造为另一精品集装箱运输产品。

中欧班列具有安全快捷、绿色环保、受自然环境影响小等综合优势,已成为亚欧国际物流中陆路运输的骨干方式,中欧班列的运输组织、发展规划等详细内容参见本章第二节。

(5)快速集装箱班列

运行速度120 km/h及其以上的集装箱班列,称为快速集装箱班列。快速集装箱班列编成辆数较小,其突出特点是货物送达速度快。随着新型快速集装箱车辆的研制成功以及线路条件的改善,在有条件的区段可组织开行时速160 km/h的快速集装箱班列,以满足对时效性要求更高的高附加值货物的运输要求。2017年稳定开行的快速集装箱班列运行线见表8-3。

2009年中国铁路开行了东莞—盐田城际快运集装箱班列,打出了“绿色100”的品牌。抓住新线开通的有利时机,铁路开通了成渝城际快速集装箱班列,甬温沿海快线集装箱班列,实现了集装箱运输产品向新线的延伸。2015 年 10 月,中铁集装箱运输有限责任公司与济南铁路局、广州铁路(集团)公司合作,开行了胶州至石龙的快速集装箱班列,这是积极拓展铁路箱下水出境业务的成果。

表 8-3 2017 年稳定开行的快速集装箱班列运行线

车次	发局	装车组织站	始发站	到达站	卸车组织站	到局	编组内容	开行周期(列/日)
X8601/2/1	上	钱清、艮山门、嘉兴东、海宁、临平	金华东	江村	三眼桥	广	金华东至江村间编组不少于 35 辆,最高不超过 2 500 t,换长 60.0	1
X8604/3	成	改貌	贵阳南	平湖南	平湖南	广	贵阳南至平湖南编组不少于 30 辆,最高不超过 2 500 t,换长 60.0	0.5
X8608/5	济	日照、临沂北、莒县	临沂	乌西	乌西、乌北、昌吉	乌	乌西一站卸,编组不少于 20 辆,最高不超过 2 500 t,换长 60.0	0.5
X8606/7	乌	乌西、乌北、昌吉	乌西	临沂	日照、临沂北、莒县	济	临沂一站卸,编组不少于 20 辆,最高不超过 2 500 t,换长 60.0	0.5
X8609	上	北郊、闵行	南翔	株洲北	霞凝	广	南翔至株洲北间编组不少于 30 辆,最高不超过 2 500 t,换长 60.0	0.5

(6)双层集装箱班列

发展双层集装箱运输是提高运输能力、扩大集装箱运量的有效措施。2004 年 4 月19 日,中国第一列双层集装箱班列——北京至上海双层集装箱班列正式运行。2007 年,北京至上海双层集装箱班列在北京的作业站由北京东调整到大红门,而且随着京沪通道限界的扩大,双层集装箱车的装载高度和重车重心高也都有所提高。继北京—上海双层集装箱班列之后,中国又在郑州东和黄岛间开行了双层集装箱班列。然而受装载率不高、技术经济效益较低的影响,中国于 2012 年停开双层集装箱班列。

双层集装箱班列载运能力较大,可明显缓解干线运输能力紧张的问题,可以实现港口集装箱的快速集疏运，因此，中国仍保持着积极探索和发展双层集装箱运输的乐观姿态，且将建设双层箱运输通道纳入多项发展规划中。

二、中国铁路集装箱班列运输产品的创新经验

1. 双向对流集装箱班列的开行经验

铁路部门在深入细致地进行市场调查的基础上，按照实施大客户战略的要求，通过与港口企业和磷化企业广泛接洽，组织开行了硫磷对流集装箱班列，将硫磺和磷肥纳入了班列运输，既满足了市场需求、培育了大客户，也充分发挥了集装箱班列运输的优势。2006 年 11 月 4 日，以从防城港至昆明集装箱中心站的硫磷对流集装箱班列的开行为标志，硫磷对流集装箱班列进入了重去重回循环开行的快速发展时期。总结其经验，主要有以下 5 个方面。

(1)强力营销，抢占市场。长期以来，铁路运输能力是制约泛北部湾港口和西南磷化企业产品交流与外运的瓶颈。从 2004 年开始，铁路加强对西南地区磷化企业的市场调研，掌握企业的生产状况和运输需求，适时推出适应硫磷市场需求的集装箱对流运输组织方案，从而抢占了市场先机。随着“硫磷对流三线并举”新格局的形成和发展，初步建立了跨地区的、各大港口和磷化企业和谐并举发展的物流市场。

(2)开发引进干散货集装箱，投入硫磷对流集装箱班列运输。使用干散货集装箱装运硫磺和磷肥，适应货物特点、便于货物装卸，在节约包装成本、提高运输效率方面具有突出优势。目前，干散货集装箱硫磷对流运输已成为铁路集装箱运输的主导产品之一。

(3)适时扩大硫磷对流班列运输规模。原铁道部在原硫磷对流班列正常开行的基础上，于 2007 年 4 月 18 日，将防城港至昆明集装箱中心站、北海(防城港)至福泉、湛江至小寨坝三条硫磷对流班列线路纳入新的列车运行图，使硫磷对流班列运输的规模效应和品牌效应日益突出。随着硫磷对流量的稳步增长，物流产业规模不断扩大，市场潜力也日渐显现。

(4)实施大客户战略，提高运输服务质量。铁路部门建立健全了大客户服务档案，同时建立大客户运力保障体系，并且定期召开季度“集装箱硫磷运输大客户座谈会”，以加强信息沟通，不断改善运输服务质量。

(5)健全规章制度，强化安全基础。班列运行维护的各项规章制度不断健全，为硫磷对流集装箱班列的稳定开行创造了一个开放、公平、竞争有序的市场环境，提供了强有力的政策保障。在保证班列运输安全方面着力做了以下工作：一是建立领导安全包保制度，层层落实安全措施；二是对硫磷对流运输中存在的安全隐患及时治理，以杜绝隐患；三是积极督促港口和各专用线加强技术改造，改善有关办理危险品运输的设施。

2. 液态奶集装箱班列的开行经验

2003 年 9 月 16 日，第一列液态奶集装箱班列从呼和浩特发往广州。从此，伊利

和蒙牛两家企业的乳制品运输得到了稳定可靠的运力保障，困扰企业发展的乳制品运输问题得到比较圆满的解决。在液态奶集装箱班列的开行、运营和品牌建设过程中，铁路部门积累了丰富的经验：

(1)班列的经营得益于品牌的自创。以市场为导向，抓住伊利、蒙牛奶制品外运需求量大的机遇，逐步打造品牌、扩大市场，提升品牌的影响。由于措施有力，保证了班列的正常运输和良性运营。

(2)班列的发展得益于品牌的维护。把班列发展和维护放在重要的位置，在箱源保证方面采取了控制零散箱发送保装运、管内调整保重点、加速修箱力度做补充等措施，为班列的正常开行提供了必要保证。

(3)班列的延伸得益于品牌的联合。伊利和蒙牛已经是世界知名企业，液态奶集装箱班列的开行是铁路部门与两家知名企业实现强强联合的成果，有利于丰富班列的品牌内涵，加快市场对品牌的认知速度。

(4)班列的成长得益于各部门的支持。在班列的开行过程中，曾遇到箱、车集结难、返空成本大、限制口能力有限等难题，但是在相关铁路局的有力支持下，使班列得以健康的发展。

3. 铁水联运集装箱班列的开行经验

铁路集装箱运输的发展，为铁水联运集装箱班列的开行打下了良好的基础。1996 年，中国开行了由阿拉山口出境、经由多斯特克口岸换装到哈萨克斯坦等国家的铁水联运国际集装箱班列。2006 年 11 月 26 日，开行了“三港四线”铁水联运直达快运班列(即大连—长春、大连—哈尔滨、青岛—郑州、连云港—阿拉山口的集装箱班列)。2007 年“4.18”大提速后，又将这些班列设定为跨局快运集装箱“五定”班列。中国铁路在开行铁水联运集装箱班列中，也积累了以下适应中国国情的宝贵经验：

(1)加强铁路与船公司、港口的联系，实现港口班列对接，开行小循环对接班列。在东北地区，通过努力，船公司和港口将业务扩展至满洲里、绥芬河两大铁路口岸，自备箱进入口岸装运加工木材，并循环到内陆港口对接班列。

(2)打破传统思维方式，创新运作方式。在开发集装箱班列运输新市场时，积极转换观念、拓展市场，尤其在开拓粮食运输市场中得到了充分体现。

(3)直接对接大客户，精心为其测算成本，提供优质良好的服务。站在客户角度换位思考，替客户着想，真正实现双赢；在运作环节上提升服务质量，切实解决大客户的困难；同时还通过法律手段规范自身行为、降低客户风险。从而保证了海铁联运集装箱班列运量的增长。

(4)合理调整集装箱办理站的布局。市场是变化的，要主动适应市场、适应客户，就需要对集装箱运输资源的布局进行合理调整。集装箱办理站布局的合理调整，能够有效地释放集装箱铁路运输能力，满足客户需求，从源头上保证海铁联运班列更大量、更稳定的货源。

(5)建立和完善协调机制。海铁联运集装箱班列的车流组织、海运集装箱的调配等诸多环节都需要海铁联运参与各方的积极配合。通过建立高效运行的协调机制，不仅提升了港站的集疏运能力，而且能够及时解决联运中的接口问题，从而在联运发展中真正实现了多赢。

4. 中欧班列的开行经验

根据2014年颁布的《中欧班列运输组织暂行办法》，中欧班列按照统一品牌标志、统一运输组织、统一全程价格、统一服务标准、统一经营团队、统一协调平台，强化机制和装备保障的原则，为客户提供优质的铁路运输服务。

自2011年开行首列中欧班列以来，中国铁路部门总结出了以下宝贵的组织经验：

(1)统一品牌标志、统一运输组织。中欧班列分通道统一运行车次，各地始发的中欧班列需使用中欧班列统一品牌标识。中欧班列按原车次始发，上干线铁路运输时，在接续技术站变更为通道班列，并统一车次，再按通道班列的时刻运行。中欧班列使用集装箱平车和集装箱两用车，按最高速度120 km/h组织开行，积极与沿线国家铁路协商，共同铺画全程运行图。加强箱源调配、运行盯控工作，国内段除受大风天气影响外，正点率达100%，运行速度达到日行1 300 km，比其他国家快300 km。

(2)建立国际联运价格协调机制。中国铁路总公司统一组织开展中欧班列在境外各国铁路的运价谈判，有效降低国际联运全程物流成本。规范全程服务基准底价，并由中国铁路总公司及时组织调整。明确价格运用策略，出口货物上班列运输(整列或中转集结)，各铁路局集团公司在不低于集装箱国际物流全程服务基准底价的基础上，按照一手货从优、全程代理从优和量大从优的原则，区分不同客户和不同物流服务类型，制定差异化价格灵活运用方案，大力揽取一手货源。

(3)打造全程货运服务平台。与沿线铁路建立班列运行信息交换机制，实现电子预报关和单据预审，提供业务咨询、联运单证制作、报关转关、应急处置等服务。积极与沿线各国铁路协商，给予班列运价优惠。加强与国外铁路、国内外物流企业的合作，拓展单证制作、报关报检、接取送达、国外运输和分拨配送、信息追踪等服务。

(4)保障货物安全。推广使用集装箱电子防盗锁，实施远程监控；通过全程保价保险，降低客户货损风险；与沿线铁路建立协调机制，共建全程安全防控体系。

第二节 中欧班列创新经验和发展规划

一、中欧班列的发展历程与现状

中欧班列(China Railway Express，缩写为CR express)是由中国铁路总公司组织，按照固定车次、线路、班期和全程运行时刻开行，运行于中国与欧洲以及“一带一路”沿线国家间的集装箱等铁路国际联运列车，是深化中国与沿线国家经贸合作的重要载体和推进“一带一路”建设的重要抓手。

自2011年3月19日，首列中欧班列(重庆—杜伊斯堡)成功开行以来，成都、郑州、武汉、苏州、广州等城市陆续开行了去往欧洲的集装箱班列。特别是自2013年以来，在国家“一带一路”倡议推动下，在各方的共同努力下，班列开行数量保持成倍增长。2014年中欧班列开行列数达到308列，同比增长285%，发送箱26 078 TEU，同比增长275%。2015年中欧班列开行817列，是2014年的2.7倍，是2011年以来开行总列数的1.8倍；中欧班列回程开行269列，增长9.6倍。2016年中欧班列开行1 702列，同比增长885列，增长2.1倍。

随着“一带一路”建设的深入推进，中欧班列已成为深化中国与沿线国家经贸往来的重要载体和推进“一带一路”建设的有效抓手。2014年发布的《中欧班列运输组织暂行办法》标志着中欧班列的运输组织实现规范化和常态化，已初步拥有了较为成熟的组织经验。经2016年5月中国铁路大规模运行图调整，中欧班列国内运行线由26条增至39条，最快运行时速已可达每小时120 km。

2016年6月8日，由中铁集装箱运输有限责任公司及其全资子公司中铁国际多式联运有限公司组织发运了带有统一品牌的中欧班列，此班列首次全部使用了带有统一品牌中欧班列标识的40英尺中铁集装箱运输。2017年4月，中国、白俄罗斯、德国、哈萨克斯坦、蒙古、波兰、俄罗斯七国铁路部门共同签署了《关于深化中欧班列合作协议》。同年5月，中欧班列运输协调委员会成立。委员会的成立促使沿线各国运输部门交流畅通，协作加强，共商发展，便于中欧班列运输组织效率的提高。

二、中欧班列的运输组织创新实践

1. 干支结合、枢纽集散

为充分利用铁路干线运能、满足各地开行需求，中欧班列在国内实行“干支结合”开行方式。西线通道干线为陇海、兰新线；中线通道干线为京广、集二线；东线通道干线为京沪、哈大线。班列始发(编组)站至干线间的运行线路为支线。中欧班列客户服务中心根据班列开行方案、月度开行需求、国际联运计划商定等情况，每月排定各地班列班期，并按班期组织班列开行。

2. 优化班列开行方案，客车化运行组织

各铁路局集团公司、中铁集装箱运输有限责任公司根据掌握的基础货源以及与企业签订的国际物流服务协议情况，向铁路总公司提出中欧班列的分方向开行需求。铁路总公司按120 km/h速度标尺铺画中欧班列运行图，使用集装箱平车和平车—集装箱共用车，日行1 000余km，并与境外宽轨段实现了运行图衔接，从始发、终到及沿途各大节点均严格按图行车，各站作业组织上要求紧密衔接，班列运行优先级高。

3. 加强日常盯控，提高全程物流服务

实行总公司和铁路局集团公司两级调度机制，切实做好箱车设备保障、装卸作业组织、甩挂作业组织、按图行车、应急情况处理等全程盯控工作，确保中欧班列运行品质。专门成立了中欧班列客户服务中心和单证中心，可以为客户提供国际联运单证制作、报关转关、货物追踪、应急处置、业务咨询等境内外“门到门”全程物流服务。

4. 加强信息平台建设，实施便利通关

积极与中欧班列通道沿线国家铁路、海关、质检等部门展开协商，推进全程运行图铺画、信息交换以及电子通关、“安智贸”一票通关等工作，进一步压缩中欧班列运行时间。“安智贸”项目的落实减少了中欧班列大量的通关时间，为通关便利化起到了示范作用。随着中欧班列的快速发展，在国家有关部门的推动下，更多中欧班列线路将会列入“安智贸”项目。

5. 强化境外运输安全工作，完善国际全程物流服务能力

针对集装箱货物在境外发生丢失的现象，优化作业流程，协调沿途相关铁路部门加强铁路运输安保工作，同时增加电子防盗锁等集装箱防盗设施，确保中欧班列货物运输安全。发挥中铁集装箱公司既有驻外机构的作用，积极开展境外经营。推进合资建立经营网点项目，逐步取得境外铁路直接申请运输付费资格，逐步增加在境外议价和拓展经营的能力，加强全程运输的掌控能力。

三、中欧班列建设与发展规划

2016年底，由国家发展改革委、中国铁路总公司牵头，会同有关部门和地方政府，依据《中华人民共和国国民经济和社会发展第十三个五年规划纲要》《推动共建丝绸之路经济带和21世纪海上丝绸之路的愿景与行动》《中长期铁路网规划》共同编制的《中欧班列建设发展规划（2016－2020年）》（简称《规划》）颁布。这是中欧班列建设发展的首个顶层设计。

《规划》全面布置了未来5年中欧班列建设发展任务：明确了中欧铁路运输通道、枢纽节点和运输线路的空间布局，统筹利用中欧铁路东中西三条国际联运通道，按照铁路“干支结合、枢纽集散”的班列组织方式，在内陆主要货源地、主要铁路枢纽、沿海重要港口、沿边陆路口岸等地规划设立43个枢纽节点，建设发展43条运行线，并提出中欧班列未来发展建设的七大任务。

1. 中欧铁路运输通道规划

（1）西通道。一是由新疆阿拉山口（霍尔果斯）口岸出境，经哈萨克斯坦与俄罗斯西伯利亚铁路相连，途经白俄罗斯、波兰、德国等，通达欧洲其他各国。二是由霍尔果斯（阿拉山口）口岸出境，经哈萨克斯坦、土库曼斯坦、伊朗、土耳其等国，通达欧洲各国；或经哈萨克斯坦跨里海，进入阿塞拜疆、格鲁吉亚、保加利亚等国，通达欧洲各国。三是由吐尔尕特（伊尔克什坦），与规划中的中吉乌铁路等连接，通向吉尔吉斯斯坦、乌兹别克斯坦、土库曼斯坦、伊朗、土耳其等国，通达欧洲各国。

（2）中通道。由内蒙古二连浩特口岸出境，途经蒙古国与俄罗斯西伯利亚铁路相连，通达欧洲各国。

(3)东通道。由内蒙古满洲里(黑龙江绥芬河)口岸出境,接入俄罗斯西伯利亚铁路,通达欧洲各国。

中欧班列通道不仅连通欧洲及沿线国家,也连通东亚、东南亚及其他地区;不仅是铁路通道,也是多式联运走廊。三大中欧铁路运输通道覆盖中国西北、西南、华中、华南、华东等地区,既能满足国内多城市的中欧国际物流需求,也可进一步挖掘国内外的跨境运输需求。中欧铁路运输通道主要货源吸引区见表 8-4。

表 8-4 中欧铁路运输通道主要货源吸引区

运输通道	货源吸引区
西通道	西北、西南、华中、华南等地区,经陇海、兰新等铁路干线运输
中通道	华北、华中、华南等地区,经京广、集二等铁路干线运输
东通道	东北、华东、华中等地区,经京沪、哈大等铁路干线运输

2. 中欧班列枢纽节点

按照铁路"干支结合、枢纽集散"的班列组织方式,中欧班列在内陆主要货源地、主要铁路枢纽、沿海重要港口、沿边陆路口岸等地规划设立枢纽节点。通过鼓励其他城市和地区积极组织货源在中欧班列枢纽节点集结,以提高整体效率和效益。中欧班列枢纽节点见表 8-5。

表 8-5 中欧班列枢纽节点

节点类型	中欧班列枢纽节点
内陆主要货源节点	重庆、成都、郑州、武汉、苏州、义乌、长沙、合肥、沈阳、东莞、西安、兰州
主要铁路枢纽节点	北京(丰台西)、天津(南仓)、沈阳(苏家屯)、哈尔滨(哈尔滨南)、济南(济西)、南京(南京东)、杭州(乔司)、郑州(郑州北)、合肥(合肥东)、武汉(武汉北)、长沙(株洲北)、重庆(兴隆场)、成都(成都北)、西安(新丰镇)、兰州(兰州北)、乌鲁木齐(乌西)、乌兰察布(集宁)
沿海重要港口节点	大连、营口、天津、青岛、连云港、宁波、厦门、广州、深圳、钦州
沿边陆路口岸节点	阿拉山口、霍尔果斯、二连浩特、满洲里

(1)内陆主要货源节点。具备稳定货源,每周开行 2 列以上点对点直达班列,具有回程班列组织能力,承担中欧班列货源集结直达功能。

(2)主要铁路枢纽节点。在国家综合交通网络中具有重要地位,具备较强的集结编组能力,承担中欧班列集零成整、中转集散的功能。

(3)沿海重要港口节点。在过境运输中具有重要地位,具备完善的铁水联运条件,每周开行 3 列以上点对点直达班列,承担中欧班列国际海铁联运功能。

(4)沿边陆路口岸节点。中欧班列通道上的重要铁路国境口岸,承担出入境检验检疫、通关便利化、货物换装等功能。鼓励其他城市(地区)积极组织货源,在中欧班列枢纽节点集结，以提高整体效率和效益。

此外，还需依据境外货源集散点及铁路枢纽情况，合理设置中欧班列境外节点。

3. 中欧班列运行线

根据中欧班列的运输组织方式，将中欧班列运行线分为中欧班列直达线和中欧班列中转线。中欧班列直达线是指内陆主要货源地节点、沿海重要港口节点与国外城市之间开行的点对点班列线；中欧班列中转线是指经主要铁路枢纽节点集结本地区及其他城市零散货源开行的班列线。中欧班列直达线见表8-6、表8-7。

表8-6　既有中欧班列直达班列线

国内发/到城市	边境口岸	境外到/发城市	方向
重　庆	阿拉山口/霍尔果斯	杜伊斯堡(德国)等	双向
	满洲里	切尔克斯克(俄罗斯)等	去程
郑　州	阿拉山口	汉堡(德国)等	双向
	二连浩特	汉堡(德国)等	双向
成　都	阿拉山口/霍尔果斯	罗兹(波兰)等	双向
武　汉	阿拉山口	帕尔杜比采(捷克)等	双向
	阿拉山口	杜伊斯堡(德国)等	双向
	阿拉山口/霍尔果斯	杜伊斯堡(德国)等	回程
	满洲里	汉堡(德国)等	去程
	满洲里	托姆斯克(俄罗斯)等	回程
苏　州	满洲里	华沙(波兰)等	去程
	二连	华沙(波兰)等	回程
	满洲里	布列斯特(白俄罗斯)等	回程
义　乌	阿拉山口/霍尔果斯	马德里(西班牙)等	双向
	满洲里	明斯克(白俄罗斯)	去程
	霍尔果斯	伊斯坦布尔(土耳其)	去程
沈　阳	满洲里	汉堡(德国)等	双向
	二连	莫斯科(俄罗斯)等	去程
	满洲里	布列斯特(白俄罗斯)等	回程
长　沙	阿拉山口	汉堡(德国)等	去程
	二连	汉堡(德国)等	去程
厦　门	阿拉山口	汉堡(德国)等	去程
	二连	莫斯科(俄罗斯)等	去程
	满洲里	杜伊斯堡(德国)等	去程
	二连	伊尔库茨克(俄罗斯)等	回程

续上表

国内发/到城市	边境口岸	境外到/发城市	方向
北京—天津	二连浩特	莫斯科(俄罗斯)等	去程
	满洲里	莫斯科(俄罗斯)等	去程
长　春	满洲里	施瓦兹海德(德国)等	双向
连云港	阿拉山口	伊斯坦布尔(土耳其)等	去程
营　口	满洲里	后贝加尔(俄罗斯)等	去程
合　肥	阿拉山口	汉堡(德国)等	去程
广　州	满洲里	莫斯科(俄罗斯)等	去程
赤　峰	满洲里	克列西哈(俄罗斯)等	去程
南　通	霍尔果斯	马扎里沙里夫(阿富汗)等	去程
哈尔滨	满洲里	汉堡(德国)等	去程
集　宁	二连	莫斯科(俄罗斯)等	去程
	二连	沃尔西诺(俄罗斯)等	回程

表 8-7　规划的中欧铁路直达班列线

国内发/到城市	边境口岸	境外到/发城市	方向
兰　州	阿拉山口/霍尔果斯	汉堡(德国)等	双向
石家庄—保定	二连浩特、阿拉山口/霍尔果斯	明斯克(白俄罗斯)等	双向
昆　明	二连浩特、阿拉山口/霍尔果斯	鹿特丹(荷兰)等	双向
贵　阳	二连浩特、阿拉山口/霍尔果斯	杜伊斯堡(德国)等	双向
厦　门	满洲里、阿拉山口/霍尔果斯	罗兹(波兰)等	双向
库尔勒	阿拉山口/霍尔果斯	杜伊斯堡(德国)等	双向
太　原	二连浩特、阿拉山口/霍尔果斯	阿拉木图(哈萨克斯坦)等 莫斯科(俄罗斯)等	双向
南　昌	二连浩特、阿拉山口/霍尔果斯	阿拉木图(哈萨克斯坦)等 莫斯科(俄罗斯)等	双向
南　宁	二连浩特、满洲里	乌兰巴托(蒙古国)等 莫斯科(俄罗斯)等	双向
哈尔滨	满洲里	比克良(俄罗斯)等	双向
大　连	满洲里	汉堡(德国)等	双向
银　川	阿拉山口/霍尔果斯	德黑兰(伊朗)等	双向
西　宁	阿拉山口/霍尔果斯	阿拉木图(哈萨克斯坦)等 杜伊斯堡(德国)等	双向

续上表

国内发/到城市	边境口岸	境外到/发城市	方向
包　头	二连浩特、阿拉山口/霍尔果斯	德黑兰(伊朗)等 乌兰巴托(蒙古国)等	双向
临　沂	二连浩特、阿拉山口/霍尔果斯	阿拉木图(哈萨克斯坦)等 乌兰巴托(蒙古国)等	双向
武　威	阿拉山口/霍尔果斯	阿拉木图(哈萨克斯坦)等	双向
义　乌	阿拉山口/霍尔果斯	德黑兰(伊朗)等	双向

为拓展国际邮件运输，中欧班列结合国际邮件特性，拟推行国际邮件“属地查验、口岸验放”模式。大力推进电子化通关，加强与国外邮政、海关、检验检疫、铁路部门合作，推进邮递物品海关监管互认。设立若干国际邮件铁路口岸重点交换站，加快推进中欧班列进出口国际邮件相关工作，提升邮件运输时效，改善数据反馈的及时性和准确性，实现国际邮件常态化运输。中欧班列邮件运输线路规划见表 8-8。

表 8-8　中欧班列邮件运输线路规划

始发站	集散范围	国境站	到站
郑　州	华中、华北地区	阿拉山口/二连浩特	莫斯科/杜伊斯堡/汉堡
重　庆	华南、西南地区	阿拉山口	莫斯科/杜伊斯堡/汉堡
乌鲁木齐	西北地区	阿拉山口	莫斯科/阿拉木图
苏　州	华东地区	满洲里	莫斯科/杜伊斯堡/汉堡
哈尔滨	东北地区	满洲里	莫斯科

4. 中欧班列建设发展的主要任务

(1)完善国际贸易通道，重点完善境内通道网络。畅通瓶颈路段，提升三大通道境内段路网运能。加快库尔勒—格尔木、兰渝等铁路建设，推进集宁—二连浩特等铁路扩能改造。有序推动境外通道建设，积极推动与中欧班列沿线国家共同制定欧亚铁路规划，稳步推进境外铁路建设。

(2)加强物流枢纽设施建设。围绕中欧班列枢纽节点打造一批具有多式联运功能的大型综合物流基地，完善冷链物流基地、城市配送中心布局，形成水铁、空铁、公铁国际多式联运体系，实现无缝高效衔接。鼓励国内企业在国外重要节点城市和与中国产能合作密切城市加强物流枢纽设施建设，提升物流辐射和服务能力。

(3)加大资源整合力度。优化运输组织，加大中欧班列组织力度，稳定既有直达班列，发展中转班列，力争到 2020 年，集装箱铁路国际联运总量中班列占比达到 80%。加快境外经营网点建设。按照中欧铁路通道、节点、境外产业、贸易等布局，分批建设境外分拨集散中心，形成中欧班列境外快捷集疏运能力。

强化货源支撑，加强与沿线国家政府相关方面的合作，加强地方政府支持区域内企业扩大与中欧班列沿线国家的产能合作、贸易往来；鼓励与国内外大型物流企业、港口企业、货代公司合作，发挥集货作用；鼓励中国企业在境外重点区域设立办事机构，推进合资建立经营网点，提高境外物流经营能力。

(4)创新运输服务模式。提供全程物流服务，鼓励公路、水运、航空等运输方式与中欧班列有效衔接，打造全程化物流服务链条。拓展国际邮件运输，推行电子货物清单，提供物流增值服务，推动建立统一的规则体系，建立统一互认的单证格式、货物安全、保险理赔、通关便利、数据共享等相关规则和技术标准，提高班列运行质量和效率。

(5)建立完善价格机制。遵循市场规则，根据运量变化情况，按照量价捆绑原则，建立灵活的中欧班列全程定价机制。有效集中各地货源，依托常态化、规模化运营能力，统一开展境外价格谈判，提高全程价格主导权，有效降低国际联运全程物流成本。

(6)构建信息服务平台。推进物流公共信息平台发展，逐步实现与沿线国家铁路、海关、检验检疫等信息系统的电子数据交换与共享，打通物流信息链，推行海关、检验检疫、铁路、港口单据电子化，打造“数字化”中欧班列。强化智能监控监管。引入北斗卫星定位技术实施全程定位，增加集装箱安全智能防盗设施；保持与沿途国家的密切沟通，建立中欧班列安全合作机制，提高班列运行全程监控能力，保障货物运输安全。

(7)推进便利化大通关。加强沿线国家海关国际合作，与中欧班列沿线国家海关建立国际合作机制，推进信息互换、监管互认、执法互助的海关合作，扩大海关间监管结果参考互认、商签海关合作协定等，推行中欧“经认证经营者”互认合作，推动全国通关一体化、检验检疫一体化。进一步扩大口岸开放。对符合国家要求的，优先审批，优先安排验收。加强与沿线国家(地区)间的口岸交流合作，推进国际贸易“单一窗口”、口岸管理共享平台建设，简化单证格式，统一数据标准，优化口岸监管、执法、通关流程，提高口岸智能化水平。

第三节 中国铁路集装箱班列的组织形式

一、集装箱列车的种类及其使用条件

1. 根据列车的编组内容分类

(1)集装箱专列

集装箱专列是指列车中的货物全部由集装箱装运，也称集装箱专门列车。

随着中国集装箱铁路运输能力的不断提高、集装箱铁路办理站优化布局以及集装箱铁路运量的快速增长，在集装箱货源稳定、充足，运输距离较长的线路上应积极组织开行集装箱专列。

由于集装箱装载的一般是对时效性要求较高的货物，为了提高集装箱运输的速度、质量、效率和效益，集装箱专列优先考虑采用直达列车的方式进行组织。目前，中欧班列、快速集装箱班列和大部分铁水联运班列均为集装箱专列。

(2)混合式集装箱列车

混合式集装箱列车是指既有装运集装箱，又有装运普通整车或零担货物的列车。混合式集装箱列车是目前中国集装箱的主要输送形式。混合式集装箱列车能够大大缩短货车集结时间，是集装箱运输发展过程中的过渡编组方式。

在由集装箱中心站、办理集装箱运输的铁路物流中心组成的现代化集装箱运输网络形成之前，混合式集装箱列车仍是铁路输送集装箱的重要方式。

2. 根据列车开行时间是否固定分类

(1)定期开行的集装箱列车

定期开行的集装箱列车定点、定线、定期开行，采取预约列车箱位，按期进货，正点发到的组织模式，其发送、到达有确定的时间，运行速度快，可为货主提供可靠的货运手段。

由于集装箱中心站和办理集装箱运输的铁路物流中心货源吸引范围内长期存在大量稳定的适箱货物，适宜组织定期集装箱列车。定期集装箱列车不仅可以促进大城市之间的经济交流，可以带动沿线的经济发展，对整个区域的资源分配也起着不可忽视的作用。同时，定期集装箱列车更利于集装箱多式联运的发展，提高铁路运输的整体形象。

(2)不定期开行的集装箱列车

不定期开行的集装箱列车是根据运输需要临时编开的集装箱列车，主要用于港口至内陆的集装箱疏运。由于集装箱船到达港口的时间具有不确定性，并且需要几列甚至几十列列车疏运，故难以铺画专门的运行线。

不定期开行的集装箱列车的开行受货源不稳定条件影响，在运行的发到站之间存在着货源、集装箱、车辆的不平衡问题，因此需要做好空箱和空车的调配工作。

3. 根据集装箱装载层数分类

(1)双层集装箱列车

双层集装箱列车是指全部由双层集装箱车组成，车上集装箱的装载层数可为两层或一层的集装箱列车。

双层集装箱车作为一种新型运输车辆，与单层集装箱车相比，具有良好的社会经济效益，车辆载重、运输能力有很大的提高，有利于缓解繁忙铁路干线的运能紧张，还可以节省集装箱运输成本。因此，双层集装箱班列的开行，不仅可以提高集装箱的运输效率和效益，还可以缓解干线铁路运能与运量的矛盾。

双层集装箱列车的经济效益受运量和运距的影响比较明显。因此，为了保证双层集装箱运输的经济效益，所选择的运输通道必须具有一定规模的运量和合理的运距。

为了减少集装箱列车的集结等待时间，满足集装箱运输高时效性的要求，开展双层集装箱运输的线路，两站间双层集装箱班列的开行频次不能太少，至少应保证每周开行两班以上。

由于受自然资源分布不均、经济发展和城市布局等因素的影响，全国集装箱流的分布和流向存在着较大差异，导致了箱流的不均衡。因而，只有在建成的双层集装箱运输通道，以及集装箱中心站或办理集装箱运输的铁路物流中心等货源吸引范围内具有大量稳定箱流的线路，才可以开行双层集装箱列车。

(2)单层集装箱列车

单层集装箱列车是指全部由仅能装载一层集装箱的车辆组成，即列车中集装箱的装载层数全部为一层的集装箱列车。当货源条件、线路轴重条件和运输通道限界条件不能满足双层集装箱运输要求时，应主要开行单层集装箱列车。目前，中国铁路的集装箱运输主要是单层集装箱运输。

(3)单层和双层混合集装箱列车

单层和双层混合集装箱列车是指组成集装箱列车的车辆中，既有装载一层集装箱的车辆，也有双层集装箱车，车辆的装载层数也存在单层和双层两种情况。一般情况下很少采用该种组织形式。

4. 根据列车在途中是否进行集装箱装卸作业分类

(1)直达集装箱列车

直达集装箱列车是指列车从始发站至终到站途中没有集装箱装卸作业，列车上的所有集装箱直接运抵到站。这种集装箱列车途中运行时间短，有利于加速车辆和集装箱的周转，提高集装箱运输效率。但开行这种集装箱列车需要在列车始发和终到站间具备较大的箱流。

(2)有途中装卸作业的集装箱列车

有途中装卸作业的集装箱列车是指在列车的始发站到终到站之间有集装箱装卸作业的集装箱列车，即虽然列车在途中不解体，但在经过一些集装箱办理站时，可进行集装箱的装卸作业，这为运量较小的车站组织集装箱运输提供了方便。有途中装卸作业的集装箱列车是直达集装箱列车的一个补充，使集装箱铁路运输覆盖面更广。由于中小城市适箱货源的发到量较少，难以成为集装箱列车的始发组织站或终到站的集装箱办理站点、专用线等，在这种情况下，通过开行有途中装卸作业的集装箱列车，可以将中小城市发到的集装箱吸引到集装箱列车中，因此，这种集装箱列车形式对发展中小城市经济有很大作用。这种集装箱列车形式对途中作业站的要求也较高，如应具备先进的装卸机械，能够在到发线或贯通式装卸线办理集装箱装卸等。

5. 根据列车内的车组数目及其编组方式分类

(1)单组集装箱列车

单组集装箱列车是指由同一到站的集装箱车组成的列车。单组集装箱列车的编组内容在到达终点站前的运行途中一般不发生变化。如果发站与到站间的箱流量足以组成一整列车，就应开行单组集装箱列车。

(2)分组集装箱列车

分组集装箱列车是指由两个及两个以上到站的集装箱车组成的列车。列车内的车辆按去向分组，并在到达终点站前运行途中的部分车站进行车组换挂作业。如果始发站、途中站和终到站间有符合条件的箱流，则可以考虑开行分组集装箱列车。

6. 根据列车车底是否固定和循环分类

(1)固定车底循环的集装箱列车

在运量较大、货源稳定的集装箱办理站(港口)之间，可开行固定车底循环集装箱列车。

固定车底循环的集装箱列车，既可以采用在两站间对开的循环方式，也可以采用在三站(或多站)间开行的三角(或多角)循环方式。前者适用于两站间双向箱流均衡的情况，后者适用于三站(或多站)间存在循环箱流的情况。这种列车形式有利于集装箱车的集中配置，提高集装箱车的使用效率，也便于实现集装箱车的跟踪管理。

(2)不固定车底的集装箱列车

在发到站间集装箱列车的车底不固定，根据箱流情况临时调配集装箱车编成的车列。这种形式的集装箱列车不利于实现集装箱车的跟踪管理，集装箱班列的开行也会受到车源的影响。

7. 根据列车运行速度分类

(1)普速集装箱列车

运行速度为 80 km/h 的集装箱列车，称为普速集装箱列车。普速集装箱列车的编组辆数多，运输能力大。目前开行的集装箱列车皆属于该类型的列车。

(2)快速集装箱列车

运行速度在 120 km/h 及以上的集装箱列车，称为快速集装箱列车。快速集装箱列车编成辆数较小，其突出特点是货物送达速度高。随着新型快速集装箱车辆的研制成功以及线路条件的改善，在有条件的区段可组织开行时速 160 km 的特快集装箱班列，以满足对时效性要求更高的高附加值货物的运输要求。

8. 根据货源的组织者分类

(1)铁路组织的集装箱列车

如果一列集装箱列车中所有车辆的货源组织、运力提供等均由铁路负责，则称该集装箱列车为铁路组织的集装箱列车。对于一些运量较大、货源稳定的货物品类，可以采用该组织形式。

(2)承包商组织的集装箱列车

如果一列集装箱列车中所有车辆的货源组织均外包给承包商，铁路只负责提供运力，则称该集装箱列车为承包商组织的集装箱列车。承包商在市场营销方面更有优势，可以在较短的时间内争取更多的货源并组织装车。采用该组织形式，能使集装箱班列的货源和效率更有保证。

(3)铁路与承包商共同组织的集装箱列车

如果一列集装箱列车中，一部分集装箱车的货源组织由承包商负责，另外一部分货源组织由铁路负责，运力也由铁路负责，则称该集装箱班列为铁路与承包商共同组织的集装箱列车。如果仅靠铁路系统不足以保证集装箱列车的货源，可以联合承包商，采用共同组织的列车形式。

9. 根据列车的开行方式分类

(1)一站组织的集装箱列车

由一个车站所装的集装箱车组成的集装箱列车称为一站组织的集装箱列车。如果一个车站某一方向的集装箱运量足够大，车站的作业能力也满足要求，则应开行一站组织的集装箱列车。

(2)多站组织的集装箱列车

由枢纽内或区段内邻近的多个车站所装的集装箱车组成的集装箱列车称为多站组织的集装箱列车。如果一个车站的箱流不够开行集装箱列车的条件，则可以联合附近多个装车站的箱流，共同组织集装箱列车。

二、中国铁路集装箱班列的主要组织形式及其开行条件

根据对集装箱列车的分类及开行条件分析，结合集装箱办理站间的箱流特点以及集装箱运输通道的技术条件，中国集装箱班列的组织形式应包括：快速集装箱班列、一站直达双层集装箱班列、有途中作业的双层集装箱班列、一站直达单层集装箱班列、有途中作业的单层集装箱班列等。

1. 快速集装箱班列

快速集装箱班列的运行速度在 120 km/h 及以上，列车重量为 2 500 t 及以下，适合在高等级线路上、高附加值货源充足、箱流较大的大城市间开行，所运输的货物对时效性要求较高。由于快速集装箱班列的重量较小，对线路的运输能力占用很大，因此，快速集装箱班列一般宜在基本实现客货分线运行的线路上开行，即要求线路的等级较高，且运输能力相对富余。

2. 一站直达双层集装箱班列

一站直达双层集装箱班列在箱流充足、稳定的集装箱办理站间开行，运行径路具备双层集装箱运输条件，途中不进行集装箱装卸作业和车组甩挂作业。这种列车在运行图上铺画有专门的运行线，完全按照客车方式运行；可以预报收货人，预约箱位，准时发到，实行有计划的接取送达；车底一般固定循环使用；途经编组站不解体，不通过驼峰，不进行溜放作业；列车编组固定。

3. 有途中作业的双层集装箱班列

(1)有途中装卸作业的双层集装箱班列

有途中装卸作业的双层集装箱班列在运量较大、货源稳定的集装箱办理站间开行,运行径路具备双层集装箱运输条件,要在途经的一个或若干个集装箱办理站办理集装箱装卸作业。这种列车形式在运行图上也铺画有专门的运行线,定时、定点、定线、定途中装卸作业站、定始发终到站;固定编组,车底循环使用;途经编组站不解体,不通过驼峰。

这种列车组织形式便于输送班列运行沿途运量较小车站的发到箱流,但由于列车要在途中作业站进行集装箱装卸作业,列车运行效率和货物送达速度不如一站直达集装箱班列高。这种列车形式对途中装卸作业站的要求是,具备双层集装箱列车接发作业条件和双层集装箱车装卸作业条件,能够在到发线或贯通式装卸线利用先进的装卸机械快速进行装卸作业。

(2)有途中甩挂作业的双层集装箱班列

有途中甩挂作业的双层集装箱班列在运量较大、货源稳定的集装箱办理站间开行,运行径路具备双层集装箱运输条件,要在途经的一个或若干个集装箱办理站办理双层集装箱车的甩挂作业。北京至上海间的双层集装箱班列就采用了在无锡南进行车辆甩挂作业的方式。这种列车在运行图上也铺画有专门的运行线,定时、定点、定线、定途中甩挂作业站、定始发终到站;除在规定的途中甩挂作业站有双层集装箱车的甩挂作业之外,途经编组站也不解体,不通过驼峰;列车内的车辆按到站选编成组,甩挂车组一般位于整列车的尾部。

这种列车组织形式便于输送班列运行沿途运量较小车站的发到箱流,便于班列补轴,也可节省班列在始发站的集结时间,但由于列车要在途中进行车辆甩挂作业,列车运行效率不如一站直达班列高,而且不利于车底的固定循环使用。这种集装箱班列对途中甩挂作业站的要求是:具备双层集装箱列车接发作业条件和进行双层集装箱车甩挂的调车作业条件。

4. 一站直达单层集装箱班列

在运量充足、货源稳定的集装箱办理站间开行,集装箱采用单层集装箱车、敞车或平车装载,途中不进行集装箱装卸作业和车组甩挂作业。这种列车在运行图上铺画有专门的运行线;车底一般固定循环使用;列车编组固定,途经编组站不解体。

5. 有途中作业的单层集装箱班列

(1)有途中作业的正常径路单层集装箱班列

该类型集装箱班列的运行径路为最短径路或特定径路,班列在途中的一个或几个车站进行集装箱装卸或车辆甩挂作业。根据途中作业站是否具有整列装卸的作业条件,有途中作业的正常径路单层集装箱班列也可分为有途中装卸作业的正常径路单层集装箱班列和有途中甩挂作业的正常径路单层集装箱班列两种。

(2)有途中作业的迂回运行单层集装箱班列

该类型集装箱班列的运行径路为迂回径路,目的是为了将某些车站的货源纳入班列,与其他班列形成往返班列,以实现车底的固定循环使用。根据途中作业站是否具备整列装卸条件,有途中作业的迂回运行单层集装箱班列进一步可分为有途中装卸作业的迂回运行单层集装箱班列和有途中甩挂作业的迂回运行单层集装箱班列。

如图8-1所示,D站到A站的箱流量很大,足以开行D→A的一站直达单层集装箱班列,A站到D站的箱流量很少,不足以开行A→D的一站直达集装箱班列,但是A站到B站有一定箱流量,B站到C站和D站也有一定的箱流量,并与D→A的箱流量悬殊不大,满足开行A→B→C→D的有途中作业的迂回运行集装箱班列的条件。组织开行A→B→C→D的迂回运行单层集装箱班列,既可以为将A站到B站的箱流、B站到C站和D站的箱流纳入班列,还能与D→A的一站直达单层班列构成往返班列,保证两班列实现车底的固定循环使用,提高车辆的使用效率。

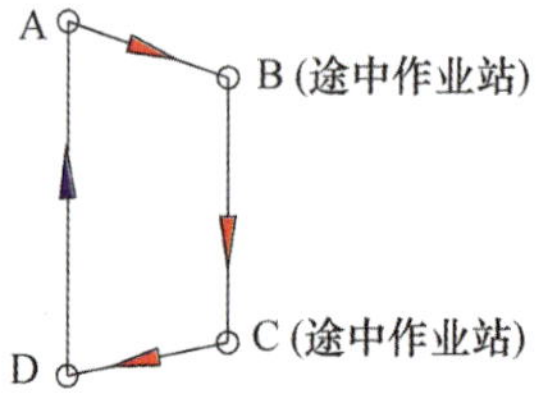

图8-1 有途中作业的迂回运行单层集装箱班列示意图

(3)有途中作业的环形运行单层集装箱班列

该类型的集装箱班列是指始发站和终到站是同一个车站,班列由始发站出发,途经若干个途中作业站,又回到始发站(也是终到站)形成一个闭合的环状运输径路。根据途中作业站是否具备整列装卸条件,有途中作业的环形运行单层集装箱班列进一步可分为有途中装卸作业的环形运行单层集装箱班列和有途中甩挂作业的环形运行单层集装箱班列。

如图8-2所示,A到B、B到D、C到D、C到A、D到A都有一定的箱流量,但任意两站间的箱流都不满足开行一站直达集装箱班列的条件,这种情况下,可开行从A经B、C、D再回到A的有途中作业的环形运行单层集装箱班列,A站为班列的始发和终到站,B、C、D为途中作业站,这样,可将上述箱流均纳入到该班列中,并有利于保证车底的固定循环使用。

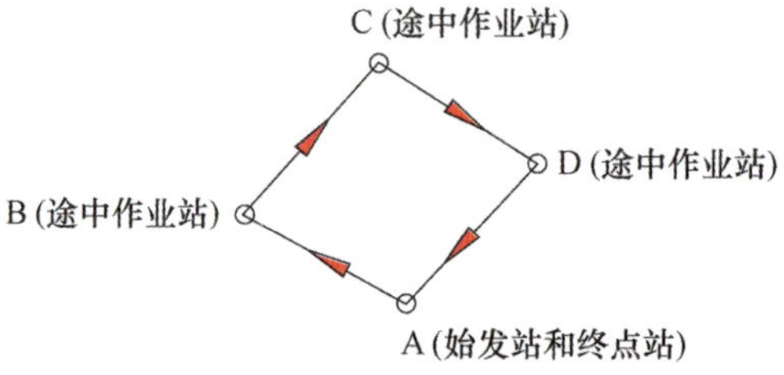

图8-2 有途中作业的环形运行单层集装箱班列示意图

第四节　中国铁路集装箱班列运输组织

一、集装箱班列运输组织的基本原则

1. 集装箱班列开行计划应以实际调查的集装箱运量为基础，以集装箱运输发展趋势和预测运量为依据进行制定。

2. 集装箱班列的运输组织应与集装箱中心站及办理集装箱运输的铁路物流中心的建设相适应。首先在集装箱中心站间开行一站直达和快速集装箱班列，再开行集装箱中心站及办理集装箱运输的铁路物流中心间的集装箱班列。一站直达集装箱班列和快速集装箱班列直接进入铁路物流中心或中心站，不进入编组站进行改编作业。

3. 集装箱班列的运输组织以减少集装箱班列的停站次数和停站时间、加速机车车辆的周转，加速箱货周转和送达为目标。

(1)集装箱班列的始发时间、终到时间，以及途中装卸或甩挂作业站的到发时间，应与集装箱的承运、装车、卸车、交付等作业时间合理衔接。

(2)集装箱班列的运输组织与班列在车站的各项作业过程相协调。集装箱班列在始发站、终到站、途中进行集装箱装卸或车辆甩挂的作业站及不办理装卸作业的技术站进行的技术作业各有不同，需要根据班列全程途中不同站点的不同作业内容和作业过程安排集装箱班列的运行时间，实现有效衔接，减少列车在途作业时间，提高班列速度。

(3)为了保证班列车底的有效利用，共用车底的多个集装箱班列车次在终到(始发)站的到发时间要合理接续，减少无效等待时间，经济合理地使用机车车辆。

(4)处理好集装箱班列到发时间与列车密度、车底运用、机车交路、施工封锁等方面的关系。

4. 集装箱中转作业采用集装箱装卸作业方法进行，即以动箱为主，配备简易动车设备，追求箱小时数的最大节省。

5. 依据集装箱班列的开行方案，坚持全路集中统一指挥的原则，全面、及时、准确掌握集装箱班列运输动态，调度指挥集装箱班列运输。

6. 集装箱班列的运行线与旅客列车运行线、其他货物列车运行线应有良好的配合，以提高铁路的通过能力，使列车保持良好的运行秩序，并提高有关集装箱设备的利用效率。

二、确定集装箱班列开行方案的方法

集装箱班列开行方案的制订是一个非常复杂且难度很大的工作，它涉及集装箱流量、班列运行径路选择、集装箱班列形式以及集装箱班列编成辆数等多方面的因素。在制定集装箱班列具体开行方案时，需要综合考虑市场对集装箱运输的发展要求和铁路运输系统的发展状况。

1. 集装箱班列运行径路的选择分析

集装箱班列从始发站运行到终到站所经过的铁路线路的集合称为集装箱班列运行径路。集装箱班列运行径路的优选是铁路集装箱运输组织中最基本的问题之一，也是制定集装箱班列开行方案的重要工作之一。径路选择的优劣，将直接影响到整个铁路网上集装箱班列运输的效率和效益。

从运输组织的角度，径路一般有三种形式：最短径路、特定径路和迂回径路。最短径路指铁路线构成闭合的环状网络时，环上任意一对到发站间存在的多条路径中，运输距离最短、运输期限最短或运输费用最经济的一条径路。当由于货物的特殊性要求或者运输设备的限制需要特殊指定径路运送时，这类径路相对于最短径路而言称为特定径路。迂回径路则主要是指在日常运输工作中，由于运营条件发生临时变化而临时指定的一些绕道径路，它属于非正常径路。

影响集装箱班列运行径路选择的主要因素有：

(1)经由线路的距离；

(2)经由线路的运输时间；

(3)经由线路各区段的通过能力，经由各集装箱办理站和有关技术站的作业能力及能力利用程度；

(4)经由线路的线路使用费和机车牵引费。

集装箱班列运行径路选择应遵循以下主要原则：

(1)为了保证集装箱班列的开行质量，所选择运行径路上相关线路的运输能力应有较好的适应性；

(2)在线路能力比较充裕的条件下，应尽量选择最短径路；

(3)当最短径路上某些区段线路能力特别紧张时，可以选用特定径路，以缓解线路能力紧张区段的压力；

(4)在特殊情况下，为了将某些车站的箱流纳入班列，并实现车底的固定循环使用，可以选择走迂回径路或环状径路；

(5)选择班列径路应考虑取得良好的经济效益和社会效益，充分利用能力有富余的二级铁路，以降低运输成本；

(6)班列运行径路应根据路网规划及发展同步调整。

2. 集装箱班列组织形式、编成辆数及班期的确定

(1)确定集装箱班列的组织形式

对于双层集装箱运输通道，在货源充足的条件下，应优先考虑开行双层集装箱班列；在货源或双层集装箱车辆不足的情况下，可以考虑开行单层集装箱班列作为过渡。

集装箱班列一般采取车底固定循环的组织形式，若两点(集装箱物流中心或集装箱专办站)之间的集装箱流充足且比较均衡，可以在两点之间对开集装箱班列；若两点之间同一条径路上双向箱流量悬殊较大，可以在路网上寻找多点，在多点之间组织开行班列(如组织开行有途中作业的迂回运行集装箱班列或有途中作业的环形运行集装箱班列)，使双向箱流比较均衡，便于车底固定循环；确实不满足对向开行班列条件的，可以组织开行单方向集装箱班列，单方向集装箱班列的车底一般不固定。

在制定集装箱班列开行方案时，主要考虑开行以下五种形式的集装箱班列：一站直达双层集装箱班列、一站直达单层集装箱班列、有途中作业的双层集装箱班列、有途中作业的单层集装箱班列和快速集装箱班列。

(2)集装箱班列平均编成辆数的确定

确定集装箱班列的编成辆数，一要考虑列车运行区段的牵引定数，二要考虑列车停靠车站的到发线有效长度。设某集装箱班列运行区段的最小牵引定数为 Q(t)，列车中集装箱车的自重为 $P_{自}$(t)，载重为 $P_{载}$(t)，机车的重量为 $P_{机}$(t)，则由列车运行区段的牵引定数所决定的集装箱班列的最大编成辆数 m_1 为：

$$m_1 = (Q - P_{机})/(P_{自} + P_{载}) \quad (辆) \qquad (8\text{-}1)$$

再设列车停靠车站到发线有效长为 $L_{有效}$(m)，列车中集装箱车的长度为 $L_{车}$(m)，机车的长度为 $L_{机}$(m)，列车停站需要的安全长度为 $L_{安}$(m)，则由列车停靠车站的到发线长度所决定的集装箱班列的最大编成辆数 m_2 为：

$$m_2 = (L_{有效} - L_{机} - L_{安})/L_{车} \quad (辆) \qquad (8\text{-}2)$$

应取 m_1 和 m_2 中的小者，作为集装箱班列的编成辆数。

目前，国际上普遍采用 TEU 作为集装箱运量的统计单位，1 TEU 表示 1 个 20 英尺国际标准集装箱。对于中国标准轨距的铁路运输，如果采用双层集装箱的运输组织形式，每车能够装运 4TEU，如果采用单层集装箱的运输组织形式，每车只能装运 2 TEU。据此，可将集装箱班列的编成辆数换算成班列能够装运的 TEU 数。

集装箱班列的编成辆数主要取决于途经区段所规定的列车牵引重量和长度标准，另外还与运输组织形式、区段运输能力、轴重、运输通道限界、途中作业站装卸设备的能力等因素有密切关系。

下面分别计算不同线路上不同集装箱班列类型的编成辆数和能够装运的 TEU 数：

①铁路主要干线上开行的单层集装箱班列

取列车重量为 5 000 t，车站到发线有效长为 1 050 m，机车重量为 138 t，机车长度为 22 m，列车停站需要的安全长度为 50 m。设主型单层集装箱车为 X_{6K} 型，其长度为 13.23 m，自重为 18.1 t，载重为 61 t。

则由公式(8-1)和(8-2)得：

$$m_1 = (5\,000 - 138)/(18.1 + 61) \approx 61(辆)$$

$$m_2=(1\ 050-22-50)/13.23\approx73(\text{辆})$$

即铁路主要干线上开行的单层集装箱班列的编成辆数为61辆，能够装运集装箱122 TEU。设集装箱列车的平均满载率为90%，则列车的平均载箱量为：

$$122\times90\%=109.8(\text{TEU})$$

②铁路主要干线上开行的双层集装箱班列

仍取列车重量为5 000 t，车站到发线有效长为1 050 m，取机车重量为138 t，机车长度为22 m，列车停站需要的安全长度为50 m。设主型双层集装箱车为X_{2K}和X_{2H}型，其长度均为19.446 m，自重均为22 t，载重均为78 t。

则由公式(8-1)和(8-2)得：

$$m_1=(5\ 000-138)/(22+78)\approx48(\text{辆})$$

$$m_2=(1\ 050-22-50)/19.446\approx50(\text{辆})$$

即铁路主要干线上开行的双层集装箱班列的编成辆数为48辆，能够装运集装箱192 TEU。设集装箱列车的平均满载率为90%，则列车的平均载箱量为：

$$192\times90\%=172.8(\text{TEU})$$

③铁路主要干线上开行的快速集装箱班列

取列车重量为2 500 t，车站到发线有效长为1 050 m，机车重量为138 t，机车长度为22 m，列车停站需要的安全长度为50 m。设快速集装箱车的长度为13.23 m，总重为72 t。

则由公式(8-1)和(8-2)得：

$$m_1=(2\ 500-138)/72\approx32(\text{辆})$$

$$m_2=(1\ 050-22-50)/13.23\approx73(\text{辆})$$

即铁路主要干线上开行的快速集装箱班列的编成辆数为32辆，能够装运集装箱64 TEU。设集装箱列车的平均满载率为90%，则列车的平均载箱量为：

$$64\times90\%=57.6(\text{TEU})$$

④铁路一般线路上开行的单层集装箱班列

取列车重量为4 000 t，车站到发线有效长为850 m。仍取机车重量为138 t，机车长度为22 m，列车停站需要的安全长度为50 m。仍设主型单层集装箱车为X_{6K}，其长度为13.23 m，自重为18.1 t，载重为61 t。

则由公式(8-1)和(8-2)得：

$$m_1=(4\ 000-138)/(18.1+61)\approx48(\text{辆})$$

$$m_2=(850-22-50)/13.23\approx58(\text{辆})$$

即铁路一般线路上开行的单层集装箱班列的编成辆数为48辆，能够装运集装箱96 TEU。设集装箱列车的平均满载率为90%，则列车的平均载箱量为：

$$96\times90\%=86.4(\text{TEU})$$

⑤铁路一般线路上开行的双层集装箱班列

取列车重量为4 000 t，车站到发线有效长为850 m，机车重量为138 t，机车长度为 22 m，列车停站需要的安全长度为 50 m。仍设主型双层集装箱车为 X_{2K} 和 X_{2H}，其长度为 19.446 m，自重为 22 t，载重为 78 t。

则由公式(8-1)和(8-2)得：

$$m_1=(4\,000-138)/(22+78)\approx 38(\text{辆})$$

$$m_2=(850-22-50)/19.446\approx 40(\text{辆})$$

即铁路一般线路上开行的双层集装箱班列的编成辆数为 38 辆，能够装运集装箱 152 TEU。设集装箱列车的平均满载率为 90%，则列车的平均载箱量为：

$$152\times 90\%=136.8(\text{TEU})$$

(3)集装箱班列的班期

集装箱班列的班期应该根据集装箱办理站之间的日均箱流量的大小确定，箱流量大的办理站之间开行班列的周期较短，箱流量小的办理站之间开行班列的周期较长。集装箱班列的班期一般有“每周 2 列”、“每周 3 列”、“隔日开 1 列”、“每天 1 列”、“每天 2 列”、“每天 3 列”、“每天 4 列”等形式。

三、集装箱班列作业流程的优化

为了提高铁路集装箱班列的运输效率，充分体现集装箱运输的优越性，需要对集装箱班列作业组织流程进行优化。

集装箱班列作业流程优化的原则主要有：

(1)完善集装箱信息管理系统，提高集装箱运输系统的效率。

集装箱运输的效率和效益在很大程度上取决于信息传输和处理速度。因此，随着计算机技术的发展，建设完善的集装箱信息管理系统是发展集装箱运输的重要内容，也是提高集装箱运输效益的重要手段。集装箱办理站使用集装箱信息管理系统既能够对站内集装箱调度进行优化管理、对站内集装箱作业流程实行自动处理，也能够对集装箱运输全程实行实时动态追踪管理，从而显著地压缩集装箱周转时间，增强集装箱运输能力。加快集装箱运输管理的信息化进程，提高单证、信息的传递和处理速度，是凸显集装箱运输现代化和高效率的重要措施。

(2)提高不同运输方式之间的衔接效率，发展门到门运输及多式联运。

集装箱运输的优势集中体现在便捷的多式联运和高质量的“门到门”运输服务上。采用 GPS、GIS、箱号自动采集等先进的物流技术及先进的集装箱装卸设备，有利于优化集装箱装卸作业流程、提高装卸速度；对运输线路、运输工具进行优化选择，有利于提高设施设备利用率。通过各种运输方式之间的有效衔接和有机配合，实现货物在途的高效运输。

(3)优化集装箱运输流程结构，进行系统流程优化与重组。

优化的目标是压缩作业时间，真正实现快捷运输，提高集装箱运输服务质量。

①串行改为并行。通过集装箱信息系统的建立可将集装箱信息快速传递给相关

部门，提高部门之间的单证流转速度，压缩信息传递时间。通过将原有串联的业务部分改为并联状态，能够有效地优化业务流程、缩短流程时间。

②加快信息平台的建设，改变部分业务流程。通过电子商务实现托运人网上提交运单、网上支付运费等手续，节省托运人办理手续时间，提高服务水平。

第五节 集装箱班列的经营策略

一、集装箱班列的经营模式及其选择

1. 铁路组织的集装箱班列及其适用条件

铁路组织集装箱班列是中国最初开行集装箱班列的一种主要经营模式，其特点为铁路运输部门负责组织货源、办理运输手续，完成集装箱铁路运输的全过程。这种经营模式便于统一管理，提高运输质量；但当市场波动或其他运输方式的竞争力很强时，一般难以保证集装箱班列吸引大量、稳定的适箱货源。因此，对于这种班列组织形式，铁路承运人在班列货源组织、货源集结等方面具有较大压力；同时也需要投入大量的人力和财力，货源组织过程成本相对较高，需要承担的风险较大。

这种集装箱班列经营模式的适用条件是：

(1)班列发到站间有充足、稳定的适箱货源，其他运输方式竞争力较弱。

(2)为保证粮食、棉花、化肥等国家重点物资运输，国家规定必须由铁路组织集装箱班列进行运输。

2. 承租商整列承租的集装箱班列及其适用条件

随着集装箱运输的发展，又出现了另一种重要的集装箱班列经营模式——整列承租经营模式，即由具有运输需求的适箱货源大客户或相关物流企业承租整列集装箱班列，并负责组织货源；同时借助承租商的物流配送网络，实现集装箱货物从货源产生地至货物最终目的地的全程“门到门”运输。

整列承租实质上是一种批量优惠的经营方式。这种方式有助于承租企业整体规划，有效地解决铁路承运人货源集结困难、“门到门”运输难以实现等问题。同时，由于运价比较优惠，承租企业的积极性比较高，货源组织及时、充足，有利于显著地提高箱位利用率，降低运输成本，保证班列运输产品的服务质量，推动集装箱班列品牌的推广。但是，这种经营方式也存在一定的弊端：在利益驱动下，承租企业可能会违反铁路有关规章，如匿报货物品名，违规装载造成集装箱和车辆超载、偏载、偏重等，带来很大的安全隐患。

这种集装箱班列经营模式的适用条件是：

(1)班列承租企业掌握较大的集装箱货源，组货能力很强，有能力保证货源及时组织成列。

(2)承租企业熟悉铁路装载加固技术和相关规章，业务操作比较规范，且铁路监

管能力较强。

3. 承租商承租部分车位的集装箱班列及其适用条件

承租部分车位的班列经营模式是将集装箱班列的单个或一组车位作为出租单元，由不同承租企业分别承租部分车位并负责经营和进行货源组织。这种经营模式将整列拆解为较小的承租单元，扩大了集装箱班列租赁经营面向的客户范围，使更多客户的货源都能吸纳到班列运输中，有利于保证班列开行的货源条件，也是铁路适应集装箱运输市场需求而逐渐发展起来的一种灵活的经营方式。根据承租商能够承租的车位数量，这种经营方式又可以分为车位全部出租和车位部分出租两种经营形式。车位全部出租经营形式是指集装箱班列的车位全部出租给几个承租商分别负责经营；部分出租经营则是指集装箱班列的车位一部分由铁路自主经营，另一部分则由一个或几个承租商负责经营。对外出租的车位数量也可根据运输市场的变化及时加以调整。

承租部分车位的班列经营形式相对于整列承租更加灵活。其优点突出地表现在以下方面：

(1)有利于承租商根据自己掌握的货源灵活选择承包车位的数量。

(2)促进铁路、货主以及物流公司之间的相互合作，扩大货源渠道，提高适箱货物的装箱率，进而降低运输成本和社会物流成本。

(3)承租企业与铁路承运人严格按照租赁合同进行适箱货物的装运，减少或避免承运人对大量零散小客户的分散管理，降低运营成本。

但是，作为租赁经营模式的一种，承租部分车位的班列经营形式不可避免地带有租赁经营的弊端。因此，这种模式的适用条件是：

(1)铁路运输企业组织货源比较困难，存在一定数量的有运输需求的中小企业或物流公司，他们均掌握一定的集装箱货源，具有承租集装箱班列部分车位的能力。

(2)承租企业熟悉铁路装载加固技术和相关规章，业务操作比较规范，且铁路监管能力较强。

4. 集装箱班列经营模式的比较分析

上述三种集装箱班列经营模式各有利弊，其适用条件也各不相同，其特点的对比见表 8-9。

表 8-9　三种集装箱班列经营模式特点的对比

经营方式	含　义	优 缺 点
铁路自营	铁路直接组织班列货源	优点：安全性好，铁路运输质量高、利润空间大。 缺点：铁路组货成本较高，难以实现“门到门”运输
整列承租	将集装箱班列整列承租给货主企业或物流公司	优点：承租企业的组货积极性高、利润空间大。 缺点：存在一定安全隐患

续上表

经营方式	含　义	优　缺　点
部分承租	将班列中单个或一组车位作为出租单元，分别承租给货主企业或物流公司	优点：便于铁路与货主、物流企业的合作。 缺点：存在安全隐患，铁路管理难度大

二、集装箱班列的货源组织方式

1. 基于大客户战略的特定品牌班列及其货源组织

实施大客户战略是保持货源稳定、降低经营风险、稳定班列开行、增加运输收入的重要措施。中国铁路面向典型企业实施大客户战略，并为需求量大、运量稳定的原料、产品开行了具体货物品名的集装箱班列，如内蒙古地区开行的液态奶集装箱班列、云贵地区开行的硫磷对流集装箱班列等。

(1)进行市场调查，合理选择大客户。通过分析大客户的重要性、综合运量、发展潜力等因素，确定大客户范围；并对大客户实施分类管理、分级服务，全面掌握大客户货源的变化情况，确保有效落实集装箱班列的货源。

(2)及时沟通、建立健全大客户服务档案，确立规范的大客户管理体系，共享客户资源。根据吸引范围与辖区特点，选择具有一定实力和运输需求的大客户与其构建稳定的利益共同体。针对不同类型、不同级别的客户需求，实施个性化管理、提供差异化服务，提升客户满意度。以庞大的客户群为集装箱班列的发展提供强有力的货源支持。对于具备一定规模、且能够提供大量、稳定适箱货源的企业，铁路应考虑将其确定为潜在的大客户，并逐渐与之建立联系，从而为集装箱班列的开行开发长期、稳定的货源。

2. 基于企业合作的物流班列及其货源组织

物流班列是由物流公司组织的集装箱班列。物流班列的开行不仅增加了集装箱班列的组织形式，更好地满足了市场需求；同时，也扩大了班列货源组织的渠道，为班列的正常开行提供了稳定的货源基础。与物流公司保持良好的合作是保证物流班列货源、巩固物流班列的开行、扩大市场基础的有效途径。

铁路集装箱运输依托完善的路网以及货场、仓库等基础设施，在发展现代物流业务上具有很强的优势。因此，与国际、国内物流企业合作有利于铁路集装箱运输依托铁路优势，引进国际资本及先进管理经验和管理机制，建设具有现代化信息处理、仓储及分拨功能的物流基地；在合理分工、降低成本的基础上，为广大客户提供高质量的综合物流服务。

目前中国铁路已经与中远海运、中外运等旗下的一些物流企业合作开行了集装箱班列，实现了铁路、公路、海运集装箱运输的有机结合。通过进行市场调查，综合考虑各物流企业的实力和经营范围，中国铁路在与物流公司合作经营、组织集装箱班列运输方面还存在较大的市场空间。

3. 基于港航合作的铁水联运班列及其货源组织

随着国际集装箱运输的迅速发展，近年来中国港口集装箱运输逐渐规范化，基本实现了与国际接轨。中国沿海几大集装箱港口发展迅速，集装箱吞吐量显著增长，这对港口集装箱集疏运也提出了更高的要求。因此，积极创造与船公司和港口的合作机会，借助于港口比较完善的物流平台和比较稳定的货源基础，组织开行铁水联运集装箱班列，对于降低集装箱物流链的成本，提高铁路参与国际集装箱运输的能力，实现铁路集装箱运输的快速发展具有重要作用。

(1)加强合作，分析货源、掌握货源，开行适应市场的集装箱班列。加强铁航和路港合作，与国内外主要航运企业及集装箱港口建立战略合作关系，是发展集装箱海铁联运的有效途径。充分利用到港、离港班轮的运输能力，组织开行海铁联运班列，有利于延伸国内集装箱铁路运输的国际影响力。目前中国铁路已经与美国总统轮船有限公司(APL)、日本船舶株式会社(NYK)、法国达飞轮船公司(CMA CGM)、马士基航运有限公司(MAERSK)、厦门港务发展股份有限公司、大连港集团、青岛港、营口港集装箱发展公司、广州港集团、北海港等企业建立了稳定的合作关系。未来铁路将开行更多的铁水联运集装箱班列，为这些港口集疏更多的集装箱。

(2)制定规范的实施细则，实现集装箱国内铁路运输与国际海运的衔接。目前，国内部分航运企业和港口的集装箱运输操作比较规范，基本实现了与国际接轨。但是国内集装箱铁路运输在与其他运输方式的衔接过程中仍存在一些问题，会对集装箱班列的开行以及铁水联运的发展形成一定障碍。因此，有必要从规范操作、单据流转、信息传输以及价格制定等多方面入手，解决集装箱国内铁路运输与国际海运的衔接问题，确保铁水联运集装箱班列的正常开行和持续发展。

(3)提高物流服务能力，加强与铁路、港航企业的协作。提升 20 英尺箱、40 英尺箱接取送达能力，大力发展接取送达业务，积极拓展上门掏箱、装箱业务，提高全程物流服务能力，为客户提供一体化物流解决方案。深化与大型船公司和主要港口的合作，共同推进班列开行、项目合作等工作，提高铁水联运量。

4. 基于国际铁路联运的国际集装箱班列及其货源组织

大力发展集装箱国际运输，不仅是铁路适应中国对外经济贸易发展的需要，也是铁路集装箱运输现代化的重要标志。为贯彻落实总公司《关于加快推进铁路现代物流发展的意见》，积极践行国家“一带一路”倡议构想，发挥铁路在集装箱国际物流发展中的骨干作用，铁路总公司正大力发展中欧(亚)集装箱国际联运。为了进一步做好中欧集装箱班列货源组织，可以采取的措施有：

(1)面向企业和市场大力揽取一手货源。铁路局集团公司对国际物流需求较大的外向型企业，要实行客户代表制。要采取进驻企业或定期联系等方式，深入了解其个性化国际物流需求。根据掌握的企业需求，量身订制物流解决方案，并在铁路总公司政策许可范围内，实施量价捆绑优惠政策，直接或组织集装箱公司与客户签订国际“门到门”全程服务协议，获取全程委托代理权。

(2)积极争取政府补贴。铁路局集团公司发挥区域协调作用，针对 IT 产品、电子电器、汽车配件、服装鞋帽、日用百货等目标货源，争取将地方政府给予中欧班列平台公司的价格补贴，改为直补给铁路部门，为扩大铁路揽取一手货源创造条件。

(3)提供全天候的客户服务。加强中铁集装箱公司对中欧班列的客户服务工作，充实力量，制定完善的服务质量评定作标准，为中欧班列客户提供 7×24 h 咨询、服务受理和全程运行信息追踪服务，接受、处理中欧班列服务质量投诉，组织开展好市场和客户体验调查等。

(4)积极揽取回程及过境货源。加快国际营销网络建设，直接揽取回程及过境货源。以进口(过境)汽车、机械设备、化工品、农副产品等为目标，加强与国内进口商的洽谈，直接签订进口货物物流服务协议；加强对日、韩等国货源组织和与国内主要港口的合作，大力开发过境货源；积极揽取欧洲至中亚，中亚至中国的货源，开发阶梯运输组织方式，大力组织欧洲—中亚—中国接续运输。

(5)明确价格运用策略。对于班列运输(整列或中转集结)的出口产品，各铁路局集团公司应在不低于集装箱国际物流全程服务基准底价基础上，按照一手货从优、全程代理从优和量大从优的原则，区分不同客户和不同物流服务类型，制定差异化价格灵活运用方案，大力揽取一手货源。对于班列运输的进口或过境货物，中铁集装箱公司仍应比照上述原则，灵活运用价格策略，大力揽取回程和过境货源。铁路总公司也需配套制定中欧班列进出口及过境 40 英尺、20 英尺集装箱国内段的量价捆绑等价格方案。

5. 基于市场需求和产品结构的集装箱班列小客户货源组织

适箱货源的性质决定了很多集装箱货源掌握在小客户手中。小客户虽然货源较少、运量比较分散，但其影响面大，且很多小客户具有较大的发展潜力，是发展集装箱班列运输不应忽视的货运资源。通过与一定数量和规模的小客户建立互利合作关系，一方面有利于扩大集装箱班列货源的吸引范围，提高运输效率；另一方面也有利于通过小客户的正面宣传，加强全社会对集装箱班列运输的认可程度。

铁路应着力开发小批量、高附加值的适箱货物运输子市场，促进铁路集装箱运输的快速发展。就目前形势看，随着中国经济的发展和产业结构的调整，在今后的货运市场中，大批量、中远距离的原材料、能源运输总体上将呈下降趋势，而小批量、高附加值的货物运量将会迅速增长，这部分货物的运输时效性要求比较高，正适合采用集装箱班列加以运输。这部分市场是铁路与公路竞争比较激烈的市场，也是铁路货物运输能够获取更多经济效益的市场增长点。

三、集装箱班列货源的营销策略

铁路集装箱运输采取各种营销策略的目的是提高班列质量、突出班列优势、增强班列的货源吸引能力。因此,集装箱班列货源组织的营销策略应秉承客户至上、发展市场的宗旨,即以维护市场为主,创造市场为辅。维护市场即以货主为中心,充分满足货主对集装箱运输增值服务的需求,用市场理念服务货主、用优惠政策吸引货主。创造市场是根据货主至上的经营观念,发挥企业形象、信誉和企业文化等人文效应,采用多种市场营销手段为企业经营强项及其延伸项目发展潜在客户和潜在市场,并不断地将潜在市场转变为现实市场。

1. 集装箱班列的整体营销策略

近年来,国内公路集装箱运量占全社会集装箱总运量的比例逐年提高,而水运和铁路集装箱运量虽有增长,但在全社会集装箱总运量中所占的比例仍然较小。因此,铁路在制定集装箱班列营销策略时,应统筹考虑、全面分析,重点解决如何提高铁路集装箱班列的货源吸引能力,全面提高铁路集装箱运输相对于公路、水路集装箱运输的市场竞争力问题。

集装箱铁路运输与公路、水运、航空等多种运输方式之间,以及与货运代理、物流公司等多种经营性企业之间都存在竞合关系。集装箱铁路运输在制定营销策略时可以参考它们的相关营销策略,整合铁路资源、突出竞争优势,吸引适箱货源。

2. 提高集装箱班列产品质量的营销策略

提高集装箱班列产品质量的实质就是通过各种措施使集装箱班列更安全、更快速、更准时。具体措施如下:

(1)健全货运营销体系。充分利用铁路网络优势,形成以市场营销部门为中心、以货运代理人为辅助的营销网络体系。将集装箱铁路运输产品传播给市场终端和客户,加强与货主的业务沟通,及时分析客户的需要和市场变化,调整营销方案,适应客户的运输需求,保证集装箱班列的质量。

(2)充分利用多式联运经营平台。按照“一体化管理、一体化经营”的思路,充分利用多式联运经营网络,主动了解市场,拓展市场,不断延伸经营链条,提高市场贴近度,完善客户服务手段,提高全程运输代理能力,大力拓展多式联运和物流服务,根据市场需求提供增值服务,不断提高市场竞争力和占有率。

3. 具有市场竞争力的集装箱运价策略

(1)明确价格运用策略

各铁路局集团公司在不低于集装箱全程服务基准底价基础上,按照一手货从优、全程代理从优和量大从优的原则,区分不同客户和不同物流服务类型,制定差异化价格灵活运用方案,大力揽取一手货源。

例如进口或过境货物上班列运输,中铁集装箱公司要比照上述原则,灵活运用价格策略，大力揽取回程和过境货源。铁路总公司可以配套制定中欧班列进出口及过境 40 英尺、20 英尺集装箱国内段的量价捆绑等价格方案。

(2)运输产品灵活定价策略

加快运价改革，调整运价结构，采取灵活的运价政策，是吸引整车适箱货源、提高适箱货物装箱率的有效措施之一。

集装箱班列运输产品主要有快速集装箱班列、双层集装箱班列、单层集装箱班列等之分，需要根据不同班列产品的运输成本、货主的承受能力以及其他运输方式的运价水平确定合理的运输价格。对于采用承租经营模式的集装箱班列，为了提高承租商的积极性，确定集装箱班列承租价格时，要给承租商留出一定的利润空间。

(3)季节浮动价格策略

不同季节的货源具有不同的特点。一年之中春运期间是中国铁路旅客运输高峰期，从运输能力上制约了货物运输的正常组织，使得货物运输量明显减少。春运过后的 3、4 月份是货物运输的高峰期，春运期间积压滞留的货物开始集中发运，货物运输量明显增加。此外，空调、冰箱、风扇等家用电器也在这个季节开始进入销售旺季，适箱货源逐渐增加，运量也相应不断增长。

基于运量的波动，采取合理的运价调整策略，可以在一定程度上调节运输需求，在需求量较少时起到刺激需求的作用，在需求量大时起到平抑或引导运输需求的作用，从而减少需求波动对运输组织的影响。

因此，对集装箱班列运输可采取季节浮动价格策略，在运输旺季提高运价，在运输淡季给予一定的运价折扣，有利于均衡货主的运输需求，便于组织均衡运输。

(4)回空优惠价格策略

回空优惠定价是指在运力供应充足的运输线路与方向利用回空集装箱装运货物并给予价格折扣，以减少运能浪费。利用返空集装箱装运货物，既可以降低成本，又可以缩短运输时间。

例如，长期以来，装运出口货物到二连站的 20 英尺、40 英尺集装箱，从二连站空箱返回北京、上海、广州等地，不仅增加了运输生产费用，而且造成铁路运输能力的浪费。为此，二连站利用返空集装箱装运回程适箱货物，并给予价格优惠，达到了提高箱、车利用率，增加企业收益的双赢目的。

4. 加强班列信息管理和发展电子商务的营销策略

加强信息化管理是提高集装箱班列运营效率、保证班列正点运行的重要技术保障。按照《铁路信息化总体规划》，铁路应加快集装箱信息管理系统的建设和应用步伐，不断完善集装箱运输咨询、受理、查询、清算以及调度系统等多种功能；强化公用基础信息交换，实现集装箱信息在不同运输方式之间的共享；为客户提供货车预订、运费查询、受理承运、途中追踪、到货通知、投诉理赔等全方位服务，全面提高集装箱班列服务质量。

5. 促销策略

促销是指利用多种沟通方式就一个组织的产品、服务、形象、观念等面向特定群体进行通告、说服或提示的活动，通常由广告促销、人员促销和公共关系组成。铁路在针对集装箱班列运输制定有效的促销策略时，不仅要考虑目标市场及其规模，还要考虑目标群体对产品和服务的接受过程。

(1)广告促销策略

广告的作用为传播产品信息，突出产品特点，引导消费，刺激需求。

对集装箱班列进行广告宣传的主要渠道包括互联网、电视、报纸等多种媒体。通过广告促销，广泛宣传集装箱班列运输的特点和优势，有利于提高班列运输产品的生动性，使产品的相关信息被有效感知，增强产品的吸引力和信息说服力，提高货主对班列运输产品的认知程度。

(2)人员推销策略

人员推销是指企业营销人员直接向目标群体销售商品或劳务的一种促销方式。运输企业人员推销的是多样化的运输产品，即面向目标市场推销企业各种形式的集装箱班列，争取货源。

通过组织营销人员深入企业，有利于充分发挥人员推销的优势，承揽适箱货源。同时，利用人员销售代办的方式，为货主办理集装箱运输手续，提供多种服务，可以直接集结货源纳箱运输，有利于减少中间环节，有效降低货主的运输成本，提高货主选择集装箱班列产品的几率。

(3)公共关系策略

公共关系的宗旨是使组织及其产品被公众所了解和熟悉，目的在于树立企业的良好形象，这是提高企业信誉和知名度的重要前提。铁路也应该从公共关系入手，加强企业在公众当中的形象培养，为企业争取最大限度的市场份额。

首先，通过报纸、广播、电视、网络等大众媒体宣传方式，介绍企业的发展战略、服务宗旨等，宣传、展示企业的业务范围，推广集装箱班列运输服务和系列产品，提高企业及其班列产品的市场知名度。

其次，与企业建立互惠互利的持久合作关系，树立良好的企业形象，增加客户对企业的信任和忠诚度。

第九章　中国铁路集装箱多式联运

集装箱多式联运作为一种集约高效的运输组织形式，充分利用了各种运输方式的比较优势，极大地降低了货物联运过程中的转运时间和成本，提高了运输效率和运输质量，在国际和国内货物运输中扮演着极为重要的角色。随着中国工业化进程的加快和城市化水平的提高，特别是对外贸易的增长，使得中国集装箱多式联运在国内外贸易中均呈现出强劲的发展势头。本章将在分析中国铁路开展集装箱多式联运的意义的基础上，通过分析中国铁路开展集装箱多式联运的现状和存在的问题，提出中国铁路加快集装箱多式联运发展的对策。

第一节　中国铁路开展集装箱多式联运的必要性

从国内环境来看，中国实施的"一带一路"倡议、长江经济带战略、京津冀协同发展战略以及东部沿海开放、中部崛起、西部大开发、振兴东北老工业基地等战略，对交通运输和外贸的发展起着巨大的推动作用。中国的家用电器、玻璃、钢材、水泥、化学纤维、自行车等产品的产量已居世界第一位，出口竞争优势明显；出口加工业发展迅速，而加工出口商品的90%为高新技术产品，属于适于集装箱装运的货物。

从国际经济环境来看，全球区域性经济贸易合作空前加强，如内地—港澳自由贸易区、中国—东盟自由贸易区的加快发展，中国与"一带一路"沿线国家的贸易与合作逐步加强等。这些因素导致中国与全球经济的联系日趋加深；加上全球性经济结构的不断调整，人们的消费水平、观念、方式都在不断地发生变化，企业的生产方式也在发生变化，从而使货物、信息、资金和技术在全球的流动更加频繁，国际运输需求不断丰富，这些都为中国集装箱运输的发展提供了广阔的平台，未来中国集装箱多式联运的发展潜力巨大。因此，加快中国铁路集装箱多式联运的发展对适应中国经济增长和对外贸易发展的要求，促进中国集装箱运输的发展具有十分重要的意义，具体表现在以下几个方面。

1. 实现各种运输资源的合理配置，优化交通运输结构

随着货源结构的变动，外贸货物的增加，市场化程度的提高，企业和货主对产品市场份额的争夺和对更大经济效益的追求，对集装箱运输时效性提出了更高的要求。因此，需要各种运输方式提供更快捷、更安全、更准时、更简便的运输条件，使得运输资源配置更加合理，货物送达速度不断提高，运输组织和经营方式更加灵活机动，管

理技术更加先进，对推动交通运输绿色低碳发展、构建完善的现代综合交通运输体系有积极的意义。例如，通过划分合理运距，开展公铁联运，可以使公路、铁路各自发挥自身优势，实现两种运输方式的优势互补，互相协作，共同发展。这不仅可以避免铁路与公路之间的恶性竞争，还可以避免铁路与公路在集装箱场站、设施设备方面的重复投资与建设，节省国家的运力资源，实现各种运输资源的合理配置。

从国民经济发展与社会运输总成本角度分析，各种运输方式同步发展，将有效促进全社会运输资源得到最优利用。2016 年，中国多式联运运量规模仅占全社会货运量的 2.9％，其中海铁集装箱联运比例为 2.5％，而发达国家，如美国为 40％、法国为 35％。这导致中国货物中转转运所耗费的成本约占全程物流成本的 30％。集装箱多式联运的发展，能促进社会物流成本的降低，能更好地为国民经济和对外贸易服务。中国现有的港口和海运能力已基本适应集装箱多式联运发展的要求，沿海及其附近的公路运输网络也比较发达。与海运及公路相比，受长期以来铁路运输能力紧张制约，中国铁路集装箱运输还无法完全满足集装箱多式联运发展的要求。

为适应市场经济的发展，特别是适应外贸企业对铁路运输的需求，改善集装箱运输条件已成当务之急。铁路部门要通过建设专用的集装箱场站，借助铁路系统的优势，把海关、检验检疫部门引入场站，开行集装箱班列，实行一次受理、一次收费、一票到底的包干运输；构建以港站为依托，以集装箱班列为载体，铁路、水运、公路相连接的多式联运网络，为货主提供更方便、快捷的“门到门”运输服务。

因此，铁路发展集装箱多式联运，改善集装箱运输条件，是合理利用全社会运输资源及优化中国交通运输结构的必然要求。铁路发展集装箱多式联运，使各种运输方式在其合理运距范围内发挥其技术经济优势，走各种运输方式联合之路，是中国集装箱运输业发展的方向。

2. 增强铁路竞争力，促进铁水联运的发展

铁路开展集装箱多式联运，可以改善港口的集疏运条件，使港口建立起快速集疏运系统，扩大港口对内陆经济腹地的辐射范围。铁路在内陆地区设置口岸站，直接办理进出口货物的海关和检验检疫业务，实现与边境口岸的直通，为内陆腹地的货主办理进出口货物运输提供了方便；同时，通过集装箱班列的开行，确保了国际集装箱货物的运输时间，可以增加船公司及货主对国内段运输的信心，极大地促进铁水联运的发展。

同时，铁路发展集装箱多式联运，在促进中西部地区经济发展的同时，也可以增强铁路的竞争力，提高其在集装箱运输市场上的份额。随着中国产业结构的调整以及中部崛起和西部大开发战略的实施，中国中西部地区的经济发展速度加快，中西部地区的铁水联运集装箱运量呈大幅上升趋势。

可见，铁路发展集装箱多式联运，不仅可以改善港口的集疏运条件，促进铁水联运的发展，同时也可以增加铁路的竞争力，提高铁路在集装箱运输市场上的份额。因而，开展集装箱多式联运，也是铁路加快集装箱运输发展的有力措施之一。

3. 适应国民经济和对外贸易发展的要求

集装箱运输规模及其增长速度往往反映一个国家或地区经济贸易的发展势头和经济实力,代表着一个国家产品的国际竞争力。当今世界集装箱的发展轨迹已经显示出这样一种趋势,即集装箱运量的增长速度比经济和外贸的增长速度更快。

随着货源结构的变动及国家生产力布局的调整,特别是"一带一路"倡议的实施,内陆地区的招商引资进程将逐渐加快,这些地区国民经济和对外贸易发展将进入快速增长时期,必然产生大量适箱货物。内陆地区距离港口和经济发达地区较远,铁路凭借其在中长途运输中的优势,将承担内陆地区与港口和经济发达地区的集装箱运输任务,铁路适箱货物比例还将继续提高。随着国民经济的发展,全球贸易一体化进程加速,国内外贸易迅速增长,进出口商品结构将逐渐优化,进出口商品的集装箱化率将不断提高,适箱货物运量大幅增加,国际集装箱运输需求量快速增长。未来国际集装箱运输发展的潜力和空间巨大。

由此可见,国民经济和对外贸易的发展不仅为铁路集装箱多式联运提供了广阔的空间,也对铁路集装箱多式联运提出了新的要求。因此,铁路必须尽快扭转滞后于国民经济发展的不良局面,通过实施结构性调整,完成铁路集装箱运输的升级换代,使铁路真正发挥集装箱运输大动脉的作用。

4. 促进现代物流业的快速发展

伴随着经济全球化进程的推进、现代信息网络技术的日益完善和世界运输业的高速发展,现代物流业已在全球范围内迅速成长为一个充满生机、活力并具有无限潜力和发展空间的新兴产业。

中国的改革开放正在向纵深发展,国民经济和对外贸易已进入突飞猛进的发展时期,并日益深刻地融入世界经济体系之中。作为全社会生产和生活基础的物流,其在国民经济中的地位和作用受到人们前所未有的关注。

集装箱运输作为现代物流的重要载体之一,对降低全社会综合物流成本发挥着重要作用。铁路通过调整集装箱办理站布局,与社会物流园区的规划紧密配合,建设符合现代物流发展的标准化、信息化集装箱场站,积极发展多式联运,有利于促进中国物流业的快速发展,提高物流效率,降低全社会的流通成本,对提高国民经济运行质量也将发挥积极作用。

第二节 中国铁路集装箱多式联运发展概况

集装箱多式联运是把由集装箱装载的货物采用两种以上不同的运输方式,从接收地运往交货地的运输服务方式。多式联运打破了过去水、陆、空等单一运输方式互不连贯的传统做法,而将海、铁、公、空等单一运输方式有机结合起来联为一体,构成一种连贯的运输方式,被喻为运输业的一次革命。

一、中国铁路集装箱多式联运的发展历程

中国铁路从 20 世纪 50 年代开始办理集装箱运输。初期为了开展集装箱“门到门”运输，在全路办理站集装箱运输营业所配备了进行接取送达作业的汽车共 700 多辆。1958 年，在“大跃进”形势下，机构精简，权力下放，铁路集装箱运输营业所拥有的汽车划归市属运输公司，取消了接取送达业务。

1979 年中国铁路开展了水陆联运，开办了门到门运输；1980 年开始接运 20 英尺国际铁路联运集装箱；1986 年开始开展国际铁水联运和国际铁路联运；1993 年开始开展大陆桥过境运输。1999 年，中国利用世界银行贷款对全国国际集装箱多式联运系统进行了技术改造，在浙江、河北、内蒙古、天津等地建立了 10 个国际集装箱中转站，项目总投资 2.25 亿元，使中国国际集装箱运输存在的单证传递慢、周转时间长等问题得到改善。

进入新世纪，原铁道部于 2000 年 2 月 29 日公布了《关于进出口集装箱运输事项的通知》，给予了中铁集装箱运输中心 25％幅度内的自行定价权，支持中铁集装箱运输中心开展对外承包经营，提高国际集装箱运量。经过几年的努力，2005 年 9 月开通的呼和浩特—法兰克福“如意号”国际集装箱列车，实现了将亚欧大陆桥覆盖周边中亚国家和俄罗斯，乃至西欧国家的目的。2008 年 1 月 9 日，由中铁集装箱运输公司组织代理的北京—德国汉堡的集装箱示范列车开通。

2009 年开行了义乌—宁波铁水联运班列，打通了国际小商品城通往港口的运输通道。2011 年，交通运输部和原铁道部联合发布了《关于加快铁水联运发展的指导意见》，进一步促进了铁水联运优势和潜力的发挥，服务综合运输体系建设和现代物流发展。

2013 年至 2016 年，又相继开通了沪昆、蓉万、宜昆、武蓉等铁水联运班列，打破以往海运货物只能直达沿江或沿海城市的局限。目前，中国开行铁水联运集装箱班列的港口主要有大窑湾港、鲅鱼圈港、天津港、塘沽港、新港、连云港港、上海港、黄岛港和防城港等。

2016 年，交通运输部、发改委联合公布了中国第一批多式联运示范工程项目名单，16 个涉及公铁驮背运输、集装箱铁水联运、集装箱海铁公多式联运的项目入围。被评为示范工程的相关项目，在获得有关部门和地方政府的政策支持、投资补助的同时，也接受着主管部门的动态监督和绩效评估。为推进中国多式联运持续健康发展，营造了良好的政策制度环境。

2016 年底，交通运输部、外交部、发改委等十八部委联合发布了《关于进一步鼓励开展多式联运工作的通知》，从营造良好市场环境、提升支撑保证能力、创新运输服务模式、加快装备技术进步、拓展国际联运市场五个方面，在国家层面对中国的多式联运发展进行了顶层设计。该文件的出台，有利于中国构建起高效顺畅的多式联运系统，推动集装箱多式联运的大发展。

二、中国集装箱大陆桥运输发展情况

1. 三条亚欧大陆桥基本情况

第一条大陆桥以俄罗斯远东地区的东方港为起点，全线贯穿俄罗斯境内，被称为“亚欧大陆桥”（又称西伯利亚大陆桥）。西伯利亚大陆桥于 1967 年正式开通，是连接太平洋与波罗的海和北海的主要陆桥通道。中国大陆、香港、日本、东南亚各国发往俄罗斯和西北欧的货物，可经哈大铁路、滨洲铁路，由满洲里口岸出境或通过海运经俄罗斯的东方港上岸，沿西伯利亚大铁路，经俄罗斯的莫斯科到俄边境城市布列斯特分流，再经波兰的华沙、德国的柏林到荷兰的鹿特丹港。全长约 13 000 km，是亚欧之间重要的运输通道之一。

第二条大陆桥是从中国沿海的连云港等港口经阿拉山口出境通过哈萨克斯坦通往欧洲的铁路通道，被称为“新亚欧大陆桥”。该通道于 1990 年 12 月全面贯通，1992 年 12 月 1 日，开始办理过境集装箱运输。新亚欧大陆桥中国段全长 4 213 km，由陇海铁路和兰新铁路组成，贯穿中国东、中、西部的江苏、山东、安徽、河南、山西、陕西、甘肃、宁夏、青海、新疆 10 个省（区）。以新亚欧大陆桥为纽带，中国与独联体国家、伊朗、罗马尼亚、保加利亚、匈牙利、捷克、斯洛伐克、波兰、德国、奥地利、比利时、法国、瑞士、意大利、英国等国家紧密相连。它对环太平洋经济圈的协调发展起到重要作用，也使中国与世界大市场的距离更近。该通道全长约 10 800 km，比西伯利亚大陆桥缩短约 2 200 km，比经苏伊士运河的航线缩短约 8 000 km，比通过巴拿马运河的航线缩短约 11 000 km。

第三条大陆桥是从中国的天津港通过二连口岸站出境过境蒙古后在乌兰乌德与西伯利亚大陆桥相接通往欧洲的陆桥通道，被称为“小陆桥”。作为新亚欧大陆桥桥头堡，天津港同时拥有经二连浩特出境，经阿拉山口出境，和经满洲里出境三条通道，是连接三条亚欧大陆桥的重要汇合点。

2. 中国大陆桥运输重要口岸与港口

（1）中国大陆桥运输重要沿边口岸（表 9-1）

①阿拉山口口岸。阿拉山口口岸是中国与哈萨克斯坦的边境口岸之一，在新疆博尔塔拉蒙古自治州阿拉山口市境内，它配有铁路口岸、公路口岸和原油管道运输，是新亚欧大陆桥中国段西部的桥头堡，是国家一类口岸。

经阿拉山口站出境的西行班列以运输电子产品和家电为主，货物运行时间普遍在16 天左右，比海运节省近 20 天，运输成本只有空运的四分之一。特别是义乌、重庆、郑州、西安等地始发的多趟中欧班列的陆续开行，使阿拉山口成为国际货运班列的集结地，开辟了一条时间短、距离近、成本低、市场竞争力强的面向中亚、欧洲的贸易新通道。

②霍尔果斯口岸。该陆路口岸位于中国新疆伊犁哈萨克自治州霍尔果斯市，与

哈萨克斯坦隔霍尔果斯河相望。霍尔果斯处在欧亚经济板块中心位置。东边连接中国内陆，与亚太经济圈紧密相连；西边毗邻被誉为新世纪战略能源和资源基地的中亚五国，与欧洲经济圈交融。对外覆盖半径 1 000 km 以内的区域是中亚地区人口稠密区、经济发达区和市场中心。沿途 30 多个国家和地区，人口近 30 亿，市场规模和潜力独一无二，是连接亚欧大陆当之无愧的黄金口岸。

③满洲里口岸。满洲里口岸位于内蒙古呼伦贝尔大草原西部，处于中俄蒙三角地带，北接俄罗斯，西邻蒙古国，是第一亚欧大陆桥的交通要冲，是中国通往俄罗斯等独联体国家和欧洲各国重要的国际大通道，也是中国最大的边境陆路口岸。其中满洲里铁路口岸是全国最大的铁路口岸，也是中俄贸易最大的通商口岸，承担了中俄贸易 60%的货运量。

④二连浩特口岸。二连浩特口岸位于内蒙古自治区锡林郭勒盟西部，与蒙古共和国扎门乌德口岸隔界相望，是中国通往蒙古国的唯一铁路口岸，年过货能力 350 万 t，也是欧亚大陆桥中的重要战略枢纽。二连浩特面对蒙古、俄罗斯及欧洲国际市场，背靠京津塘环渤海经济圈和呼包鄂经济带，是中国向北开放的前沿阵地，也是中国重要的商品进出口集散地。二连浩特通过集二线、京包线、京山线与天津港相连，是日本、东南亚及其他邻国开展对蒙古、俄罗斯及东欧各国转口贸易的理想通道，更是蒙古国走向出海口的唯一通道。二连浩特是亚欧大陆桥、国家“一带一路”倡议的重要节点城市。

表 9-1　中国大陆桥重要口岸与中欧铁路运输通道

口　岸	连通国家	所属中欧铁路运输通道	货源吸引区
阿拉山口	经哈萨克斯坦，途经白俄罗斯、波兰、德国等通达欧洲	西通道	西北、西南、华中、华南等地区
霍尔果斯	经哈萨克斯坦、土库曼斯坦、伊朗、土耳其等国通达欧洲；或经哈萨克斯坦跨里海，进入阿塞拜疆保加利亚等国通达欧洲		
满洲里	接入俄罗斯西伯利亚铁路至欧洲各国	东通道	东北、华东、华中等地区
二连浩特	途经蒙古国与俄罗斯西伯利亚铁路相连，通达欧洲各国	中通道	华北、华中、华南等地区

(2)中国大陆桥运输相关港口

中国大陆桥运输作为连通欧亚大陆的重要运输组织形式，为积极响应铁路部门推广跨境集装箱班列、发展国际集装箱班列的需求，东部沿海部分港口依靠经济腹地和过境货源，组织开行中欧班列。

①连云港港。连云港港地处中国沿海中部的海州湾西南岸、江苏省的东北端、长江三角洲最北端，是横贯中国东西的铁路大动脉——陇海、兰新铁路的东部终点港，被誉为新亚欧大陆桥东桥头堡和新丝绸之路东端起点，是中国中西部地区最便捷、最经济的出海口之一。

②天津港。天津港位于中国天津市海河入海口，处于京津冀城市群和环渤海经济圈的交汇点上。天津港是中国沿海主枢纽港和综合运输体系的重要枢纽，是京津冀现代化综合交通网络的重要节点和对外贸易的主要口岸，是北方地区的集装箱干线港和发展现代物流的重要港口。

③青岛港。青岛港位于山东半岛南岸的胶州湾内，中国第二个外贸亿吨吞吐大港，是太平洋西海岸重要的国际贸易口岸和海上运输枢纽。港口多码头接入铁路线路，2016 年获批中国首批多式联运示范工程项目。

④营口港。营口港位于辽宁省环渤海经济圈与东北经济区的交界点，是距东北三省及内蒙东四盟腹地最近的出海口，是全国重要的综合性主枢纽港，是东北地区最大的货物运输港，辽东湾经济区的核心港口。"营满欧大陆桥"集装箱运量实现连续增长。

3. 中国大陆桥运输存在的问题

虽然近些年在中央政府、地方政府和当地市场的推动下中欧班列的发展势头迅猛，未来发展需求旺盛，潜力巨大，但其建设与发展也面临着诸多的问题与挑战。主要表现在以下几点：

(1)沿线交通基础设施和配套服务支撑能力不足。一方面，班列沿途的部分国家因经济发展水平有限，部分路段的设施设备建设较为落后，运输能力受限，服务质量较差，部分法律规定尚不协调适用。另一方面，中国中西部地区口岸功能不足，技术和管理手段滞后，配套服务能力较弱。

(2)贸易需求对接不充分。回程货运需求调研不充分，营销宣传手段不足，部分线路和通关环节未打通，加之欧盟各国运输业务经营权高度垄断，欧洲进出口货物的分拨中心尚缺，中国大陆桥集装箱班列短期内难以提升效益，市场竞争力较弱。此外，由于与当地产能的对接不紧密，未能形成互补互促，加之沿线国家地缘政治环境复杂，为中欧班列双向组织及常态化开行带来不稳定因素，也使得培育期存在不确定性。

(3)综合运输成本偏高。大陆桥集装箱班列大多处于培育阶段，规模效应尚未形成。由于各自对外谈判、议价能力差，频繁的换装、换轨、转关等因素，影响了整体效益，导致运输成本大幅增加。且班列信息服务由沿途各国铁路部门和各段代理人分别提供，不同国家海关、检验检疫单证和要求不一致，存在通关手续多、时间长、成本高等问题。

(4)市场化的运作模式尚未成熟。在市场培育初期,国内地方政府大多采用财政补贴的手段支持当地中欧班列的开行,地方财政扶持政策可以有效地实现区域货源的聚集,但也加剧了地区间的恶性竞争,在一定程度上造成了运力的浪费和地方财政的负担。

三、中国集装箱铁水联运发展情况

1. 中国铁水联运整体情况

2010 年到 2016 年,中国十大港口的铁水联运运量如图 9-1 所示。2016 年,全国 10 个主要集装箱港口完成铁水联运运量 235.3 万 TEU,其中,铁路箱下水运量达到 5.7 万 TEU,同比增长 67.6%。可以看出,2013 年是铁水联运运量的拐点,2011 年至 2016 年间铁水联运运量先降后升,并于 2016 年达到运量的峰值。

近两年,中国集装箱铁水联运一直处于较好的发展时期。2017 年 1~5 月,集装箱铁水联运量完成 142.6 万 TEU,同比增长 24.6%。2016 年完成 311.7 万 TEU,同比增长 28.5%。

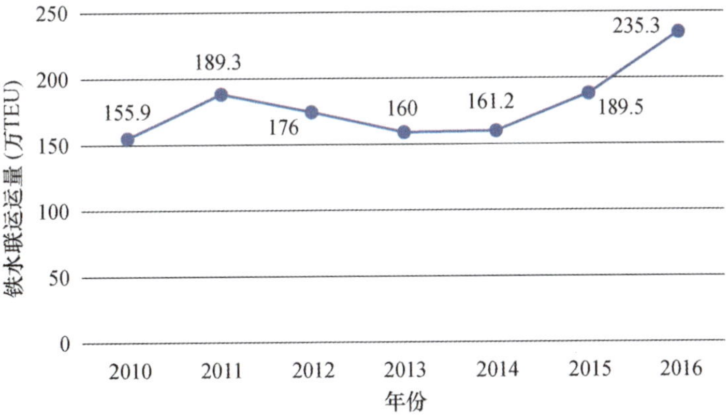

图 9-1 2010 年至 2016 年中国主要港口的铁水联运运量

中国港口集装箱联运中,公水联运约占港口集装箱集疏运量的 84%;其次是水水联运,约占 14%;铁水联运仅占 2%左右。这与欧洲与美国超过 20%的集装箱铁水联运比例相差甚远。

中国铁水联运比例很低有其深层次因素:一是东中西部区域产业结构和经济规模决定,中国港口集装箱运输,75%为服务对外贸易的国际集装箱,80%以上生成箱量分布于港口周边 300~400 km 以内的区域,集疏运主要依靠公路方式。按行政区划,2013 年,中国沿海十二个省区市水运方式外贸集装箱重箱生成量 6 779 万 TEU,占全国总量的 92.6%,中西部省份 544 万 TEU,仅占 7.4%。二是沿海港口与中西部地区之间的中长距离集装箱运输,铁路具有明显的成本优势,但由于中西部地区适箱货源不足,船公司调空箱的成本过高,深刻影响集装箱铁水联运的发展进程。以天津港为例，京津冀鲁四省市对天津口岸外贸贡献度达到85%左右，一般来讲这些地区多使用机动灵活的公路进行运输；西北腹地对天津港外贸贡献度约为8%，而这些地区正适合发展铁水联运。

2. 铁路港站的发展

为改善中国集装箱运输系统的运输条件，促进国际集装箱铁水联运的发展，1997年5月30日，经原铁道部批准，由柳州铁路局与湛江港务局共同组建的湛江港站正式对外办理集装箱运输业务，成为全国首家由铁路部门和港务部门联合经营管理、在港口内建立的港口铁路集装箱办理站——集装箱港站（简称“港站”）。

随后，青岛、天津、厦门、连云港等港口和当地铁路运输部门相继仿效，也开设了集装箱港站。上海也于1998年7月开通了杨浦港站和军工路港站。2015年，黄骅港、防城港铁路集装箱办理站也先后开通，进一步促进了“海铁联运”的发展。

表9-2展示了2016年中国集装箱港站与码头的衔接情况，其中集装港口站距码头距离在300 m以内，使用轮胎吊等装卸铁路货车，可实现无缝衔接的车站共有7个；集装箱港口站距码头距离在500 m至8 km之间，需使用拖车短驳的港站共有20个；集装箱港口站距码头距离在10 km以上，须使用集卡进行较长距离运输的港站有两个。

表9-2 2016年全路集装箱港站与码头衔接情况

铁路局集团公司	序号	港口名称	接轨车站	信息交换	距码头距离(m)	分类
沈	1	营口港	鲅鱼圈北	是	2 900	汽车短驳
	2	大连港	金港		6 000	汽车短驳
	3				1 700	汽车短驳
	4	锦州港	高桥镇		1 000	汽车短驳
京	5	天津港	新港	是	7 800	汽车短驳
	6				5 300	汽车短驳
	7				5 500	汽车短驳
	8				5 200	汽车短驳
	9				5 100	汽车短驳
	10				5 200	汽车短驳
	11				5 600	汽车短驳
	12	秦皇岛港	秦皇岛南		300	无缝衔接
济	13	青岛港	黄岛	是	500	汽车短驳
	14		青岛		100	无缝衔接
	15	日照港	日照		2 000	汽车短驳

续上表

铁路局集团公司	序号	港口名称	接轨车站	信息交换	距码头距离(m)	分类
上	16	北仑港	北仑	是	23 000	长距离运输
	17	连云港港	墟沟北	是	100	无缝衔接
	18	上海港	何家湾		100	无缝衔接
	19	上海洋山港	芦潮港		44 000	长距离运输
南	20	厦门港	厦门高崎	是	200	无缝衔接
广	21	盐田港	平湖南		1 000	汽车短驳
	22	蛇口港	蛇口站		2 000	汽车短驳
	23	广州黄埔港	黄埔		800	汽车短驳
	24				4 000	汽车短驳
	25	广州港	下元		100	无缝衔接
宁	26	北海港	北海		2 000	汽车短驳
	27	防城港	防城港		5 000	汽车短驳
	28	钦州港	钦州港		4 000	汽车短驳
	29	湛江港	湛江港		300	无缝衔接

可以看出，目前中国集装箱港站能够实现信息交换的仍较少，且集装箱港站还未大量的深入码头，无法实现铁、水的无缝衔接，导致两种运输方式在码头的接续工作不到位，制约着铁路作为大运量运输工具对水运货物快速集散优势的发挥。

3. 铁路无水港的发展

内陆无水港是指为船公司和内陆收、发货人提供服务的内陆海运货物(主要为集装箱)中转站。除了没有沿海沿江港口码头的装船、卸船等操作外，其功能与海港基本相同。

近年来，全球集装箱吞吐量每年都以 10%速度增长。随着港口数量的增多，港口间的竞争愈演愈烈，为争取到更广阔的经济腹地和货源，港口经营者纷纷争办无水港。内陆城市和地区在贸易全球化的趋势下也试图开辟新的经济增长方式，外贸企业希望进出口“一关三检”可以在当地直接完成，从而增加其对外贸易量，为招商引资和经济发展创造条件。

中国无水港的发展实践自 2002 年北京朝阳口岸与天津港签署直通协议开始。此后，天津港陆续在新疆乌鲁木齐、河北石家庄、河南郑州等地设立 23 个无水港，极大地扩张了天津港的经济腹地，2010 年天津市口岸进出口总额达 1 641.1 亿美元，同比增长 32.2%，其中，北京、河北、内蒙、甘肃等内陆无水港的贡献比例达到 54.7%。此后，中国又先后成立了沈阳保税物流中心、西安市西安国际港务区、成都龙泉驿区公水联运通关基地等一批无水港。铁路无水港的发展现状见表 9-3。

表 9-3 铁路无水港的发展现状

编号	铁路局	站 名	无水港名称	海关国检进驻情况
1	哈	香 坊		已进驻
2	沈	沈阳东站		已进驻
3	京	石 工	石家庄内陆港有限公司	已进驻
4	太	侯马北		
5	郑	圃 田		已进驻
6	郑	圃田中心站		已进驻
7	武	吴家山	武汉中铁联集海关监管区	临时查验
8	武	襄 阳	襄阳铁路二类口岸	已进驻
9	西	新 筑	西安国际港务区	
10	济	农 中	淄博国际保税物流区	
11	济	临 清		未进驻
12	上	无锡南		临时查验
13	上	常 州		已进驻
14	上	金 华		临时查验
15	上	义乌西		临时
16	上	南京西		已进驻
17	上	杨 浦		已进驻
18	上	芦潮港		已进驻
19	上	艮山门		临时
20	上	苏州西		未进驻
21	上	合肥北		临时查验
22	上	蚌埠南		已进驻
23	南	新 余	新余市进出口货物海关监管点	已进驻
24	南	赣州东	赣州市进出口货物海关监管点	已进驻
25	广	笋 岗		临时查验
26	成	城 厢		已进驻
27	成	团结村		已进驻
28	昆	王家营西		临时查验
29	兰	惠 农		进驻

4. 铁水联运班列发展情况

1997 年，中国首次推出集装箱铁水联运服务，在其后的十多年里，集装箱铁水联运得到快速发展，开发了跨局铁水联运集装箱班列、管内铁水联运集装箱班列和技术直达铁水联运集装箱班列等多种运输产品。目前，中国开行铁水联运集装箱班列的港口主要有大窑湾港、鲅鱼圈港、天津港、塘沽港、新港、连云港港、上海港、黄岛港和防城港等。

5. 铁水联运数据交换情况

2014 年 11 月，铁路总公司开始推进与港口的数据交换。通过铁路部门与港口的 EDI 信息交换，能够提前获得铁路运输和港口作业信息，便于双方组织运输生产，同时能够共同为客户提供货物运输全程追踪信息。至 2015 年上半年，铁路部门与营口、天津、青岛、连云港、宁波、厦门等 6 个港口进行了数据交换。目前上海局集团公司与连云港、宁波港的 EDI 信息交换实施效果较好，交换内容包括：港口方的船期、舱单、港口堆存、进出闸口、运输需求、通关通检等信息，铁路方的到达预确报、现车、货物追踪、承认车、运单、货票等信息，并在此基础上开发了路港装卸和多式联运协同信息系统。

第三节 中国铁路集装箱多式联运发展对策

一体化的集装箱多式联运是建立在运输专业化分工基础上的不同运输方式之间的联合运输，这种联运体系的建立，是对整个交通运输体系的各种运输资源优化配置、有效衔接、协调发展的结果。为了增强铁路在集装箱多式联运体系中的骨干作用，推动集装箱多式联运又好又快发展，需要做好以下几个方面的工作。

一、完善铁路集装箱运输通道

运输能力的不足将制约中国铁路集装箱运输的发展。由于铁路运能不足，在铁路开展集装箱运输过程中，常常出现有货无箱、有箱无车、有车无计划的现象，很难满足货主对运输时间的要求。因此，紧紧围绕“十纵十横”综合运输大通道，优先打通瓶颈路段，在提升货运安全通达水平的同时，加快形成贯通内外、能力充分、衔接高效的铁路集装箱专业运输通道和多式联运骨架，并有序推进具有驮背运输、双层集装箱运输需求且技术经济合理的铁路通道设施技术改造。

多式联运体系需要以大能力运输通道为支撑。海运和铁路具有运量大、成本低的共同特点，欧洲许多国家通过实行海铁无缝连接，将大型集装箱船与集装箱班列结合起来，形成了大能力的集疏运通道，承担了约 15％的港口集装箱集疏运量，并向 35％的目标攀升。为此，铁路部门需要加强与港口及船公司的合作，充分发挥铁路贯通港口的优势，围绕全国主要集装箱港口开行铁水联运精品集装箱班列，扩大班列开行范围和数量，形成覆盖全国主要港口和内陆腹地城市的集装箱铁水联运便捷通道，把港口集装箱集疏运量真正变成铁路运输最直接、最主要、最现实的增长点。

二、加强铁路集装箱多式联运节点的建设

1. 合理规划建设综合物流基地

要实现铁路、海运、公路等运输方式的无缝衔接，关键在于整合现有物流基础设施，合理规划建设综合物流基地。铁路部门应争取各地方政府和企业的大力支持，鼓励地方企业进驻，也鼓励地方物流园区在规划建设时将铁路线路接入园内。强化多式联运枢纽与地方关联产业的联动发展，积极拓展市场交易、仓储配送、流通加工、金融结算等配套服务功能，将增加铁路集装箱运输和地区经济发展之间的黏性，实现共同发展。

2. 港口铁路集装箱办理站的建设与完善

随着国际贸易的飞速发展，港口已成为国际集装箱运输的主要集散地。铁路必须与港务局和各大船公司协作，联合建立经营机构，发挥各自优势，才能使铁路国际集装箱运输有突破性发展。铁路港站就是适应这一形势而产生的。

统筹港口与铁路规划对接，加快推进疏港铁路建设及扩能，实现铁路与港口高效衔接，推进港站一体化，提高铁路集疏运比重，形成干支布局合理、衔接有效的铁水联运体系，加快港区铁路装卸场站建设。加快推进上海港、宁波舟山港、广州港等沿海港口疏港铁路建设，建成便捷高效的长江经济带港口多式联运系统，加快铁路与内河其他主要港口的连接线建设。港站的建设与完善必将加强港口与铁路的横向联合，加速中国集装箱多式联运的发展，是中国铁路集装箱运输适应国际经济一体化发展趋势、参与运输市场激烈竞争、深化交通运输改革的重大举措。

3. 铁路内陆港的建设与完善

铁路内陆港是设置在内陆地区的具有“一关三检”功能的铁路国际集装箱办理站。铁路内陆港的主要作用在于，让港口的进出口货物直接在附近的铁路内陆港办理通关，以减少港口的作业负担，加快国际集装箱的清关手续，加速港口国际集装箱的集疏运周转速度。同时，也提高铁路参与国际集装箱运输的作业办理能力，加快铁路国际集装箱运输的发展进程。

随着国际集装箱多式联运的发展，铁路内陆港也在不断发展中，规模和功能都有了一定程度的扩展。部分铁路内陆港已经能够完成除转关、最终决算、换装之外的所有手续，有的口岸站可以办理直接过境运输业务，与边境口岸实现部分货物直通运输。依托铁路既有、在建、规划场站，与港口、航运等相关企业合作建设铁路内陆港，将使边境口岸功能延伸至内陆，逐步实现了货物就地、就近办理进出境的手续，增强了进出口货物和铁水联运货物的集散能力，有助于打造完整的国际联运和铁水联运系统。通过建立内陆港海关、检验检疫等口岸管理部门信息共享平台，深入推进多式

联运海关监管中心建设标准及监管制度的建设，实现一体化通关，将有助于提高通关效率，促进中国铁路集装箱多式联运的发展，使得铁路内陆港的进出口外贸货物运输成为铁路运输的一个重要组成部分。

4. 在铁路集装箱办理站设置船公司集装箱还箱点

中国铁路集装箱办理站的主要功能是铁路集装箱的堆存、装卸、装掏箱、清洗及集装箱托运业务的办理等，目前还没有设立船公司的集装箱堆存场地，也不具备使用船公司集装箱办理运输业务的条件。在铁路网上没有船公司的还箱点，使得大量的国际进口集装箱货物需要在港口掏箱换装入铁路集装箱后，才能通过铁路运进内地；通过铁路运进港口的出口货物同样需要在港口掏箱换装入船公司的集装箱才能出口运输。船公司的集装箱运至内地后或者寻找就近的公路集装箱中转站还箱，或者再通过铁路运回港口码头还箱，若通过铁路运输空箱，还需收取一定的空箱运费，大大增加了运输成本。为了尽量避免空箱的回送，货代或多式联运经营人通常考虑在内地揽取回程货源，在把货物运到目的地的同时，也将船公司的空箱送回。但这种操作带有很强的地区性，通常只能在回程货源充足的地方才能进行。因而在全国范围内，船公司的集装箱仍普遍不愿通过铁路进行集疏运。

如果在铁路集装箱办理站设置船公司集装箱还箱点，进口集装箱货物无需在港口掏箱换装入铁路集装箱，当货物运抵内地后，货主可以将船公司的空箱还到铁路集装箱办理站。集装箱出口货物可以直接在铁路集装箱办理站提取船公司的空箱并装载货物。这样的操作模式减少了货物在港口装掏箱的作业环节，降低了货损货差率；减少了口岸的集装箱堆场和内陆集装箱办理站之间的托运空箱环节，降低了空箱走行率，减少了运输成本，使货主愿意通过铁路来集疏运港口的国际集装箱，以提高铁路在港口集疏运中所占的比例，从而有助于构建一个合理的集装箱多式联运体系，促进集装箱多式联运的发展。

三、推动集装箱多式联运信息开放共享

在集装箱多式联运中，加强与各港口、海关、银行等机构的信息传递、处理能力对缩短运输时间、降低运输成本起着至关重要的作用。加强物联网、云计算、大数据、RFID、EDI、铁路 TMIS 等技术应用，研究制定多式联运信息共享和数据传输交换标准，强化集装箱电子数据报文标准的制定和应用，对加快集装箱多式联运公共信息服务平台、全程货物追踪信息系统的建设起着至关重要的作用。推进铁路集装箱运输信息与船舶运输和港口作业信息共享，建立多式联运信息共享机制，将促进铁路、公路、水运等不同运输方式之间，以及海关、检验检疫、物流和工商企业等不同业务系统之间衔接，实现集装箱多式联运物流信息交换、开放、共享。为积极推进国际贸易集装箱多式联运的发展，加快“单一窗口”建设，将电子口岸建设为公共口岸管理共享平台，推行海关、检验检疫、铁路单据全程电子化和作业无缝衔接。

打造“互联网+”服务模式。借助各类信息平台，运用互联网、大数据等现代信息技术，研究开发面向客户的多样化信息服务产品，实现需求提报、到达交付、信息查询、通关查验、转账结算、保价理赔等“一站式”线上服务。面向多样化、强时效、小批量、多频次等新需求，研发电子运单、铁路运单提单化等服务新模式，提供全程综合物流系统解决方案。以铁海联运为重点，探索建立“一站托运、一票到底”的“一单制”服务模式，提高多式联运一体化服务能力。

四、完善多式联运政策法规

集装箱多式联运具有系统性和复杂性，被公认为评价一个国家或地区交通运输发展和整体管理水平的重要指标，它是促进经济发展，提高社会综合效益的重要手段。多式联运的开展在纵、横向都要涉及多个环节的密切配合与协调。如：货物的包装、装车、运输、编组、换装、报关、配送等一系列流程都要求能够做到无缝衔接，以保证货物运输的快捷和安全性。因此，相关法律法规的建设和完善对于明确多式联运承运人的运输责任，货损货差的赔付办法以及相关参与者的权利义务具有非常重要的意义。且通过相关政策法规的制定，并在其引导、监管下，集装箱多式联运参与方的利益可以得到积极的协调，便于多式联运项目的广泛而深入的开展。

1. 制定优惠政策

为加速实施多式联运项目，政府应当提供一些优惠政策。例如为具有显著社会、经济和环境效益的多式联运项目提供特许经营的融资政策（无息或者贴息）；对列入国家规划的综合枢纽用地需求，优先安排建设用地指标，简化报批手续。支持利用中央预算内投资、车购税、专项建设基金等。同时，鼓励地方政府对多式联运业务骨干企业及示范项目给予资金支持。寻求国际金融机构，如世界银行和亚洲开发银行对联运项目的资助。

2. 建立多式联运协调机构

开发和实施多式联运政策和项目，涉及许多相关部门，如交通、商务、海关、银行等。为了协调各部门利益关系，保证多式联运顺利开展，应当考虑建立完善一个跨部门的高效协调机构。

3. 培养多式联运专业技术人才

开展多式联运业务需要一些具有规划、管理和运营多式联运系统所需要的技能的人力资源。目前，这种训练有素和有经验的人才在劳动市场上是短缺的，政府应当通过大学及培训机构，为从业者提供学习专业技术知识的机会，包括货运代理方面的能力建设、集装箱运输、物流管理、法律问题和风险管理等。

4. 建立以市场为主导的运价调节机制

坚持市场导向，推动铁路运输企业加快建立科学规范的货物运价管理体系，在国家政策规定范围内用好定价权，逐步形成多层次、灵活、方便客户的运价动态调节机制。鼓励铁路和多式联运企业结合市场供求与竞争形势变化、经营成本等因素合理协商定价，不断优化运价方案。充分利用价格杠杆调节作用，对不同地区、不同季节、不同速度等级、重空流向等实行差别化定价策略，实现效益最大化。

五、积极拓宽融资渠道

发展多式联运能够充分发挥各运输方式的比较优势，符合各参与方的共同利益。为加快多式联运发展，实现一体化运作，必须充分调动各参与方的积极性，把这种共同利益转化为现实的统一行动。发达国家的船公司投资建设港口码头和铁路，铁路公司参股港口码头和公路运输企业，形成了你中有我、我中有你的稳固战略合作。

随着中国铁路投融资体制改革的不断深化，集装箱铁路运输先后引入了多家战略投资者，多式联运业务正在快速发展。为进一步拓宽融资渠道，铁路部门还需做好三方面工作：一是支持铁路和多式联运企业充分利用资本市场的政策和工具，通过发行债券、股票上市等方式多渠道融资；二是鼓励铁路、港口、航运、公路货运、第三方物流等企业开展合资合作；三是鼓励铁路企业和地方政府、社会资本通过合资或采用PPP 模式投资建设枢纽和场站，参与国际运输通道、境外分拨点建设。

总之，解决中国铁路集装箱多式联运的发展问题，应当从完善整个集装箱多式联运链条的全局考虑。铁路参与集装箱多式联运不仅要考虑如何提高在“线路上”进行集装箱运输组织等问题，还要考虑在“线路下”与其他运输方式的衔接与协作问题。在运输组织、信息共享和市场协作等领域进行积极地探索与合作，营造良好的市场氛围。

第十章　中国铁路集装箱运输信息技术创新

随着通信和计算机技术的迅速发展，信息化浪潮席卷全球，各国运输企业纷纷把建设集装箱运输管理信息系统作为发展集装箱运输的重要内容，将其看作是提高运输效率和经营效益的重要手段。本章将在介绍国内外铁路集装箱运输信息技术发展概况的基础上，提出中国铁路集装箱运输信息化发展的目标，并重点阐述现代化集装箱办理站管理信息系统的结构和功能。

第一节　国外铁路集装箱运输信息技术发展概况

一、国外铁路集装箱运输信息化建设概况

美国、加拿大、日本、法国等国铁路、海运公司的集装箱运输信息系统都已使用多年，依托 GPS 和全球性计算机网络的支持，能够对集装箱运输实行全程动态追踪管理；EDI 技术和电子商务技术的普遍应用使国际海运提单、舱单信息、车辆和集装箱位置的实时追踪信息、运费支付信息、海关报关信息等都可以通过计算机网络得到处理和交换，并可为多式联运用户提供运价查询和运输咨询等全面信息服务。

国外大部分重要运输口岸业已建立起货物运输管理系统和电子数据交换系统，能与银行、海关、商检、贸易、保险公司和其他运输行业信息系统联网交换信息，从而快捷有效地组织国际集装箱联运业务。

目前，美国铁路货场多数采用 OASIS(Operational Automatic Scheduling Information System)进行信息管理。该系统在美国铁路多式联运场站中的使用比例高达 70%。OASIS 系统具有功能丰富、系统响应速度快、自动化程度高等特点。该系统是管理场站各工种的综合系统，数据录入、指令下达等工作环节可全部通过计算机网络进行监管。场站内各个工种和作业岗点全部实现计算机联网，场站门检将手持电脑或道口光学字符识别系统(摄像系统)与中央控制系统联网，实现对货场集装箱进行管理，也可利用卫星定位系统确定集装箱底盘车的放置位置。

加拿大铁路集装箱货场同美国一样，也是多采用 OASIS 系统进行信息管理，信息采集和处理十分准确。

英国的铁路运输公司广泛使用电子信息网络，与集装箱港口公司、集装箱堆场公司、进出口商和托运人、远洋和沿海集装箱公司保持紧密联系。

日本铁路货运公司在与卡车运输公司合作的基础上，建立了集装箱运输综合管

理系统。该系统采用信息标签、GPS 等先进技术对集装箱进行定位，确定其在货车、卡车和场地中的位置，为货主提供实时信息，该系统还通过优化的计算机软件实现了货运预约、集卡司机管理、装卸作业管理等功能，以提高运输效率和服务质量。

二、国外铁路集装箱运输信息化发展的特点

近年来，随着条形码技术、自动识别技术、全球卫星定位技术、EDI 技术、AGV 技术等为代表的现代信息技术的发展，国外铁路集装箱运输呈现信息化、自动化、智能化的发展趋势。国外铁路集装箱管理信息系统的发展呈现出以下三个特点：

(1)集装箱运输信息管理系统十分先进，在集装箱运输中起着非常重要的作用，极大地提高了运输及服务效率。美国六大铁路公司之一的 CSX 公司在 OASIS 信息系统投入使用后，集装箱运输能力增加了 20%，运输收入提高了 79%。

(2)集装箱运输信息管理是一个系统工程，覆盖了整个运输系统，包括行车组织、调车作业、集装箱装卸作业、承运交付作业、与客户及其他运输公司信息交换、集装箱追踪查询、电子付费等。信息管理系统就像人的神经系统一样，有如同人体大脑的指挥系统——信息处理中心，有神经传输网络——通信网络，有神经末梢——终端。尽管车站规模不同，集装箱办理量不同，设施不同，但是其信息管理系统的架构和功能是大体相同的。

(3)集装箱运输信息管理系统不仅能大大提高运输效率，而且是吸引客户的必要手段。在竞争激烈的市场经济条件下，能够提供便捷、可靠服务的运输公司往往吸引着较多的客户，占领着较大的市场份额。集装箱运输信息管理系统的终端可延伸到客户身边，缩短服务商与客户的距离，极大地方便客户办理托运、付费的手续。例如美国伯林顿北方圣太菲(BNSF)铁路公司的客户信息服务允许客户通过电话实时查询货物位置与状态，货主可以在自己的办公室完成全部托运及付费手续。

第二节　中国铁路集装箱运输信息化建设现状

一、中国铁路集装箱运输信息化发展概况

为适应铁路集装箱运输的高速发展，提高铁路集装箱运输组织效率和科学管理水平，满足运输管理部门的信息管理需求和货主的信息查询需求，自 1997 年开始，原铁道部开始铁路集装箱管理信息系统的研究与开发工作，建设了集装箱追踪系统。2003 年底，铁路制定了集装箱运输发展战略，强化了“以货主为中心，以市场为导向”的服务理念，开通了中铁集装箱客户服务中心，同时提供网上集装箱位置查询的信息服务等功能，进一步改善了服务质量，扩大了运输市场，集装箱运输信息系统逐步面向社会提供服务。

2004 年，中铁集装箱公司又建设了集装箱货票清算系统、集装箱运价查询系统。

2005年，按照部信息办的统一部署，在原铁道部运输局和相关部门的指导下，中铁集装箱公司组织制定了IT规划，并按照规划稳步推进信息化建设。随着集装箱运输的发展和业务需求的变化，2008年，中铁集装箱公司对信息化规划进行了修订，加快了信息化建设步伐。2009年，围绕运输组织、经营管理、营销服务等业务板块，先后建设了集装箱安全检查管理系统、综合办公管理系统、集装箱统计分析系统、集装箱外网门户、网络营销系统、多式联运自备箱箱务管理系统等。

2014年，全路开始推广使用铁路集装箱运输管理信息系统，截至2016年9月，该系统已在全路1 300多个集装箱办理点和各铁路局、货运中心（站段）正式使用，基本覆盖了铁路总公司、铁路局、货运中心（站段）和集装箱办理点四级集装箱管理与生产单位。2015年，中国铁路95306网站正式投入使用。95306网站为铁路集装箱运输提供了线上申请、运费查询、货物追踪等服务，另外还具备大宗物资交易、小商品交易的功能，是中国铁路在电子商务大发展背景下，使集装箱运输信息服务走近普通大众的重要举措。

这些系统在铁路集装箱运输生产、调度、管理的各个领域得到了广泛的应用，成为组织生产的重要手段。为提高铁路集装箱运输经营管理水平和集装箱运输生产效率提供了有力的技术支撑，取得了明显的经济和社会效益，加快了中国铁路集装箱运输的发展。经过几十年的发展，铁路集装箱信息系统建设稳步推进，已成为铁路运输管理信息系统（TMIS）的重要组成部分。

目前，全路已经建立起了良好的货物运输信息动态更新、共享机制，集装箱运输基本实现了全流程信息的贯通，可并通过95306电子商务系统向客户提供可靠的集装箱位置和状态信息。

二、中国铁路集装箱运输信息技术的应用概况

（一）电子数据交换技术

在集装箱多式联运中，加强与各港口、海关、银行等机构的信息传递与处理能力对缩短运输时间、降低运输成本起着至关重要的作用，而电子数据交换技术恰恰具备对数据高效处理和传递的能力。

电子数据交换技术（Electronic Data Interchange，EDI）是一种使用国际公认标准格式利用计算机通信网络进行数据交换和处理的信息技术。EDI不仅可以把国际集装箱多式联运的多式联运经营人、国际集装箱班轮公司、汽车运输公司、铁路运输公司、航空运输公司、国际集装箱码头公司、货运代理公司和内陆集装箱货运站经营人等部门互相联结在一起，而且能把发货人和收货人以及海关、检验检疫部门、银行和保险等外贸部门、监管查验和服务部门互相联结在一起，从而使整个国际集装箱多式联运系统的有关部门相互“联通”，形成一个具有网上订舱、网上订车、网上交易、网上查询、运输方案咨询、电子支付等全方位的集装箱多式联运EDI平台，各单位通过

EDI适时地获得各方面的信息，及时地组织装车、开行列车、装船等，最终通过EDI的实施来压缩运输时间和降低运输成本。如图10-1所示。

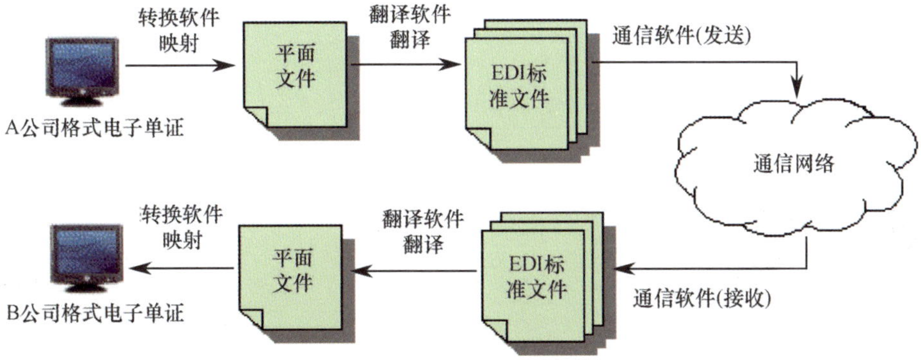

图10-1　EDI工作原理示意图

EDI的使用对集装箱多式联运的发展起着重要的推动作用。多式联运最重要的特征就是承运货物时只需签发一张提单，数据录入、处理和传输系统成为多式联运信息化发展的中心，这需要灵活的运输组织和强大信息管理能力的配合。另外，电子提单、电子合同、电子发票等电子数据单证等EDI衍生物近年来已经出现在集装箱运输中。因而，加快铁路集装箱多式联运信息系统的研究与开发，加强铁路与港口、码头、海关、检验检疫部门、国际班轮公司、国际货运代理公司等多式联运各部门间的信息流通，对于促进中国铁路集装箱多式联运的发展具有重要作用。

（二）信息识别技术

当前常用的信息识别技术主要有条形码、二维码技术和射频识别技术（Radio Frequency Identification，RFID），在铁路集装箱信息化运输进程中，使用较为广泛的为RFID技术。

RFID是一项易于操控且适用于自动化控制的灵活性应用技术，可在各种恶劣环境下正常工作：短距离射频产品不怕油渍、灰尘污染等恶劣的环境，可以替代条码，可在掏装箱时用于识别货物；长距离射频产品的识别距离可达几十米，可用于场站自动收费、车号识别或箱号识别等。图10-2为RFID工作原理示意图。

RFID技术的使用将有助于实时追踪、更新集装箱运输信息，从而消除集装箱在运输过程中可能产生的错箱、漏箱等事故，加快通关速度，提高运输安全性和可靠性，从而全面提升集装箱运输的服务水平。应用RFID技术的集装箱管理系统应该包括硬件系统和软件系统两个方面，硬件系统由RFID自动识别系统和通信系统组成，软件系统包括RFID信息管理系统和与之整合的场站集装箱管理系统。集装箱上的电子标签可以记录固定信息，包括序列号、箱号、箱型、尺寸等；还可以记录可改写信息，如货品信息、运单号、始发站、终到站、车次等。集装箱RFID自动识别系统能够实现

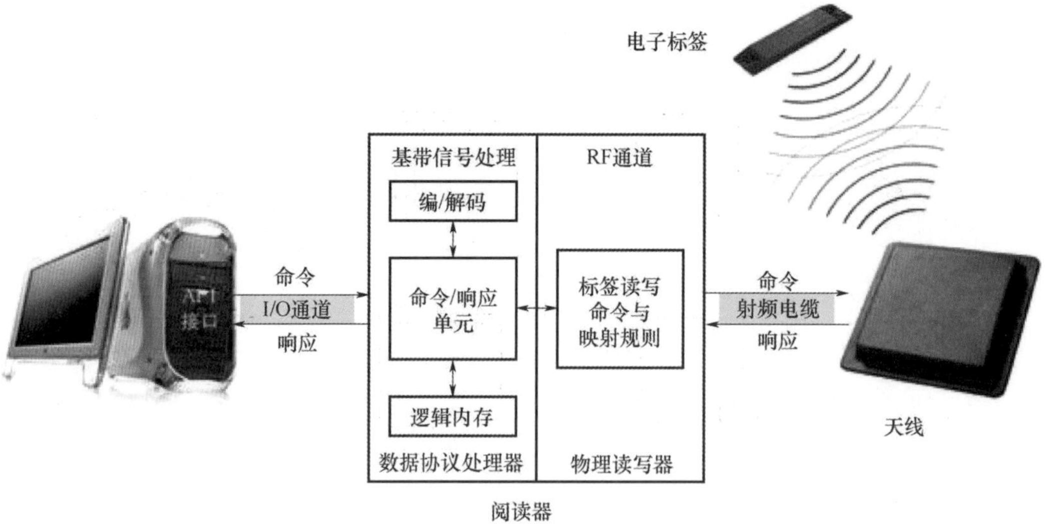

图 10-2 RFID 工作原理示意图

装箱点数据输入、集装箱信息实时采集和自动识别,相关管理人员便可借助集装箱信息管理系统完成对集装箱信息的实时处理和管理,完成数据统计与分析,向客户提供集装箱信息查询服务。集装箱管理系统的场站端口可以实现监测、记录经过道口的集装箱、拖运车辆、事件发生时间、操作人员、集装箱堆放位置等信息的功能,生成集装箱堆场平面地图,辅助装卸人员完成放箱、找箱作业。

(三)物联网技术

物联网是利用互联网等通信技术把传感控制器、机器设备、工作人员和货物等之间连接在一起,实现数据化、信息化、智能化和远程管理控制的网络。物联网技术运用到铁路集装箱运输中,可实现对集装箱物流的全程跟踪和追溯,并能显著提高铁路集装箱物流运输过程中的透明度和安全性,对促进集装箱多式联运的发展,实现整个运输过程的透明化、供应链流程简约化和运输进程的高效化。

物联网在铁路集装箱运输领域的网络构建应有 3 层结构(感知层、网络层和应用层),如图 10-3 所示。在感知层需要在每个集装箱门里侧安装一个整合了 RFID 标签和 GPRS 模块(或 GPS、GSM 等模块)的通信盒。电子标签和通信盒都采用反暴力拆解报警技术,一旦发生暴力拆解将主动发出报警信息至监控中心;在每个集装箱顶部安装一个 RFID 读写器天线,辅助读写 RFID 标签信息;在车站或堆场出入口处、堆场内门吊和正面吊内等位置安装固定阅读器(读写器),全方位采集电子标签数据,实时传递到感知汇聚节点进行数据转换处理,或者将感知汇聚节点传送的信息写入电子标签。

在网络层可利用既有铁路 IP 承载网(铁路数据专线)或铁路专用无线通信网(GSM-R),承担感知层和应用层之间的数据传输任务。在应用层对既有的中央数据处理系统进行扩容改造，实现数据分析处理、控制指令发布、客户信息查询等功能。

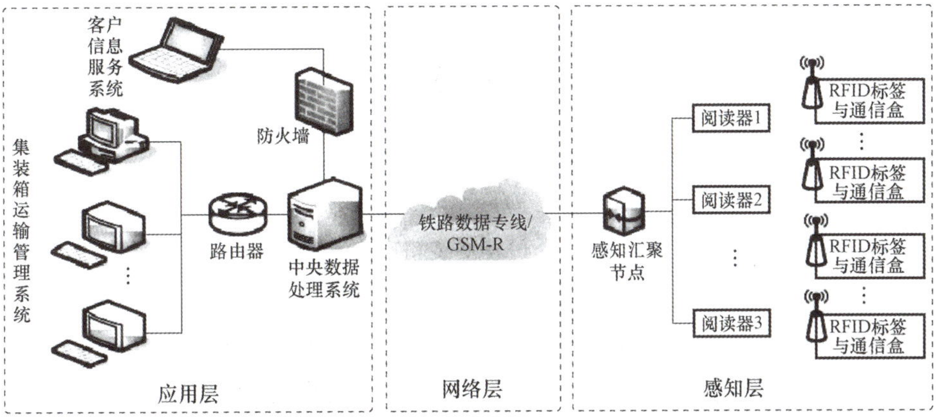

图 10-3　物联网在铁路集装箱运输领域的应用结构示意图

物联网在铁路集装箱运输中的应用，是将无线传感网络与现有的计算通信网络相连接，实现对集装箱及其装载物品的智能感知、识别、定位、跟踪、监控和管理，运输点到点的成本精确计算，实时跟踪的动态管理等功能，进而提高集装箱运输效率和安全水平。同时，客户可随时了解货物的运输状态及相关电子商务信息，提高客户服务水平。

三、中国铁路主要集装箱运输管理信息系统的功能

（一）集装箱调度系统

集装箱调度系统是由铁路总公司信息技术中心开发，受铁路总公司调度部直管，在内网上进行集装箱调度命令的发布与接收的信息服务系统。集装箱调度系统使集装箱 18 点报告、月报、国际箱月报、集装箱订车报告、班列运行情况报告等，实现了基层单位的联网上报，相关的统计分析功能为调度指挥提供了重要依据。

集装箱调度管理的主要内容包括：集装箱调度命令，集装箱台账数据处理，集装箱台账统计分析，集装箱字典，租箱管理，租金清算，租赁统计报表，合同管理，租赁字典维护，系统维护，系统字典，集装箱日常数据管理。

（二）铁路集装箱运输管理信息系统

铁路集装箱运输管理信息系统于 2014 年 3 月开始设计和研发工作，2014 年 10 月在上海铁路局进行系统试点，2014 年 11 月在全路推广和使用，目前该系统已在全路 1 300 多个集装箱办理点成为集装箱运输生产和经营管理的重要工具。集装箱运输管理信息系统三层网络构架如图 10-4 所示。集装箱运输管理信息系统结构如图 10-5 所示。

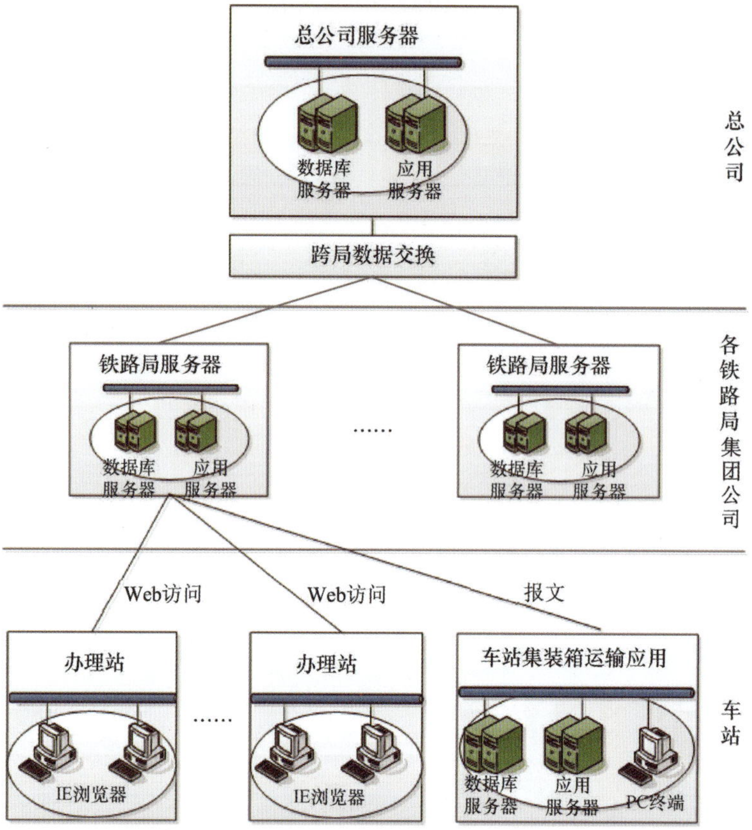

图 10-4 集装箱运输管理信息系统三层网络构架图

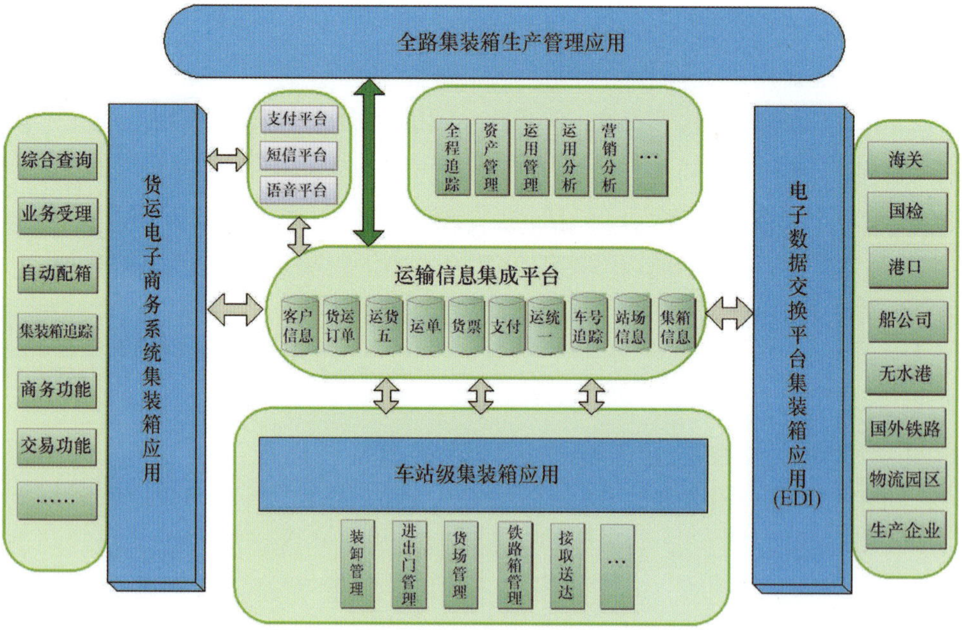

图 10-5 集装箱运输管理信息系统结构图

集装箱运输管理信息系统包含 EDI 数据交换、电商平台集装箱应用、车站应用和全路应用四部分。对外，该系统通过 EDI 数据交换系统与海关、港口、船公司交换集装箱相关信息；通过电商平台集装箱应用获取互联网客户的集装箱运输需求。对内，以电商平台收集的运输需求为基础，以车站应用为中间应用层，采集集装箱场站的生产作业信息；以全路应用为顶层应用层，为管理部门提供查询、追踪和统计分析等辅助管理工具。集装箱运输管理信息系统接口如图 10-6 所示。

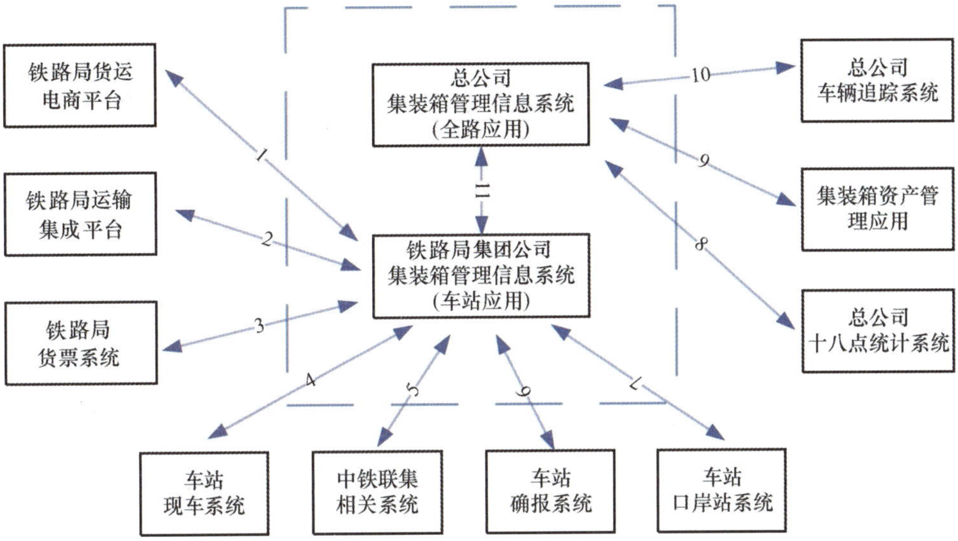

图 10-6　集装箱运输管理信息系统接口图

集装箱运输管理信息系统分为电商平台集装箱应用、车站应用和全路应用三大应用层，它们的主要功能如下：

1. 电商平台集装箱应用

“电商平台集装箱应用”面向社会提供信息公开、运输需求提报、客户交流反馈等服务，通过减少中间环节，搭建低廉交易成本的集装箱业务营销与办理平台，推动铁路集装箱运输的发展。

电商平台集装箱应用对外提供空箱资源预订、运输需求提报、受理信息查询、在途信息追踪、业务预约、电子支付等服务；对内提供空箱资源管理、配箱分析、监督考核、公示公告、综合查询等功能。具体功能如下：

(1)空箱预订提报与处理：客户可以按日期对车站提交 20、40 英尺铁路通用标准箱的预订需求，预订成功后生成相应预约号。客户也可以根据货源情况修改预订信息或进行退订操作。

(2)填写自备箱运单：客户可以按日期对车站提交铁路特种箱、自备箱的预订需求，预订成功后会生成相应预约号。

(3)补填箱号：将车站分配的具体箱号填写到运单中。

(4)日需求提报与分析：客户根据货源情况，按装运日期提报装运需求；系统根据客户需求，分析客户需求方式及需求数量。

(5)预约进站：客户确定集装箱进站日期后，可在系统内提交进站时间，时间可精确到“时”。

(6)自备箱堆存进/出站：允许客户提交自备箱堆存车站的进/出站需求。

集装箱管理是对内部客户(包括集装箱办理站、专用线等)开放的服务功能，包括：按资源日期进行集装箱办理站的资源箱数及预订比例的维护，运单修改，配箱分析，监督考核车站敞开受理、未经系统配箱、提箱录入及时率等数据信息，维护车站提箱能力信息，发布车站资源公示、办理限制、营业公告、配箱规则、客户积分等信息。

2. 车站应用

“铁路集装箱运输管理信息系统—车站应用”是铁路集装箱办理站组织开展集装箱运输业务的重要信息系统，系统涵盖了车站集装箱业务的全流程，实现了对集装箱承运、发送、到达、交付、进出门、站内管理、公路到发、出入境和下水还箱等作业环节的管理。如图 10-7 所示。

图 10-7 铁路集装箱运输管理信息系统—车站应用的发送管理界面

系统的服务对象包括集装箱办理站、口岸站及专用线的集装箱业务管理和业务人员。目前，“铁路集装箱运输管理信息系统—车站应用”已覆盖全路集装箱办理点，为各级管理部门的数据统计、业务分析及决策提供了重要的数据基础，成为全路集装箱运输生产和经营管理的重要工具。

3. 全路应用

“铁路集装箱运输管理信息系统—全路应用”主要服务于铁路总公司、铁路局集团公司、货运中心(站段)、集装箱办理站的集装箱作业管理和工作人员。系统通过对集装箱运输作业现场的相关数据进行采集、挖掘和整合,实现对每一个集装箱的状态、位置信息、作业信息和相关单证信息等的实时查询、监控以及动态管理。具体功能如下。

(1)每日简报:实时显示使用单位的生产概况、铁路箱的保有量情况、铁路箱管理情况、配箱情况、运用情况。

(2)全程追踪:通过地图和列表多种方式进行列车追踪、货车追踪、箱号追踪,查询集装箱动态、轨迹,查询箱号组信息,对集装箱运输进行全流程追踪。

(3)运输监控:实时监控在途铁路箱、长期未使用铁路箱、站外铁路箱,及使用状态下的集装箱超偏载信息、装车清单情况、运输变更情况和途中换装情况等。

(4)铁路箱管理:提供集装箱资产台账的查询、总保有量的统计、在站箱统计、在途箱统计、境外箱统计、下水箱统计、路局保有量统计、修理信息查询。

(5)运力查询:提供预约查询、日需求查询、空箱预订查询、办理站查询、办理站统计等功能。

(6)运输分析:分阶段统计分析集装箱运用日况、铁路箱停时、铁路箱空箱流量流向、平均保有量、铁路箱运用效率等。

(7)货票分析:针对货票信息进行运量统计分析、品类分析、客户分析、箱类分析、里程分析和流量流向分析等,生成各种集装箱报表。

(8)单据查询:提供货票查询、运单查询、装车清单查询、卸车清单查询、回送清单查询、回卸清单查询、进出门单查询、领货通知查询、修理通知书查询等功能。

(9)出境下水:提供集装箱进出口换装查询、出入境查询、下水还箱查询、出境时间统计、下水时间统计等功能。如图 10-8 所示。

(10)异常处理:提供集装箱运输过程中遇到的运输变更、途中换装等处理功能。

集装箱运输管理信息系统的使用,实现了铁路集装箱从采购到运用、修理、报废的全生命周期管理,实现了铁路运输中的集装箱按号码制的全程追踪管理,有效地提高了集装箱装、卸作业信息采集的及时性、准确性,是铁路集装箱运输信息化的重要基础,为铁路总公司、铁路局集团公司、集装箱办理站等各级管理部门提供了数据基础,为辅助决策提供了条件。

(三)集装箱设备管理信息系统

集装箱设备管理信息系统独立于集装箱运输管理,主要用于集装箱的制造、维修、报废管理、动态管理等方面,记录集装箱从制造、运用、修理到报废的全过程信息,是中铁集装箱公司用于资产监管的重要工具。如图 10-9 所示。

图 10-8 铁路集装箱运输管理信息系统—全路应用的出境下水界面

图 10-9 铁路集装箱设备管理信息系统登录界面

中铁集装箱公司担负中国铁路普通货物集装箱的箱管、箱修、新造、报废等职责。拥有箱权是中铁集装箱公司开展集装箱运输服务的市场核心竞争力之一，使该公司可以便捷地开展集装箱全程物流服务。中铁集装箱公司进行集装箱新造的流程如

图 10-10 所示;集装箱维修的流程如图 10-11 所示;集装箱报废的流程如图 10-12 所示。

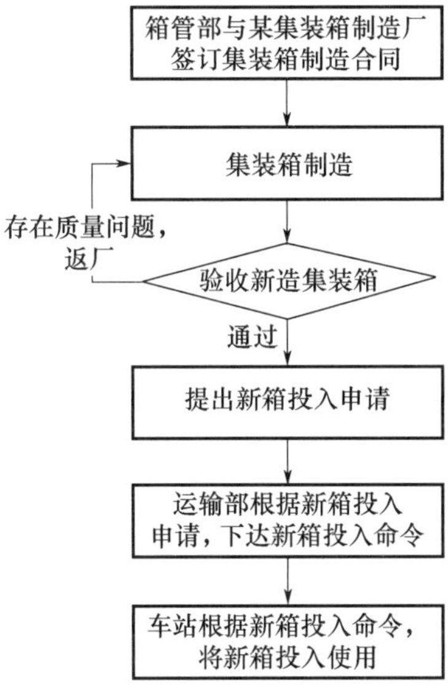

图 10-10 集装箱新造流程图

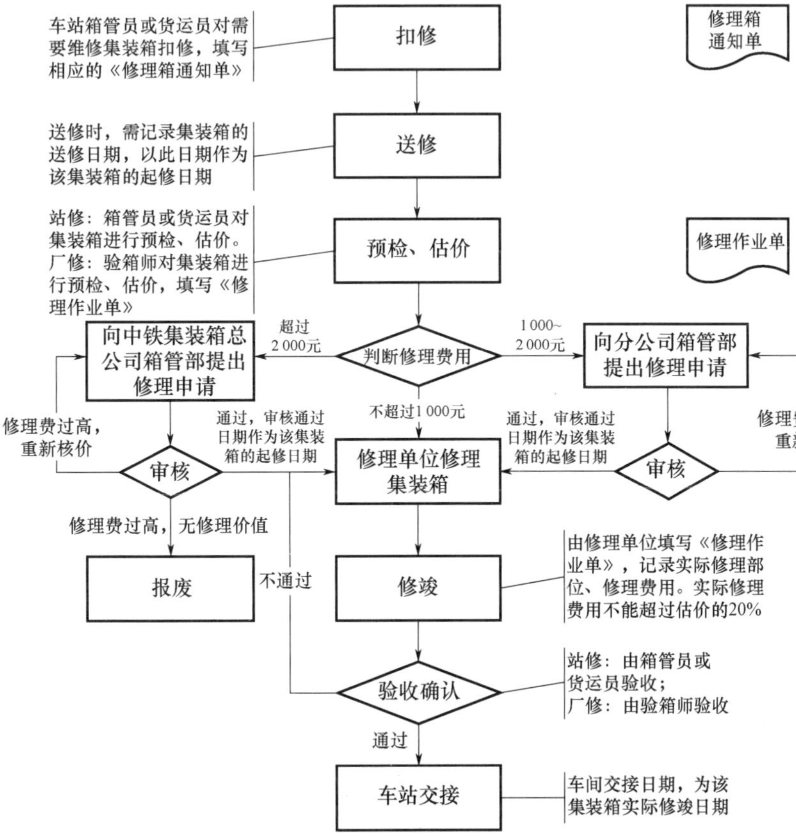

图 10-11 集装箱维修流程图

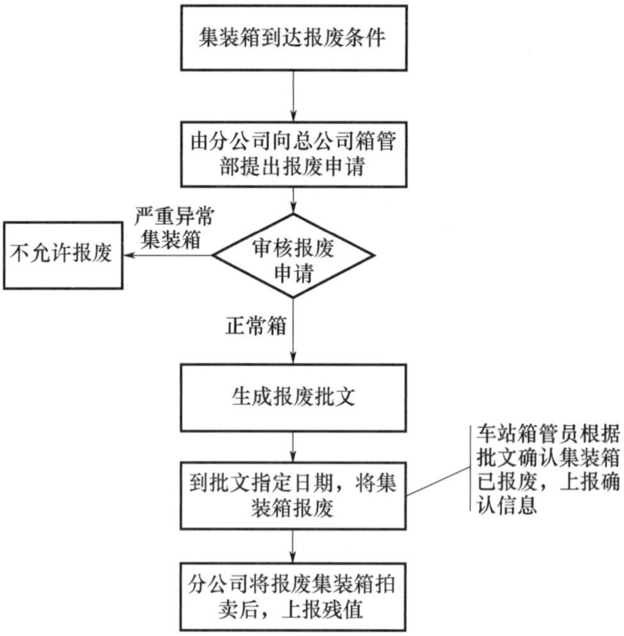

图 10-12　集装箱报废流程图

（四）铁路集装箱运输信息系统与 TMIS 的关系

铁路运输管理信息系统（简称 TMIS）是实现铁路运输管理的一个重要的技术工具，在铁路信息化建设规划中，TMIS 位于核心地位。TMIS 为财务、统计、机务、电务、工务、车辆、物资等部门业务管理信息系统以及决策支持等综合管理信息系统提供准确、及时和完整的运输生产信息。

铁路集装箱运输信息系统是 TMIS 的组成部分之一，实现铁路集装箱运输信息系统与 TMIS 联网，对于铁路集装箱运输信息系统的建设有着重要的意义。

（1）随着 TMIS 车辆管理信息系统的基本建成，总公司所属货车的基本信息全部进入货车履历库，为集装箱及集装箱专用车实时追踪打下了良好的基础。

（2）TMIS 确报管理信息系统投入运用，实现了电报确报向计算机确报的根本转变，为铁路集装箱运输信息系统提供集装箱预确报信息。

（3）全路货运站实现了微机制票，铁路总公司、铁路局集团公司二级货票库基本建成，为集装箱货票清算提供了有效的信息来源。

（4）TMIS 货运营销系统为铁路集装箱运输信息系统进行营销组织及决策分析奠定了坚实基础。

（5）TMIS 连接铁路总公司、铁路局集团公司的二级高速广域骨干网业已建成，各级机关局域网投入应用，铁路企业内部网（Intranet）初具规模，TMIS 网络设施的建立为铁路集装箱运输信息系统的建设提供了安全、可靠、通畅、高效的网络通道。

(6)TMIS公用基础信息平台的建成,可为铁路集装箱运输信息系统提供行业信息标准与规范,提供统一的公用基础代码、业务基础字典等公用共享信息,有利于信息资源的共享,减少管理维护工作量。

第三节 中国铁路集装箱运输信息化发展展望

一、中国铁路集装箱运输信息化建设的总体目标

铁路集装箱运输管理信息系统作为铁路运输信息系统的重要组成部分,是在铁路信息化总体规划要求下的具有专业运输特征的运输管理信息系统,是整个铁路信息化体系的重要组成部分。

铁路集装箱运输管理信息系统通过整合既有的集装箱设备管理应用、货票信息、车辆追踪信息、十八点统计信息等各类信息,依托TMIS、DMIS等运营管理系统,强化公用基础信息交换,建设面向铁路总公司、铁路局集团公司、中铁集装箱公司和基层站段的信息管理系统,加快集装箱运输管理信息系统的建设,为实现铁路集装箱运输体制创新、管理创新、技术创新,迅速提高铁路集装箱运输能力,全面提升铁路集装箱运输技术装备水平和服务水平,以及实现铁路集装箱运输管理现代化提供强有力的信息保障。

铁路集装箱运输管理信息系统的总体目标为:以运输组织、经营管理、营销服务、智能场站、多式联运为信息化建设重点,加强信息化基础设施建设,构建信息共享平台,拓展综合应用,实现管理网络化、数字化、智能化,最终建成技术先进、结构合理、功能完善、管理科学、经济适用、安全可靠的具有国际先进水平的集装箱物流智能化信息系统。

铁路集装箱运输信息系统建设的具体目标包括:

(1)以运输管理、营销服务、经营管理为信息化建设核心,构建技术先进、信息共享、功能可靠、结构合理、保障有力、管理科学、完善统一的铁路集装箱运输信息系统,实现指挥智能化、营销社会化、管理现代化。以信息化手段促进铁路集装箱运输与营销方式全面创新,为铁路集装箱运输支撑体系、营销服务支撑体系的建立提供技术保障。

(2)充分利用现代通信与信息技术,整合现有系统,建立完整、高效、开放的集装箱综合管理信息系统,逐步实现集装箱和集装箱专用车位置、状态的动态管理,为集装箱运输管理和经营决策提供支持,并采用多种方式向客户提供信息服务。随着网络条件的完善,逐步实现集装箱信息的集中监控。同时,利用量化的指标准确反映整个物流过程,实现对物流活动的精确管理。

(3)引进现代经营理念,推进以网上预约和支付为核心的集装箱业务营销系统建设,开展与港口、航运、海关的电子数据交换,实现集装箱业务销售网络化、办理电子

化和作业集中化，提高集装箱运输服务效率和质量，发挥铁路集装箱运输在多式联运中的推动作用。

二、现代化集装箱办理站管理信息系统框架

（一）现代化集装箱办理站管理信息系统的主要目标

现代化集装箱办理站主要包括集装箱中心站和办理集装箱运输的铁路物流中心。现代化集装箱办理站管理信息系统是一个集铁路运输站场生产管理、财务管理、办公管理、经营分析等功能为一体的综合性系统，由计算机管理子系统、无线数据通信子系统、视频监控子系统等组成。各子系统和作业点通过站内局域网和无线通信方式相连接，以车站作业流程为基础，覆盖站内集装箱作业处理和运输组织所有业务，形成完整的能够独立作业的站内管理系统，又具备与海关、国检、银行等信息交换和物流业务需要的功能。同时，集装箱办理站管理信息系统作为铁路运输管理信息系统的组成部分，通过铁路计算机网络，与铁路运输管理信息系统交换集装箱运输信息，实现信息共享。

现代化集装箱办理站管理信息系统应实现的主要目标有：

（1）对集装箱办理站运输生产、营销和管理全过程、集装箱作业流程、集装箱车辆、各类别集装箱的状态进行全面、动态的自动化管理，满足集装箱办理站运输组织和管理的功能需求，提高集装箱运输效率和管理水平。

（2）采集集装箱和装载车辆的作业动态信息，经铁路计算机网络传输到中央系统，为全路运输管理系统提供基础信息。

（3）对集装箱多式联运业务实行信息化管理，实现与港口、海关、国检、银行等不同部门信息系统间标准报文格式的信息交换和处理，并预留与国际通用的集装箱号自动识别技术、卫星定位技术的接口，与国际运输管理模式接轨。

（二）现代化集装箱办理站管理信息系统建设的总体原则

1. 资源共享性

集装箱办理站管理信息系统是铁路运输管理信息系统的重要组成部分，要做到与铁路其他信息系统互联互通、资源共享。

2. 通用性

集装箱办理站管理信息系统是一个完整的、专用的管理信息系统，必须体现集装箱办理站功能特点。系统应该采用标准化、模块化设计方法，注重通用性。在铁路集装箱办理站信息系统建设中，可根据需要进行功能选择和拼装组合。

3. 应用的先进性

系统应充分利用当前先进的计算机技术、网络技术、控制技术、传感技术，管理软件要更注重通过计划、预控、实施来加强生产的组织和管理。

4. 技术的成熟性

整个系统要采用目前集装箱港口、航运、交通管理等行业成熟先进的且为业界公认领先的技术和产品，将成熟的技术应用于系统，确保系统的可靠性。

5. 系统的高效性

考虑集装箱办理站高强度的生产节奏，对担负着整个信息处理任务的计算机系统、网络系统均要求具有快速响应的能力，同时应用软件需以优化的数据结构、合理的流程满足系统高效运行的要求。

6. 可扩展性

应充分考虑业务及应用的变化，在系统设计中留有一定的扩充余地，保证系统在业务及应用发生变化时的可用性。

7. 高可靠性

考虑到集装箱运输生产作业全天候不间断的工作特点，主系统及网络设备应具有容错性，数据及系统后备需完善，应用软件应具备操作的高可靠性。

8. 可管理性

应选用一定的系统管理工具软件，利用工具完成对系统的日常监控。

9. 安全性

开放系统技术和基于 Internet 网络的分布式信息技术带来的更大灵活性和可伸缩性，使得信息安全问题成为不可忽视的因素。因此，必须有严密、高效的安全机制来控制和管理系统，确保系统稳定可靠。维护网络安全，防止“黑客”攻击和电脑病毒的侵扰也是系统安全机制的重要内容。

10. 跨平台性

现有集装箱运输管理系统信息处理效率低的原因一方面取决于站场本身，另一方面也受整个社会环境现存的信息孤岛现象的影响。因此，在设计 IT 系统时要充分考虑适应跨平台的发展要求，为各个边缘辅助信息系统留有接口，真正体现现代物流倡导的电子化信息流理念，使得电子信息能够贯穿整个集装箱物流的各个关键点，并为其提供有价值的服务。

11. 统一性

系统总体设计方案应遵循统一规划、统一标准、统一设计、分期实施的原则。要预留升级接口，便于功能扩展、升级和移植，并具有支持业务处理的灵活的参数化设置，业务功能的重组与更新的灵活性，新的业务应用可灵活增加，不影响系统原有业务流程。

12. 标准性

要求系统采用统一的技术标准，即严格执行相关的国际标准、国家标准和行业标准。

（三）现代化集装箱办理站计算机管理子系统的功能

1. 现在车管理

现在车管理包括确报与现车管理两部分内容。现代化集装箱办理站办理整列集装箱班列的到、发，其列车确报管理是TMIS确报信息系统的组成部分，主要功能为：接收由计算机确报网传送来的到达列车确报，与车号自动识别系统结合，对到达、发出货车进行核对，作为运输组织工作的依据；编制出发列车编组顺序表，通过计算机网络发往TMIS系统确报信息库；建立集装箱办理站本地到达、出发列车确报数据库并提供相应业务处理。

现在车管理主要是对车站现有的货车、机车等进行合理的调度，动态跟踪车辆状态变化。其目标是在列车到达集装箱办理站后，能在尽量短的时间内完成装卸作业，形成新的出发列车，实现集装箱车辆按股道、顺位、车号进行实时追踪管理。

现在车管理功能具体包括以下几个方面：

（1）到达确报处理

到达确报处理是现在车管理的基础，实现自动接收从上级处理中心转发到本站的确报，并提供方便的确报查询、编辑修改、打印手段，并利用车号自动识别系统的信息核对现车，减轻车号员的工作强度，提高信息的准确性。对列车的异常接入具有补救手段。对已经转入现车库的历史确报信息具有方便的查询和维护手段。

（2）出发确报处理

对编组好的列车进行报点处理、列车出发处理、打印出发确报。当出发操作有误时，能够恢复现场。当列车出发后，利用车号自动识别信息对确报自动核对。对出发列车确报可进行综合查询、打印和编辑处理。

（3）现车管理

主要目标是保证计算机现场与实际现场同步，当车辆信息与实际情况不符时，要及时对车辆信息进行更正。当车辆因装卸、倒装等原因状态发生变化时，及时修改车辆状态。当车辆因各种原因需要检修时，对车辆进行运用或非运用转换，并将转换信息整理成约定格式报集装箱办理站的上级单位。

（4）车号自动识别信息处理

在集装箱办理站的进出两端设置车号自动识别系统，该系统识别的车号信息入库后，可实现对到/发列车预报信息的核对，并可查询和现车核对结果。

（5）列车到/发处理

目标是实现行车日志管理计算机化，并负责向集装箱办理站的上级单位报告列车到/发时间和出发列车的确报。

（6）站调管理

站调管理的目标是自动接收或录入从集装箱办理站的上级单位下达的日班/阶

段计划。根据到达确报和阶段计划推算指定时间点的车流(重车按方向、空车按车种),并提供方便的日班/阶段计划查询手段。

2. 场站集装箱管理

站内集装箱管理是集装箱办理站管理信息系统处理的核心,主要实现集装箱从到达集装箱办理站至离开集装箱办理站的整个时段内的追踪管理,并为实现集装箱在路网内的全过程追踪提供基础信息,达到站内信息一次录入、系统内全程共享的目标。

场站集装箱管理主要包括以下几个方面的功能:

(1)集装箱装卸作业的管理

采集集装箱和装卸车辆的动态信息,自动编制装卸车计划,到达卸车配线处理,装卸、倒装作业数据采集,生成装车、卸车、回送清单并打印,修改异常车态、箱态,调度时间记录等,实现装卸车作业的流畅与高效。

系统能以无线方式将工作指令发送到相关装卸设备的车载终端,装卸人员通过终端对工作指令的执行情况进行确认。场站管理者和操作人员能够检查工作指令的队列,并能够对其批准或更改。在场站的任何地点,拥有相应权限的人员均能够初始化和管理工作指令。基于装卸设备被委派的工作以及装卸设备当前指令执行状态,系统能确定各种装卸设备应该接受的指令。

系统能以图形化的方式来规划场站区域,并能根据集装箱的属性参数,例如重箱与空箱、到达与出发、集装箱总重,箱内货物是否为危险品等,自动为集装箱确定合适的摆放位置。系统应能对箱内货物的装载码放做出计划方案,并实现双层集装箱车的自动配载。

(2)集装箱出入门的管理

实现箱体检查、箱号自动识别和箱号补录、出门单据的生成、入门箱的箱位自动分配等功能。

发送重箱或铁路空箱送到集装箱办理站大门,在检查桥进行箱体检验,重箱还需检查铅封并检斤。通过设立在检查桥处的集装箱箱号自动识别设备,进行箱号的自动采集,由现场操作人员进行箱体外观检查和核对箱号,根据调度计划由计算机发布指令,指定重箱或铁路空箱进站后送达的箱位。在集装箱出门时,登记并检查出门证,检查集装箱是否符合出门条件。

(3)集装箱在场地的管理

实现集装箱按箱区箱位、作业类别、状态别、箱种别的动态追踪管理,完整记录集装箱在场内的移动轨迹。具体包括以下处理功能:集装箱箱区出入箱位动态管理(记录/修改)、接收核对到达及中转集装箱单证信息(如货票/装载清单)、集装箱出入箱位管理、补录到达/中转集装箱单证信息、打印空箱出门单、空箱/重箱回站管理及记录台账、集装箱异常状态处理、集装箱装/卸箱管理、新箱投入管理。

系统能以图形化的方式规划、显示场站的存储区域，显示场站存储区域间的关系，并能进一步获得指定存储区域的详细信息。

系统具备对在场站中的集装箱按照特殊指令做出特殊处理的功能，包括封印完整性检查、冷藏监控、清扫、清洗、验箱、装卸冷冻电机以及来自不同客户的其他需求。

(4)非运用箱的管理

主要包括对列备、解备、扣修、修竣、报废状态下的集装箱进行管理与追踪。

(5)货运安全管理

实现对货运记录、商务记录、普通记录、铁路传真电报、货物损失速报、货物损失查复书、局间行文、查询答复书、货物损失鉴定书、赔偿要求书、赔款通知书、定责通知书、货物损失报告、赔偿审批报告、无法交付通知书等货物损失相关文档的制作和存储，实现对货物损失案卷的有效、科学管理，方便案卷的查阅及处理，加快事故调查、赔付定责的进程。

实现安全事故数据的综合分析功能，通过按货运员、发/到局、发/到站、品类、品名、责任局、责任站、卷别，分别进行按办理种别、事故种类、事故等级、责任部门、作业场地等信息的卷数、批数、赔款等数据的统计分析工作，为决策者提供准确的数据，以利于更好地预防货运事故的发生。

实现对安全室各种台账的管理功能，能方便、快速地查阅台账。

3. 商务管理

实现集装箱受理、承运制票，到货通知、交付、运杂费缴纳等作业的管理，提供相关信息的发布与咨询，建立以集装箱运输服务为核心的客户服务体系。商务管理功能主要包括以下几个方面：

(1)营销服务管理

主要功能是提供网络营销手段，接收发货人多种形式的发货请求，采集发货信息，生成运单。具体包括以下处理功能：接受重点货主重点物资合同运量数据；接受发货请求；货物运价查询；输入发货订单；生成集装箱运单。

(2)集装箱货票制票管理

主要具有以下处理功能：读取运单信息制票；核算制票、票据打印；作废票与恢复处理；货票传输信息生成与上报制票数据；制作财收 4 报告以及旬报、月报。

(3)到达交付管理

实现集装箱到达本站后，通过网络或电话等方式向收货人发出到货通知，并能够进行催领，打印出杂费收据，完成集装箱交付。在计费过程中，能够方便地对交付的各种费用、费率、计费参数进行调整。能够对延期提取的货物收取暂存费，处理集装箱延期使用费。具体包括以下处理功能；集装箱核票、催领；财收 4 统计；到达货票信息核对，并生成上报格式文件；到达货票的输入预留条形码或其他电子标签读入接口；交付信息综合查询；集装箱延期使用费等的计算。

4. 收入及财务管理功能

收入管理根据集装箱货票或杂费计费数据，自动完成运费和杂费的结算，具体包括以下功能：

(1)费率管理；

(2)营业收入管理；

(3)空箱堆存计费；

(4)退账管理；

(5)自动计算和打印收费账单；

(6)统计汇总。

5. 设备资源管理

建立设备资源管理信息库，实现装卸机械等固定资产设备从投入使用到报废的全过程管理，包括台账管理、使用状况、效率分析、检修维护、报废等的计算机管理。

设备资源管理功能主要包括以下几个方面：

(1)建立设备履历

建立各种设备的从购置到报废的完整档案，包括各种装卸设备(叉车、门式起重机等)和信息设备的类型、生产厂家、使用时间等信息；同时，记录使用过程中维修履历，包括设备故障、定期保修和日常维修的履历资料库，详细记录送修单位、故障状况、维修费用和返送时间等。

(2)设备资源调配管理

系统根据本站作业箱的箱型和位置自动查找站内可用的装卸作业设备，通过优化算法按每个集装箱的箱型和位置分配可用的装卸作业设备，并显示作业路线，分配后发往站内装卸作业人员手持设备或装卸机械，显示作业内容和路线。

(3)装卸机械管理

对装卸机械使用过程中产生的信息自动进行采集：在各种设备作业，特别是叉车、门式起重机等装卸设备的使用过程中，自动汇集运行数据和操作信息。

(4)装卸资源动态信息查询

可对装卸机械的使用实绩进行动态信息查询。

(5)设备台账管理

根据各种设备操作使用情况形成设备使用台账；并根据使用记录对各种设备使用状况进行统计分析，形成使用情况报告。

6. 统计分析

自动编制和生成各类别集装箱的运输统计、运营情况分析报表。系统所提供的前端展示工具应支持灵活的查询功能及功能强大的分析图表。

统计分析功能主要包括以下几个方面：

(1)生成各类统计报表

可通过通用报表生成器自动生成用于集装箱办理站运输生产统计的以下报表：运报—2——现在车报表；运报—3——18点现在重车去向报表；运报—4——货车停留时间报表；运统—8——号码制货车停留时间登记簿；货报—1——装卸车报表；货报—11-J——货物发送(到达)量及发送收入报表；货报—12-J——集装箱运输量、周转量、平均运程报表；集报—1——集装箱去向日统计表；集报—2——集装箱去向月统计表；财收4；财收4-2。

按照需求量身定制报表的格式和内容，主要有：历年到发量、收入情况的分析比较；机械设备作业效率统计分析；车辆、集装箱停时统计分析；汽车道口流量统计分析；箱区进出情况及利用率分析；机械及员工工作量统计分析。

(2)报表数据的查询、打印、上报

支持组合查询、模糊查询，根据用户需要进行报表生成和打印，并将统计报告上报中央数据库。

(3)报表数据的转储

对所有报表数据定期转入归档历史库，以备以后查询及分析。

7. 办公管理

实现集装箱办理站办公自动化管理和电子邮件功能，使其成为日常办公管理的信息平台，以提高管理水平和效率。

办公管理功能主要包括以下几个方面：

(1)成为集成各业务信息的综合应用平台

站内业务管理和应用查询采用统一界面和格式，实现系统信息资源共享，提供综合查询、分析各种运输生产和经营管理信息。

(2)办公管理

充分利用现代化办公手段，用网络和计算机代替原有传统办公模式和业务处理方式，对人事、合同、公文处理等实现自动管理，实现办公业务电子化、自动化、网络化。

(3)电子邮件系统

用于在站内以及与上级单位间传送文件、信息、通知、报告，并作为辅助办公工具。

(4)信息发布查询系统

发布简报、消息等公用信息，实现文件、讲话、档案、运输生产、安全等类信息的综合查询。

(5)个人办公

为工作人员提供个人文档、名片夹、工作日志等功能，可通过个人信息管理功能安排个人工作日程，保存个人资料。

8. 集装箱数据交换管理

现代化集装箱办理站作为全国或区域集装箱运输的中心，应具有办理集装箱多式联运及门到门运输服务的功能。多式联运业务管理要实现在联运过程中与其他运输方式(公路、海运等)信息系统的信息交换，对进入铁路运输作业流程的联运集装箱实行信息化管理。

采用EDI技术进行国际集装箱多式联运业务管理，实现与港口、海关、国检、银行等部门不同信息系统间的标准报文交换。为货主提供全面信息服务，快捷有效地组织国际集装箱运输。

集装箱数据交换管理功能主要包括以下几个方面：

(1)现代化集装箱办理站作为铁路地区EDI的结点，通过外网与铁路地区EDI系统实现联网。

(2)通过铁路地区EDI处理系统进行多式联运过程中的集装箱运输信息交换。

(3)接收如海关、国检等其他行业和部门标准报文格式的信息，将这些信息转换为集装箱办理站所需要和使用的信息并进行相关处理。

(4)作为铁路集装箱多式联运的信息源点，与其他系统进行信息交换，或将集装箱铁路运输信息提供给其他系统。

(四)现代化集装箱办理站无线数据通信子系统的功能

为了实现集装箱装卸的自动化管理，高效地组织集装箱的装卸、发送工作，现代化集装箱办理站应采用无线局域网进行数据通信，达到现场作业与计算机信息的同步，以充分利用集装箱办理站内的设备资源。

现代化集装箱办理站无线数据通信子系统的主要功能包括以下几个方面：

1. 无线网络通信功能

实现整个集装箱办理站范围内信息的无线传输，并与基于LAN的集装箱办理站计算机管理子系统有机结合。

2. 用户移动终端功能

用户移动终端设备作为现代化集装箱办理站外勤人员使用的作业工具，具有较强的数据通信功能，可将过去靠纸和笔完成的大部分工作转移到数字终端上。

3. 用户移动终端软件功能

用户移动终端软件根据业务需要须支持到达作业、调车作业、场内箱场管理、门检作业及出发作业处理，包括命令提示、记录查询、信息修改及最终确认等功能。

(五)现代化集装箱办理站视频监控子系统的功能

现代化集装箱办理站视频监控子系统主要用于在检查桥处监控集装箱进出车站和进行箱号自动识别；对到发线、装卸线、各类箱区、集装箱运输出入口等主要作业场所进行监视和安全防范，监控集装箱在箱场内的位移、集装箱运输装卸作业情况、集装箱箱位变化情况等，使调度人员及时、准确和直观地掌握现场作业情况，有效地组织和指挥集装箱作业，并与防火、防盗等传感信号相联动，自动聚焦和记录现场视频图像。

系统能根据集装箱办理站内情况对到发线、装卸线、各箱区（包括：国际箱区、冷藏箱区、特种箱区、专用箱区、空箱区及其备用箱区等）、检查所、机房等场所布置摄像头，并能通过实时视频图像清楚地看到各个现场的集装箱箱号和整个集装箱的装卸过程。

三、现代化集装箱办理场站信息技术应用案例

近年来，受益于青岛港、青岛集装箱中心站之间的良性沟通、积极互动，青岛港铁水联运运量稳居全路首位。2016 年中国青岛港、青岛集装箱中心站依托"一带一路"跨境集装箱海铁公多式联运项目入选中国首批多式联运示范工程；2017 年青岛港无人码头投产运营，作为亚洲首个全自动码头，青岛港的现代化、智能化、自动化作业水平已走在了中国现代化港站的最前端，也促使青岛集装箱中心站成为中国现代化集装箱办理场站的典型代表。

1. 青岛港全自动化集装箱码头

青岛港是中国第二个外贸亿吨级吞吐大港，位于中国沿海的环渤海湾港口群与长江三角洲港口群的山东半岛南岸的胶州湾内，是太平洋西海岸重要的国际贸易口岸和海上运输枢纽。

目前，青岛港与全球 180 多个国家和地区的 700 多个港口有贸易往来。在北方港口中，青岛港的航线网络最为密集，青岛港国际集装箱班轮航线已达 160 多条，居中国北方港口之首；铁路集装箱班列线已达 32 条，箱量居全国港口首位。良好的口岸环境，便捷的海关、国检政策以及配套功能为开展海铁联运提供了得天独厚的条件。如图 10-13 所示。

2017 年 5 月，青岛港全自动化集装箱码头正式投入运营。此集装箱码头是亚洲首个全自动化码头，依靠先进的计算机系统，集装箱在堆场的位置得以自动分配。自动化码头的信息系统主要包括信息感知系统、作业自动化控制系统和调度指挥智能化系统，完成现场作业数据的实时采集与反馈，通过码头生产作业流程智能监管，优化配置桥吊、AGV 搬运车、轨道吊等场桥资源，实现码头无人化运作。如图 10-14 所示。

青岛港全自动化集装箱码头业已实现集装箱岸桥无人操作，机器手臂自动拆卸集装箱锁垫，轮胎吊 2 min 自动防风锚定，AGV 小车循环充电，港岸无人理货、自动喷淋熏蒸消毒和空箱自动查验。桥吊单机效率可达 26.1 自然箱/h，船时效率可达 161.2 自然箱/h。

图 10-13　青岛港鸟瞰图

图 10-14　青岛港全自动化集装箱码头

2. 青岛集装箱中心站

青岛铁路集装箱中心站是中铁联合国际集装箱有限公司下属的集装箱中心站，是原铁道部确立的全国 18 个集装箱中心站之一，总占地面积 1 800 余亩，集装箱作业区面积 1 001 亩。青岛集装箱中心站堆场及龙门吊如图 10-15、图 10-16 所示。

青岛集装箱中心站主要服务对象是青岛港和山东沿海各港口，承接青岛老港区、青岛前湾港区以及烟台、威海、日照、石岛等港口集装箱铁路车流的储存和编组。

图 10-15　青岛集装箱中心站堆场

图 10-16　青岛集装箱中心站龙门吊

青岛集装箱中心站装卸设备选用 4 台国内先进的跨度为 35 m、起重能力 40 t 的悬臂轨道龙门吊，采用 8 绳防摇专用吊具，能够全天候确保集装箱装卸作业安全。场区内另设有技术先进的大型安检仪、集装箱超偏载检测装置、基于 IP 的数据传输、数字图像处理以及数据存储等技术的场区监控等先进设备设施。场站作业也均采用计算机控制，实现了对集装箱、箱区箱位、车辆的统一管理，信息资源做到了有效衔接。

青岛集装箱中心站智能门检系统是信息系统的重要组成部分，实现了集装箱箱号的自动识别，采用 RFID 射频技术进行电子车牌自动识别，具备集装箱箱体残损检验、联机称重、人机交互和车道控制等功能，集信息化和智能化为一体。

为了实现班列到港时间、车辆集结编组、集装箱装卸等作业信息的实时共享，实现便捷的货物查询与追踪，实现国际贸易单一窗口，目前济南局集团公司与青岛港正密切合作，积极推进海铁联运信息交换平台技术架构研究与平台功能的探索，已对铁路货票、铁路现车、海运舱单、集装箱进出门报等 18 个报文进行测试传输，初步实现了青岛港与青岛集装箱中心站之间的货票、现车等数据的共享，促进了港口与中心站的业务协调。

参考文献

[1]郭文超. 中国铁路集装箱运输[M]. 北京:中国铁道出版社,2014.

[2]杨建国. 北美铁路集装箱多式联运发展的经验及启示[J]. 铁道运输与经济,2017,39(9):75-79.

[3]王旭. 美国集装箱多式联运发展的启示与思考[J]. 铁道运输与经济,2016,38(5):91-94.

[4]刘冰. 日本铁路集装箱运输发展现状及其分析[J]. 铁道运输与经济,2017,39(3):90-95.

[5]Hiroshi,NISHIZAWA,周贤全,等. M250 系直流货运电动车组的开发[J]. 国外铁道车辆,2007,44(4):10-15.

[6]张建平. 关于铁路集装箱运输发展的研究[J]. 大陆桥视野,2016(1):41-43.

[7]刘建平. 铁路罐式集装箱设计的研究[J]. 铁道货运,2009(6):35-38.

[8]胡斌,唐瑞英,张大庆. 铁路干散货集装箱物流设备的优化及应用[J]. 铁道货运,2008(6).

[9]贺金龙,赵铭. 20 英尺 35 t 铁路敞顶集装箱发展对策研究[J]. 铁道货运,2016(8):37-40.

[10]陆松,车德慧,杨磊,等. 我国发展新一代铁路通用集装箱必要性的探讨[J]. 铁道运输与经济,2009,31(3):73-76.

[11]杨广全,车德慧. 铁路集装箱门式起重机轻量化设计研究[J]. 铁道货运,2016(7):52-56.

[12]钱迈. 以科学发展观引领铁路集装箱科技创新工作[J]. 铁道运输与经济,2009,31(1):41-44.

[13]金艳萍,冯姗姗,信聪聪. 我国铁路集装箱运输发展对策[J]. 铁道货运,2016(10):49-53.

[14]胡斌,唐瑞英. 铁路 50 英尺双层汽车集装箱的开发与运用[J]. 铁道货运,2008(11):45-48.

[15]于连聪. 关于优化铁路集装箱中心站运作的思考[J]. 港口经济,2014(4):42-44.

[16]杨清波. 集装箱铁路多式联运箱型及办理站[M]. 北京:中国铁道出版社,2008.

[17]杨磊. 我国集装箱多式联运发展对策研究[J]. 铁道运输与经济,2016,38(7):7-10.

[18]刘启钢. 铁路全程物流服务措施配置方案的优化[J]. 中国铁道科学，2017，38(5)：138-144.

[19]林结良，王爱民，邓成尧，等. 铁路集装箱多式联运发展探讨[J]. 铁道货运，2014(1)：23-28.

[20]丁文赢，陆松，杨建波. 我国铁路集装箱运输设备发展研究[J]. 铁道货运，2017(12)：61-65.

[21]纪寿文，卫振林，陈佳娟. 集装单元化运输与装备[M]. 北京：中国物资出版社，2010.

[22]吴强. 铁路集装箱运输[M]. 北京：中国铁道出版社，2011.